dtv
Reihe Hanser

Der Klassiker als Mensch aus Fleisch und Blut: Manfred Mai erzählt mitreißend über Friedrich Schiller, einem Idol des jungen Publikums seiner Zeit, einem Erfolgsautor, der vom Schreiben nicht leben konnte und auf Gönner und Freunde angewiesen war, die er zum Glück immer fand. Vom Schreiben hält ihn auch seine labile Gesundheit nicht ab. Schiller schreibt um sein Leben. Die Energie, das Engagement, auch die Wut, die ihn antreiben, sind in seinem Werk immer spürbar. Schiller ist ein junger Dichter bis auf den heutigen Tag.

Manfred Mai, 1949 in Winterlingen geboren, zählt zu den bekanntesten deutschen Kinder- und Jugendbuchautoren. Er hat Geschichte und Deutsch studiert und unterrichtet, bevor er sich ganz für das Schreiben entschied. Neben etlichen Kinderbüchern ist von ihm in der *Reihe Hanser* erschienen: ›Weltgeschichte‹ (<u>dtv</u> 62287).

Manfred Mai

»*Was macht den Mensch zum Menschen?*«

Friedrich Schiller –
Eine Biografie

Deutscher Taschenbuch Verlag

Alle Bildvorlagen stammen aus dem
Schiller-Nationalmuseum/Deutsches Literaturarchiv
in Marbach am Neckar.
Außer S. 291 Staatliche Museen zu Berlin –
Kuperstichkabinett, Foto: Jörg P. Anders/bpk
und Karte von Achim Norweg, München

Das gesamte lieferbare Programm der *Reihe Hanser*
und viele andere Informationen finden Sie unter
www.reihehanser.de

In neuer Rechtschreibung
Mai 2009
Deutscher Taschenbuch Verlag GmbH & Co. KG,
München
© 2004 Carl Hanser Verlag München
Satz: Filmsatz Schröter, München
Druck und Bindung: Druckerei Kösel, Krugzell
Gedruckt auf säurefreiem, chlorfrei gebleichtem Papier
Printed in Germany · ISBN 978-3-423-62400-8

Inhalt

Bei Nacht und Nebel

»Wenn es wahr ist, so ist es schrecklich«, schrieb die Zeitschrift *Minerva* kurz nachdem Friedrich Schiller in Weimar beerdigt worden war. »Die Übereilung mit der Beerdigung, die durch keine warme Witterung notwendig gemacht wurde! Diese äußerste Stille! Diese Mitternachtsstunde, wie bei dem Begräbnis eines an der Pest Verstorbenen! Dieser isoliert fortgeschleppte Sarg ohne alles Gefolge! Diese bestellten Handwerker, die in Weimar die Leiche eines Schiller zu Grabe tragen sollten!«

Und das war noch nicht alles: Schiller bekam nicht einmal ein eigenes Grab; er wurde auf dem Jakobsfriedhof im so genannten Kassengewölbe, einer Art Massengrab, beigesetzt. Im Totenregister steht sogar ein falscher Vorname: Carl Friedrich.

Erst 22 Jahre später wurden seine sterblichen Reste in die Weimarer Fürstengruft überführt. Weil diese Reste aus dem Massengrab geholt werden mussten, in dem die Gebeine von mindestens 63 weiteren Menschen lagen, gab es immer wieder Zweifel, ob wirklich Schillers Schädel und Gebeine in der Fürstengruft liegen.

Heute schüttelt man verwundert bis ungläubig den Kopf über die merkwürdige Beerdigung Schillers, der schon damals als größter deutscher Dichter neben Goethe galt und um 1800 populärer war als jener. Wieso wurde ein Literaturstar auf so unwürdige Weise unter die Erde gebracht? Manche Zeitgenossen munkelten, bei Schillers Tod sei nicht alles mit rechten Dingen zugegangen, deshalb habe man ihn bei Nacht und Nebel begraben. Es gab sogar Stimmen, die behaupteten, Goethe habe seine Finger im Spiel gehabt und so den zehn Jahre jüngeren Konkurrenten ausschalten wollen. Das ist Unsinn. Schiller hat seinem schwächlichen Körper immer viel, manchmal zu viel abverlangt und ihn dadurch weiter geschwächt. Der Sektionsbefund ergab eine völlig zerstörte rechte Lunge, ein geschrumpftes Herz, eine unnatürlich große Galle, verwachsene Därme und noch einige Schäden mehr. »Bei diesen Umständen muß man sich wundern, wie der arme Mann so lange hat leben können«, stellte der obduzierende Arzt fest. Gestorben ist Friedrich Schiller im Alter von 45 Jahren und 6 Monaten an einer akuten Lungenentzündung.

Schillers Tod war unspektakulär, seine Beerdigung hätte es ebenfalls sein sollen – und wurde gerade dadurch im Nachhinein zum Spektakel. Nachdem die *Minerva* die Diskussion angestoßen hatte, versuchten die Beteiligten das Geschehen mit den unterschiedlichsten Erklärungen zu begründen und zu verharmlosen. Wie dem auch gewesen sei, die unwürdige Beerdigung, die gestörte Totenruhe und die Umbettung nach 22 Jahren zur letzen Ruhestätte können symbolisch für Schillers unruhiges und ungewöhnliches Leben stehen. Fangen wir also vorne an.

Rechte Leut'

Die Spuren von Schillers Vorfahren lassen sich bis ins 15. Jahrhundert zurück verfolgen. In beiden Linien gab es Bauern und Handwerker, darunter viele Bäcker, Weingärtner und Gastwirte, von denen es einige bis zum Schultheiß (= Gemeindevorsteher) gebracht haben – es handelte sich also um »rechte Leut'«, wie man im Schwäbischen sagt.

Schillers Vater, Johann Caspar, stammte aus Bittenfeld, einem kleinen Dorf auf halber Strecke zwischen Waiblingen und Marbach. Dort wuchs er zusammen mit sieben Geschwistern auf. Als er zehn Jahre alt war, starb völlig unerwartet der Vater. Die älteren Kinder, zu denen der Zehnjährige schon gezählt wurde, mussten die Schule verlassen und selbst für ihren Lebensunterhalt arbeiten. Wie sehr Johann Caspar darunter gelitten hat, nicht weiter in die Schule gehen und lernen zu dürfen, machen folgende Sätze des 65-Jährigen deutlich: »Welcher Stillstand folgte jetzt auf den so hoffnungsvoll angefangenen Lauf meines Lebens! Wie stürzte auf einmal der ganze Bau meiner kindischen Pläne, dereinst ein weiser Mann zu werden, zusammen! Vaterlos, dürftig, ohne Freunde sank ich tief … Zwanzig folgende Jahre verstrichen, in welchen ich vom Schicksal wie ein Ball umhergetrieben wurde. Hang und Begierde, meine Seelenkräfte mehr auszubauen, die ich zu allem aufgelegt fühlte, regten sich unaufhörlich mächtig, aber Unmöglichkeit stand der Ausführung ebenso mächtig entgegen.«

Schon als Junge lernte er heimlich Rechnen und Grammatik, selbst wenn er dafür bestraft wurde. Als er knapp 15 war, gab die Mutter seinem Drängen nach und erlaubte ihm, wenigstens die Wundarzneikunst zu lernen. Das tat man damals bei einem Barbier, zu dessen Arbeitsfeldern neben der Kräuter- und Arzneimittelkunde auch kleine chirurgische Eingriffe und Zahnbehandlungen gehörten. Johann Caspar ging beim Klosterbarbier Fröschlin im benachbarten Denkendorf in die Lehre, bestand nach drei Jahren

Vater Johann Caspar Schiller

die Gesellenprüfung, der die übliche Wanderschaft folgte. In Backnang, Lindau und Nördlingen fand er Arbeit und bildete sich nebenbei immer weiter. Unter anderem lernte er die Grundkenntnisse der französischen Sprache und übte sich im Fechten. Dahinter stand wohl der Wunsch, wenigstens Teile einer aristokratischen Bildung zu erwerben. Im Alter von 22 Jahren schloss er sich als Feldscher (= Barbier und Wundarzt) einem bayerischen Regiment an. Mit diesem kam er während des Österreichischen Erbfolgekrieges in ganz Europa herum, wurde mehrfach verwundet und für seine Tapferkeit ausgezeichnet. In seinen Erinnerungen beschreibt er diese Zeit als einen Höhepunkt seines Lebens.

Nach dem Friedensschluss kehrte Johann Caspar hoch zu Ross und mit der stattlichen Summe von 330 Gulden, einem kleinen

Mutter Elisabetha Dorothea Schiller

Vermögen, in die Heimat zurück und besuchte im März 1749 seine Schwester in Marbach. Dort lernte er Elisabetha Dorothea Kodweiß, die 16-jährige Tochter des Löwenwirtes, kennen, und schon am 22. Juli wurde Hochzeit gefeiert. Die Braut entstammte einer angesehenen, wohlhabenden Familie und war das einzige Kind ihrer Eltern. Wie ihr Bräutigam hat sie nur eine kurze Schulbildung genossen, wenn auch aus anderen Gründen. Im 18. Jahrhundert galt noch die Meinung, Mädchen sollten nur lernen, was sie als Frau für »Kinder, Küche, Kirche« wissen und können müssten, alles andere sei unnötig, ja sogar schädlich. Es ist anzunehmen, dass Elisabetha Dorothea, die von allen »Dorle« gerufen wurde, bis zur Hochzeit nicht weit aus Marbach hinausgekommen ist, allenfalls in die umliegenden Dörfer, um Verwandte zu besuchen. Aber weil das so

Sitte war, litt Dorle nicht darunter; sie hatte »ein heiteres, liebenswürdiges Wesen«.

Johann Caspar erwarb das Bürgerrecht von Marbach und eröffnete eine kleine Praxis als Barbier und Wundarzt. Das junge Paar wohnte im elterlichen Gasthaus und alles deutete auf ein ordentliches Leben, ja ein bescheidenes Glück hin. Doch dann geriet Dorles Vater in finanzielle Schwierigkeiten, weil er sich auf Geschäfte eingelassen hatte, von denen er zu wenig verstand. Er machte Schulden, borgte sich auch von seinem Schwiegersohn Geld, bis der – zu spät – bemerkte, dass der Bankrott nicht mehr zu verhindern war. »Um der Schande des Zerfalls eines so beträchtlich geschienenen Vermögens auszuweichen, trachtete ich von Marbach ganz hinwegzukommen.« Also wurde er 1753 wieder Soldat, fing mit 30 Jahren noch einmal von vorne an und diente sich im Heer des württembergischen Herzogs Carl Eugen bis zum Hauptmann hoch. Dorle blieb bei ihren Eltern in Marbach und half ihnen so gut sie konnte. Ihren Mann besuchte sie nur gelegentlich im Lager. Am 4. September 1757 brachte sie in Marbach eine Tochter zur Welt, die auf den Namen Elisabeth Christophine Friederike getauft wurde. Zwei Jahre später erwartete sie wieder ein Kind. Im Herbst 1759 bezog das Regiment ihres Mannes in Ludwigsburg Quartier. Hochschwanger machte sich Dorle auf den Weg zu ihm, und beinahe wäre das Kind im Soldatenzelt zur Welt gekommen. Doch die Wehen ließen wieder nach, Dorle fuhr in einer Kutsche zurück nach Hause, während ihr Mann in den Krieg zog. Am 10. November 1759 kam in der kleinen Schiller'schen Wohnung ein Junge zur Welt. Tags darauf wurde er auf den Namen Johann Christoph Friedrich getauft. Als sein Vater im Feld die Nachricht von der Geburt seines Sohnes erhielt, bat er das »Wesen aller Wesen«, es möge dem Sohn an Geistesstärke geben, was er selbst aus Mangel an Unterricht nicht habe erreichen können.

Schillers Fritzle

Wer Friedrich heißt, ist im Schwäbischen als Junge »'s Fritzle« und wird früher oder später zum »Fritz«.

Schillers Fritzle war ein schwächlicher Junge mit blasser, sommersprossiger Haut, rötlichen Haaren und sehr empfindlichen Augen. Er war anfällig für Krankheiten, hatte oft Fieber und litt unter Krämpfen. Daran waren die misslichen Lebensumstände seiner ersten Jahren sicher mit schuld; von einem ruhigen, geordneten Familienleben konnte nämlich keine Rede sein. Schon im Januar 1760 reiste die Mutter mit dem Neugeborenen und der zweijährigen Christophine nach Würzburg, wo das Regiment des Vaters im Winterquartier lag. Wie beschwerlich und gefährlich so eine Reise vor 250 Jahren war, kann man sich heute kaum noch vorstellen; und es blieb nicht bei dieser einen. Sobald das Regiment im Frühjahr in den Krieg zog, musste die Mutter mit den Kindern wieder nach Marbach zurück. Dorthin kam der Vater nur ab und zu auf Besuch. Ansonsten musste die Mutter ihm nachreisen, wenn sie mit den Kindern wenigstens für ein paar Wochen in seiner Nähe sein wollte. Vier Jahre dauerte dieses unstete Leben, das vor allem für den kränklichen Jungen Gift war. Denn die hygienischen Verhältnisse während der Reisen, in den billigen Unterkünften und im Lager waren alles andere als gesundheitsfördernd.

Nach Kriegsende wurde Hauptmann Schiller zum Werbeoffizier ernannt und in die Reichsstadt Schwäbisch Gmünd versetzt, wohin ihm seine Frau mit den Kindern folgte. Weil dem sparsamen protestantischen Schwaben das Leben im wohlhabenden katholischen Gmünd zu teuer war, zog er Anfang 1764 mit seiner Familie ins zwei Stunden entfernte württembergische Lorch. Erst hier lernte das vierjährige Fritzle ein geregeltes Familienleben ohne permanente Ortswechsel kennen. Und hier begann für ihn nach landläufiger Meinung der »Ernst des Lebens« – als ob sein bisheriges Leben nicht schon ernst genug gewesen wäre –, denn nun kümmerte sich der Vater verstärkt um die Erziehung seines Sohnes. Aus dem Fritzle sollte ein richtiger Fritz, wenn irgend möglich sogar ein Friedrich werden, der mindestens das erreichen konnte, wovon der Vater schon als Junge geträumt hatte. Also hielt er seinen Sohn bereits früh zum Lernen an, stellte ihm Aufgaben, um sein Gedächtnis zu trainieren, und ließ ihn Schreibübungen machen. Als Offizier war der Vater Disziplin und Gehorsam gewohnt, als unumschränkt herrschendes Familienoberhaupt verlangte er beides von seinen Kindern. Wenn sie ihre Aufgaben nicht ordentlich erfüllten oder mit ihren Freunden spielten, gab es zumindest strenge Ermahnungen vom Vater, und da er zum Jähzorn neigte, setzte es auch oft Hiebe. Dabei fiel auf, dass er sich um Christophine viel weniger kümmerte als ums 's Fritzle; sein Ehrgeiz galt nur dem Sohn. Wie diese Erziehung auf den Jungen wirkte, erzählte die Schwester später mit folgender kleinen Geschichte: Die Nachbarin winkte ihn zu sich und sagte, er solle »einen Augenblick in die Küche kommen. Sie wußte, daß es sein Lieblingsgericht war – Brei von türkischem

Schillers Geburtshaus

Wohnung in Lorch

Weizen; natürlich folgte er der Einladung und war kaum über den Brei geraten, als unser Vater, der oft zum Nachbarn ging, ihm etwas aus der Zeitung mitzuteilen, an der Küche vorbeiging, ihn aber gar nicht bemerkte; allein der Arme erschrak so heftig und rief: Lieber Vater, ich will's gewiß nie wieder tun, nie wieder! Jetzt erst bemerkte der Vater ihn und sagte nur: Nun geh nur nach Hause. Mit einem entsetzlichen Jammergeschrei verließ er seinen Brei, eilte nach Hause, bat die Mutter inständig, sie möchte ihn doch bestrafen, ehe der Vater nach Hause käme, und brachte ihr selbst den Stock. Die Mutter wußte nicht, was das alles bedeuten sollte, denn er konnte vor Jammer kein Wort heraus bringen, bestrafte ihn jedoch mütterlich.«

Zum Glück für den Jungen gab es diese Mutter, die ihn, wo immer möglich, beschützte und auch seine »kleinen Sünden« deckte, um den Zorn des Vaters nicht zu reizen. Neben der liebevollen und gutmütigen Mutter sorgte auch die Schwester dafür, dass der Junge gefühlsmäßig nicht zu kurz kam.

Manchmal durfte er seinen Vater auf dem zweistündigen Weg nach Gmünd begleiten. Auch dabei sollte der Junge etwas lernen. Caspar Schiller machte ihn auf Flora und Fauna im Remstal aufmerksam und erzählte Geschichten von den Stauferkaisern und deren Stammburg auf dem nahen Hohenstaufen. Vor allem Letzteres dürfte die Fantasie des Jungen angeregt haben.

Schon mit fünf Jahren schickte der Vater 's Fritzle in die Dorfschule. Dort saßen im Sommer bis zu 120 Kinder jeden Alters in einem Raum; im Winter, wenn sie nicht auf dem Feld mitarbeiten mussten, waren es über 150. Der alte mürrische Schulmeister Schmid gab sich laut zeitgenössischen Berichten nicht viel Mühe mit den Schülern. Heute würde man sagen, er sei nach 40 Berufsjahren ein Musterbeispiel für das »Burn-out-Syndrom« gewesen.

Weil die Kinder unter diesen Umständen nicht viel lernen konnten, drängte Vater Schiller darauf, dass sein Sohn zusätzlich vom Dorfpfarrer Philipp Ulrich Moser unterrichtet wurde. Bei dem belesenen gütigen Mann lernte der knapp sechsjährige Fritz zusammen mit dessen Sohn Christoph Latein; ein Jahr später kamen erste Lektionen in Griechisch hinzu. In Mosers Studierstube herrschte ein völlig anderes geistiges Klima als in der Dorfschule. Die beiden Buben fühlten sich wohl und freundeten sich an. Pfarrer Moser hat den kleinen Fritz wohl sehr beeindruckt. Manche Biografen ziehen daraus Schlüsse für den Weg zum großen Friedrich. Im Nachhinein ist man immer versucht, die Wurzeln eines großen Geistes in bestimmten Kindheitserlebnissen zu suchen. Damit sollte man vorsichtig sein. Nach allem, was man weiß, war Schillers Fritz ein Kind wie viele andere auch. Er lernte, wenn er musste, spielte jedoch lieber »auf der Gasse«, heckte mit seinen Kameraden Streiche aus, schwänzte ab und zu die Dorfschule, hatte Angst vor seinem Vater und war in dessen Nähe sehr folgsam. Vielleicht war der kleine Fritz von Moser deshalb so angetan, weil der ganz anders war als sein Vater und der Dorfschulmeister; vielleicht haben die rhetorisch geschliffenen Sonntagspredigten ihn tatsächlich in seinen Bann gezogen, wie manche vermuten. Jedenfalls habe er sich, so berichtet seine

Pfarrer Philipp Ulrich Moser

Schwester, in jener Zeit öfter eine schwarze Schürze umgebunden und sei auf einen Stuhl gestiegen, um zu predigen. Dabei habe er nicht nur so dahergeredet, sondern Gelerntes und Gehörtes rhetorisch geschickt zu kleinen Vorträgen verbunden. Wie viel bei solchen Geschichten Wahrheit, wie viel Dichtung ist, lässt sich schwer sagen. Tatsache jedoch ist, dass Friedrich Schiller in seinem ersten Drama *Die Räuber* einen Pastor auftreten lässt, der Moser heißt und dem Schurken Franz Moor rhetorisch gekonnt die Leviten liest. Das ist ein deutlicher Hinweis für den großen Einfluss Pfarrer Mosers auf den kleinen Fritz.

Eine traurige düstere Jugend

Die Zeit in Lorch ist Schiller später wie das Paradies vorgekommen, aus dem er schon nach drei Jahren vertrieben wurde. Der Vater ließ sich nach Ludwigsburg versetzen. In Ludwigsburg, das als schwäbisches Versailles galt, residierte der eitle und vergnügungssüchtige Herzog Carl Eugen. Seine maßlose Mätressenwirtschaft und seine sexuellen Ausschweifungen waren berüchtigt, seine Feste und Feiern weithin berühmt. Selbst Casanova wurde angelockt und hat das Leben dort in den höchsten Tönen gelobt! Doch von den Lustbarkeiten des Hofes dürfte der kleine Fritz nicht viel mitbekommen haben, zumal seine frommen Eltern so eine ausschweifende Lebensweise ablehnten und sich fern hielten. Die Ablehnung jeglicher »Genusssucht« ging beim Vater so weit, dass er mit dem Essen aufhörte, wenn es ihm am besten schmeckte. Das verlangte er auch von seinen Kindern. Im Hause Schiller galt das Motto »Bete und arbeite«. Für den kleinen Fritz hieß das in erster Linie: lernen.

Ab Januar 1767 besuchte er die Lateinschule, deren erfolgreicher Abschluss Voraussetzung dafür war, später Pfarrer werden zu können. Der Unterricht begann im Sommer um sieben, im Winter um acht Uhr und dauerte täglich sieben Stunden. Geistloses Auswendiglernen und Einpauken des Stoffes waren die Regel. Wer Schwächen zeigte oder nicht parierte, wurde gedemütigt, geschlagen und eingekerkert. Diese »schwarze Pädagogik« ging davon aus, dass mit solchen Methoden die besten Lernerfolge zu erzielen seien, getreu dem biblischen Grundsatz: Rute und Strafe gibt Weisheit.

Als 30-Jähriger schrieb Schiller über seine Erziehung in einem Brief: »An *meinem* Wesen haben Schicksale sehr gewaltsam gezerrt. Durch eine traurige düstere Jugend schritt ich ins Leben hinein, und eine herz- und geistlose Erziehung hemmte bei mir die leichte schöne Bewegung der ersten werdenden Gefühle. Den Schaden, den dieser unselige Anfang des Lebens in mir angerichtet hat, fühle ich noch heute.«

Am Ende jeden Jahres mussten die Lateinschüler nach Stuttgart zum Landexamen reisen. Diese Prüfung war wegen ihrer hohen Anforderungen in ganz Schwaben berüchtigt und gefürchtet.

> Wie ungestüm dem grimmen Landexamen
> Des Buben Herz geklopft,
> Wie ihm, sprach itzt der Rektor seinen Namen,
> Der helle Schweiß aufs Buch getropft,

dichtete Schiller später rückblickend. Trotz des klopfenden Herzens und des Angstschweißes bestand Fritz die Prüfung dreimal als Bester. Im vierten Jahr wurden seine Leistungen schlechter; Krankheiten und rasches Wachstum machten ihm zu schaffen. Er fiel bei der Prüfung durch. Der Traum vom Theologiestudium schien geplatzt. Man kann sich die Enttäuschung der frommen Mutter und die Reaktion des strengen Vaters vorstellen.

Fritz wollte sein Versagen wieder gutmachen und lernte so besessen, dass selbst die sonst wenig mitfühlenden Lehrer um seine Gesundheit besorgt waren. Hier zeigte sich zum ersten Mal Schillers Fähigkeit, mit ungeheurer Willenskraft über den geschwächten Körper zu dominieren. Ohne diese Fähigkeit hätte er später als kranker Mann seine großen Werke nicht schreiben können.

Im zweiten Anlauf bestand Fritz das vierte und letzte Landexamen, der Weg zum Theologiestudium war wieder offen. Doch nun trat zwischen den Vater im Himmel und den Vater zu Hause der Landesvater, nicht ganz so mächtig wie jener, aber viel mächtiger als dieser. Carl Eugen war nicht nur der Lüstling und Tyrann, er war auch ein pflichtbewusster Staatsmann, der sich besonders um das Schulwesen kümmerte und auch die Wissenschaften und Künste in seinem Herzogtum förderte. So holte er zum Beispiel die begabtesten Söhne des Landes in die von ihm gegründete »Militär-Pflanzschule« auf der Solitude, westlich von Stuttgart. Hier wollte er Offiziere und Beamte heranziehen lassen, die als treue Staatsdiener seinen Willen in Taten umzusetzen hatten. Dazu sollte auch

Schillers Fritz gehören. Also befahl der Herzog Hauptmann Schiller zu sich und sagte ihm, sein Sohn werde in die Schule aufgenommen, ohne dass er dafür bezahlen müsse. Obwohl der Besuch dieser »Eliteschule« für Friedrichs Karriere sehr wichtig sein konnte, wand sich Vater Schiller: Er und seine Frau wünschten sich, dass ihr Sohn seinen Neigungen entsprechend Geistlicher werde, weil er dann dem Vaterland am besten dienen könne. »Was, Vaterland? Ich bin das Vaterland!«, variierte Carl Eugen den berühmten Ausspruch Ludwigs XIV. Die Wünsche seiner Untertanen interessierten den Herzog nicht. Also musste Hauptmann Schiller am 16. Januar 1773 seinen Sohn in der Schule ab- und damit dem Herzog ausliefern. Der 13-jährige Fritz wurde aus seinem bisherigen Leben gerissen und von seiner Familie getrennt. Diese traumatische Erfahrung ließ ihn nicht mehr los; das Motiv der verlorenen Kindheit zieht sich durch sein gesamtes Werk.

Die Schule wurde militärisch geführt, der Schulleiter war ein Oberst. Es gab einen Dienstplan, den die *Eleven* genannten Schüler genau einzuhalten hatten. Darüber wachten Offiziere und Unteroffiziere. Wie in einer Kaserne begann der Tag mit dem Wecken, im Sommer um fünf, im Winter um sechs Uhr. Für Aufstehen, Waschen und Ankleiden, Frisieren des Zopfes und Bettenbau hatten die Eleven eine Stunde Zeit. Dabei gilt es zu bedenken, dass sie eine Uniform tragen mussten, auf der kein Stäubchen zu sehen sein durfte; auch das Frisieren der Zopfperücke, deren tadelloser Sitz mit Argusaugen überprüft wurde, kostete viel Zeit.

Mit diesen Äußerlichkeiten nahm es Schiller nicht so genau; ebenso wenig mit den vielen formalen Regeln, die nur aus Gründen der Konvention eingehalten werden sollten und deren Sinn er nicht einsah. Das brachte ihm etliche Strafen ein. Welche »angemessen« war, bestimmte der Herzog höchstpersönlich beim Mittagsappell. Sie reichten von Ermahnungen über Ohrfeigen, Rutenhiebe und Stockschläge bis zu Essensentzug und Arrest.

Nach dem Morgengebet und dem Frühstück begann der Unterricht, der von sieben bzw. acht bis 18 Uhr dauerte und nur

Nachdeme es **Seiner regierenden Herzoglichen Durchlaucht** zu **Würtemberg** gnädigst gefällig gewesen, unsern Sohn

Johann Christoph Friedrich Schiller

in die **Herzogliche Militair-Akademie** zu unserer unterthänigsten Danksagung in Gnaden aufzunehmen, nach den Grund-Gesezen dieses **Herzoglichen Instituts** aber erforderlich wird, daß ein dahin eintrettender Elev sich gänzlich den Diensten des **Herzoglichen Würtembergischen Hauses** widme, und ohne darüber zu erhaltende gnädigste Erlaubnuß aus denselben zu tretten nicht befugt seyn, auch hierüber von beederseitigen Aeltern ein Revers ausgestellt werde; so haben Wir Uns dessen um so weniger entbrechen wollen, vielmehr versprechen wir, daß obbenannter unser Sohn dieser Einrichtung so wohl, als allen übrigen Gesezen und Anordnungen des **Instituts** auf das genaueste nachzuleben geflissen seyn wird. Urkundlich unter unsern eigenhändigen Unterschriften und vorgedruckten angebohrnen Pettschaften. Gegeben *Ludwigsburg* den 23ten *Septembris* 1774.

Vater *Johann Caspar Schiller*
Hauptmann bei dem Hochlöbl.
General Lieut. von Stain'schen
Infanterie Regiment.

Mutter
Elisabetha Dorothea
gebohrne Kodweisin.

Urkunde über die Aufnahme Schillers an der Carlsschule (23. September 1774) für das Mittagessen und verschiedene Tätigkeiten unterbrochen wurde. Was die Eleven wann zu tun hatten, war vom Wecken bis zur Nachtruhe um 21 Uhr minutiös geregelt. Freizeit oder gar Ferien gab es nicht. »Kein Cavalier noch Eleve wird aus dem Hauss gelassen, es wäre denn daß Vatter oder Mutter tödtlich wäre, alsdann selbiger mit einem Officier und einem Aufseher dahin zu schicken ist«, heißt es in einem Befehl des Herzogs aus dem Jahr 1776.

Während der acht Jahre, die Schiller in der so genannten Carlsschule verbringen musste, hatte er keinen einzigen Tag Urlaub. In dieser Zeit starben zwei seiner Schwestern, die er nie gesehen hat. Seine jüngste Schwester Nanette sah er zum ersten Mal, als sie schon drei Jahre alt war. Da er sehr an seiner Familie hing, kann man ahnen, was das für ihn bedeutete. Wie stark er unter der Trennung und dem totalen Freiheitsentzug litt, zeigte sich auch daran, dass er häufig

Schiller als Carlsschüler

Die Carlsschule (Militärakademie) Stuttgart

krank war und sich mit dem Lernen schwer tat. Im ersten Jahr konnte er noch von seinen guten Vorkenntnissen profitieren und erhielt sogar einen Preis in Griechisch. Im zweiten Jahr war er nur noch ein sehr mittelmäßiger Schüler und im dritten Jahr der schlechteste seiner Klasse.

Ein weiterer Grund für diese Entwicklung war, dass er Juristerei studieren musste, weil der Herzog es so bestimmte. Der trockene Lehrstoff war nicht Schillers Welt, die sture Paukerei lehnte er ab. Insgeheim hatte er immer noch den Wunsch und die Hoffnung, Pfarrer zu werden. Und so schrieb er als 15-Jähriger einen Brief – der zugleich der erste bekannte Text mit autobiografischen Zügen ist – an Carl Eugen:

Sehen Sie mich, Durchlauchtigster Herzog, in der Mitte meiner Brüder, forschen Sie von ihnen selbst, wie ich mich bisher gegen dieselben aufgeführt habe. Sie werden mich eigensinnig, hitzig, ungeduldig hören müssen, doch werden dieselben ihnen auch meine Aufrichtigkeit, meine Treue, mein gutes Herz rühmen. Aber, Durchlauchtigster Herzog, die schönen Gaben, die ich habe, habe ich bisher nicht so angewendet, als es mir meine Pflichten aufgelegt haben. Nun sehe ich mich von der Unzufriedenheit gedrückt, die ich verdiene, allein ich kann doch einigermaßen Entschuldigung finden, denn wann der Körper leidet, so leiden auch mit ihm die Kräfte der Seele, und der Wille wird durch Leibesschwachheiten öfters gehindert, in Erfüllung zu gehen. Ebenso habe ich Reinlichkeit am Körper bisher nicht so beobachtet, als es meine Schuldigkeit gewesen. Aber verzeihen Sie mir, Durchlauchtigster Herzog, diese Fehler, denken Sie an die Gnade zurück, die meine Eltern und ich selbst aus Ihrer Hand empfangen habe.

Es ist Ihnen schon bekannt, gnädigster Herzog, mit wieviel Munterkeit ich die Wissenschaft der Rechte angenommen habe, es ist Ihnen bekannt wie glücklich ich mich schätzen würde, wenn ich durch dieselbe meinem Fürsten, meinem Vaterlande dereinst dienen könnte, aber weit glücklicher würde ich mich halten, wenn ich solches als Gottesgelehrter ausführen könnte.

Das war taktisch klug gemacht und mutig obendrein, doch der Versuch blieb vergeblich. Carl Eugen interessierten die Wünsche der Eleven nicht.

Eine Möglichkeit, sich dem Herzog – zumindest gedanklich – zu entziehen, sah Schiller in der Literatur. Mit seinen Freunden gründete er einen literarischen Geheimbund. Sie lasen Bücher von Klopstock, Lessing, Goethe und Schubart, obwohl ihnen jede private Lektüre verboten war, und sie schrieben poetische Texte, die sie sich gegenseitig vortrugen. Beides war für sie eine stille Rebellion gegen die bestehende Ordnung.

Ende 1775 wurde die Schule nach Stuttgart verlegt und um das Fach Medizin erweitert. Der Herzog bestimmte, wer von nun an Medizin zu studieren hatte. Unter den Ausgesuchten befand sich auch Schiller, der über diese Entscheidung entsetzt war, genau wie seine Eltern. Hauptmann Schiller versuchte vorsichtig, den Herzog

Schiller liest seinen Freunden im Bobserwald aus den »Räubern« vor

umzustimmen, erreichte jedoch nichts. Daraufhin sagte Fritz seinem Vater, er wolle eher sterben, als ein neues Studium zu beginnen. Erst in langen Gesprächen gelang es den besten Freunden, den lebensmüden Fritz umzustimmen. Einer von ihnen, Wilhelm von Hoven, schrieb dazu: »So zurückgeblieben in unseren juristischen Studien, konnten wir natürlicherweise das Versäumte nicht mehr leicht einbringen, wir entschlossen uns daher zum Studium der Medizin, mit dem Vorsatz, dieses neu gewählte Studium ernster zu betreiben, als das verlassene Studium der Jurisprudenz, und wir glaubten, diesen Vorsatz um so eher ausführen zu können, da uns die Medizin mit der Dichtkunst viel näher verwandt zu sein schien, als die trockene positive Jurisprudenz.«

Medizin und Dichtkunst? Auf den ersten Blick scheinen die Disziplinen nicht viel miteinander zu tun zu haben; auf den zweiten Blick schon, jedenfalls für jene Eleven, die sich heimlich der Poesie verschrieben hatten. Einer der Eifrigsten auf diesem Gebiet war Schiller, wie zahlreiche Aussagen seiner Mitschüler belegen:

»Fritz ist ein sehr lebhafter und aufgeweckter Geist, er ist gutherzig, lustig und dichtet gern.« »Seine große Einbildungskraft ist Ursache, daß er zur Poesie sehr große Lust hat.« »Seine Hauptneigung geht mit allem Eifer auf die Poesie und nichts ist im Stande, ihn davon abzubringen.«

Schiller selbst hat dazu später unter anderem geschrieben: »Neigung für Poesie beleidigte die Gesetze des Instituts, worin ich erzogen ward, und widersprach dem Plan seines Stifters. Acht Jahre rang mein Enthusiasmus mit der militärischen Regel, aber Leidenschaft für die Dichtkunst ist feurig und stark, wie die erste Liebe. Was sie ersticken sollte, fachte sie an.«

»Seine Hauptneigung« war also einer der Gründe für Schillers mangelndes Interesse an der Jurisprudenz und die schlechten Noten. Und im Fach Medizin sollte es nun anders werden? Es wurde anders! Dafür war der erst 21 Jahre junge Professor Friedrich Abel mitverantwortlich. Abel unterrichtete Philosophie, Psychologie und Moral – und zwar anders als andere. Er dozierte nicht abstraktes Wissen vom Katheder herab, sondern ging während des Unterrichts durch die Reihen, verwickelte seine Eleven in Streitfragen und forderte sie »zum Selbstdenken« auf – ganz im Sinne des Leitspruchs der Aufklärung: Habe Mut, dich deines eigenen Verstandes zu bedienen! Abel belebte seine Vorlesungen auch mit Zitaten aus Dichtungen; er redete über und zitierte Werke von Dichtern, die Schiller und seine Freunde bis dahin nur heimlich gelesen hatten. Der Aufklärer Abel machte Schiller auch mit den Dramen

Schillers Lehrer Jakob Friedrich Abel

Shakespeares bekannt. »Mit ausdrucksvoller Sehnsucht trat er nach geendigter Stunde zu seinem Lehrer hin und bat um den großen Dramatiker – und von nun las und studierte er denselben mit ununterbrochenem Eifer«, schrieb Abel dazu in seinen Erinnerungen. Die Stunden bei Abel waren Labsal für die »jungen Wilden«, insbesondere für Schiller.

Zum Stiftungsfest 1776 hatte der Herzog den jungen Professor beauftragt, eine Rede zum Thema *Werden große Geister geboren oder erzogen, und welches sind die Merkmale derselbigen?* zu halten. Welche Antwort der Herzog als Stifter der Carlsschule erwartete, dürfte keine Frage sein. Vor der hohen Festversammlung und den Eleven hielt Abel dann eine erstaunliche Rede. Statt der bei solchen Anlässen üblichen Lobpreisungen des allerhöchsten Landesvaters erklärte er, die Erziehung könne zwar mit dazu beitragen, einen großen Geist zu formen, sie könne ihn jedoch nicht schaffen, schon gar nicht, wenn sie von ihm nur Leistungen innerhalb einer bestehenden Ordnung erwarte. Gewöhnlichen Menschen gäbe eine Ordnung mit ihrem Regelsystem Halt, große Geister würden »schmachten an den Fesseln der Systeme«. Sie müssten sich über Regeln hinwegsetzen, um zu neuen Höhen emporzufliegen. »Ohne Leidenschaft ist nie etwas Großes, nie etwas Ruhmvolles geschehen, nie ein großer Gedanke gedacht oder eine Handlung der Menschheit würdig vollbracht worden … Im öden Kopf sind nur wenige Begriffe auf einmal, und bei der größten Gelehrsamkeit verläßt ihn nie drückende Armut. Aber das Genie! Ungezählte Empfindungen wallen durch seine Seele, Gedanken strömen auf Gedanken … Fülle des Gefühls, Fülle und Stärke der Gedanken, Empfindung und Schöpfergeist, sonderbare Zusammensetzungen und Verhältnisse, aber auch bisweilen die sonderbarsten Verwirrungen und Torheiten, vor denen alle kleinen Seelen zurückbeben.«

Wie müssen diese Sätze in den Ohren der Zuhörer geklungen haben? Es ist nicht überliefert, was der junge Schiller fühlte und dachte. Dass Abel es wagte, vor dem Herzog so eine Rede zu halten, muss ihn gewaltig berührt haben – und ermuntert, das in Worte zu fassen, was in ihm rumorte.

Es dauerte nicht mehr lange, bis er Karl Moor in den *Räubern* sagen ließ: »Nein, ich mag nicht daran denken. Ich soll meinen Leib pressen in eine Schnürbrust und meinen Willen schnüren in Gesetze. Das Gesetz hat zum Schneckengang verdorben, was Adlerflug geworden wäre. Das Gesetz hat noch keinen großen Mann gebildet, aber die Freiheit brütet Kolosse und Extremitäten aus.«

Medizinstudent und junger Dichter

»Wähne man ja nicht, daß Schillers frühe Dichtungen leichte Ergießungen einer immer reichen, immer strömenden Einbildungskraft gewesen wären ... Erst nach vielen angestellten Bilderjagden, nach hundertfachen Schwängerungen seiner Phantasie und den mannigfaltigen Befruchtungen seines Geistes überhaupt, erst nach Anstrengungen, die nicht selten einem wahren Pressen und Herauspumpen glichen«, habe er etwas zu Papier bringen können, notierte Schillers Freund Petersen. Doch wie schwer er sich dabei auch tat, er musste schreiben, das stand für Schiller fest. Über die ersten zaghaften Versuche, die zu mehr oder weniger gelungenen Gedichten geführt hatten, war er längst hinaus. Inzwischen plante er ein dramatisches Stück fürs Theater.

Da die Eleven von morgens bis abends bewacht wurden, konnte Schiller fast nur nachts schreiben. Beim schummrigen Licht einer hereingeschmuggelten Kerze entstanden die ersten Skizzen und Entwürfe für *Die Räuber*. Dabei musste er wie ein Dieb auf jedes Geräusch lauschen, denn der wachhabende Unteroffizier, sogar der Herzog selbst konnte mitten in der Nacht auftauchen und den Schlafsaal inspizieren. Etwa vier Jahre arbeitete Schiller unter diesen schwierigen Umständen an seinem ersten Stück. Dabei gewöhnte er sich an, Schnupftabak und Wein als Stimulationsmittel zu benutzen. Seine Bettnachbarn beklagten sich manchmal, wenn er sich so in die Arbeit hineinsteigerte, dass er sie mit seinem »Stampfen, Schnauben und Brausen« störte.

Dieses nächtliche Schreiben zehrte an den Kräften, die tagsüber fehlten. Aus Angst, die Prüfungen nicht zu bestehen und noch später in die Freiheit entlassen zu werden, wenn er nicht intensiver lernte, entschloss Schiller sich schweren Herzens, »eine Pause in der Poeterei zu machen«. Zwei Jahre studierte er eifrig, bestand die Zwischenprüfungen und legte im Herbst 1779 seine Dissertation vor. Ihr Titel lautete: *Philosophie der Physiologie*. Darin befasste sich Schiller mit der Wechselwirkung zwischen Materie und Geist, zwischen Körper und Seele. Seine These lautete: Es »muß eine Kraft vorhanden sein, die zwischen den Geist und die Materie tritt und beide verbindet. Eine Kraft, die von der Materie verändert werden und die den Geist verändern kann.« Er nannte sie »Mittelkraft« und behauptete, sie sei ein winziges Wesen, das durch die Nervenbahnen ströme. Um seine These zu untermauern, erklärte Schiller geltende Lehren kurzerhand für falsch. »Dabey ist der Verfasser äußerst verwegen und sehr oft gegen die würdigsten Männer hard und unbescheiden«, schrieb einer der drei Zensoren. Der fehlende Respekt Schillers vor den anerkannten Autoritäten und seine oft gewagten Thesen führten zur Ablehnung der Dissertation. Herzog Carl Eugen schloss sich dem Urteil der drei Professoren an, weil der Eleve Schiller noch zu viel Feuer habe. »Dahero glaube Ich, wird es noch recht gut for ihm seyn, wenn er noch Ein Jahr in der Akademie bleibt, wo inmittelst sein Feuer noch ein wenig gedämpft werden kann, so daß er alsdann einmal, wenn er fleißig zu sein fortfährt, gewiß ein recht großes Subjectum werden kann.«

Carl Eugen hielt tatsächlich viel von Schiller; das zeigte sich unter anderem daran, dass Schiller im Januar 1780 zum zweiten Mal die Rede zum Geburtstag der herzoglichen Mätresse Franziska von Hohenheim halten durfte. In dieser Rede über *Die Tugend in ihren Folgen betrachtet* deutete Schiller an, was er während seiner Carlsschulzeit in Philosophie, Psychologie und Rhetorik gelernt hatte.

»Wenn wir uns den Menschen als einen Bürger des großen Weltsystems denken, so können wir den Wert seiner Handlungen nach nichts besser bestimmen als nach dem Einfluß, den sie auf die Vollkommenheit dieses Systems haben. Wenn wir noch weiter gehen, wenn wir finden, daß alle Räder, alle treibenden Kräfte des großen Systems nur darum so innig ineinandergreifen, nur darum so harmonisch zusammenstimmen, damit der geistige Teil der Schöpfung dadurch vollkommener werde, der empfindende angenehmer, stärker empfinde, der denkende höher, umfassender denke; so können wir jede moralische Handlung nur nach dem Maße schätzen oder verdammen, nach welchem sie mehr oder weniger zur Vollkommenheit der geistigen Wesen mitgewirkt hat.«

Um einen Beitrag zur »Vollkommenheit des Weltsystems« leisten zu können, müsse der Mensch seine Leidenschaften bezwingen, weil wahre Freiheit nur im tugendhaften Widerstand gegen die Welt der Triebe erreicht werden könne. Von diesen Gedanken des 20-jährigen Eleven führte ein gerader Weg zu den ersten Sätzen, die der 35-jährige Dichter in der philosophischen Schrift *Über das Erhabene* formulierte: »Der Mensch ist das Wesen, welches will.« Dieser Satz könnte als Leitmotiv über Schillers Leben stehen. Auch wenn der Herzog vorerst über ihn bestimmte und ihn – wie übrigens alle Medizinstudenten seines Jahrgangs – zu einem weiteren Jahr auf der Hohen Carlsschule zwang, »sein Feuer« konnte er damit nicht dämpfen, seinen Willen nicht brechen.

Von der abgelehnten Dissertation abgesehen, bestand Schiller die Abschlussprüfung mit Auszeichnung. Bei der Stiftungsfeier im Schloss waren in diesem Jahr zwei besondere Gäste anwesend: Herzog Carl August von Sachsen-Weimar und sein Geheimrat Johann Wolfgang Goethe. Schiller erhielt vier Preise aus der Hand seines Landesherrn und stand dabei viermal nur eine Armlänge vom Topstar der deutschen Literatur entfernt. Diese erste Begegnung der beiden bot natürlich Stoff für Geschichten. Immer wieder wurde erzählt, wie aufgeregt der junge Schiller gewesen sei, wie gern er sich dem bewunderten Dichter bemerkbar gemacht und mit ihm geredet hätte, sich aber nicht getraut habe. Nichts davon ist wahr. Weil sich die hohen Gäste mit falschem Namen vorstellen ließen, um Aufsehen zu vermeiden, hatte Schiller keine Ahnung, vor wem er stand. Und für Goethe war der Eleve Schiller einer unter vielen.

Das zusätzliche Jahr sollte vor allem der praktischen Ausbildung dienen. Schiller musste keine Vorlesungen mehr besuchen und wurde deshalb oft zum Dienst im Krankenzimmer eingeteilt. Er mel-

Friedrich Schiller, um 1780

dete sich freiwillig zu Nachtwachen und stellte sich öfter krank, weil im Krankenzimmer auch nachts das Licht brennen durfte. So konnte er die Arbeit an den *Räubern* wieder aufnehmen. Doch auch hier musste er auf der Hut sein, wie eine verständnisvolle Schwester berichtete, denn »manchmal visitierte der Herzog den Saal; dann fuhren *Die Räuber* unter den Tisch; ein unter ihnen liegendes medizinisches Buch erzeugte den Glauben, Schiller benutze die schlaflosen Nächte für seine Wissenschaft«.

Neben der Arbeit an seinem Stück bereitete er eine zweite Dissertation vor. Dazwischen fand er noch Zeit für die Schauspielerei. Zum Geburtstag des Herzogs sollten die Eleven Goethes Trauerspiel *Clavigo* aufführen. Schiller wollte unbedingt die Hauptrolle spielen. Die andern ließen ihm seinen Willen, obwohl sie wussten, dass er kein guter Schauspieler war; vermutlich wollte keiner von ihnen den langen Text auswendig lernen. Bei der Aufführung machte Schiller aus dem Trauerspiel eine Lachnummer. »Was rührend und feierlich sein sollte, war kreischend oder strotzend und pochend. Innigkeit und Leidenschaft drückte er durch Brüllen, Schnauben und Stampfen aus, kurz, sein ganzes Spiel war die vollkommenste Ungebärdigkeit, bald zurückstoßend, bald lachenerregend«, schrieb Petersen. Damit war klar, dass Schillers Fritz als Schauspieler keine Karriere machen würde.

Nach diesem Reinfall stürzte er sich in die Arbeit an seiner Dissertation, genauer gesagt: an seinen Dissertationen. Vermutlich wollte er diesmal ganz sicher gehen und schrieb in lateinischer Sprache erst eine rein medizinische Abhandlung *Über den Unterschied der entzündlichen und faulen Fieber*. Dann nahm er das Thema seiner ersten Dissertation noch einmal auf und legte einen *Versuch über den Zusammenhang der tierischen Natur des Menschen mit seiner geistigen* vor. Von beiden Arbeiten waren die Professoren nicht begeistert; die erste wurde abgelehnt, die zweite trotz einiger Einwände dann doch angenommen. Es folgten noch die mündlichen Prüfungen, die Schiller keine Probleme bereiteten. Am 15. Dezember 1780, nach acht langen Jahren, wurde er aus der Hohen Carlsschule entlassen – und hatte die fast vollendeten *Räuber* im Gepäck.

Die Räuber – ein sensationeller Erfolg

Herzog Carl Eugen hatte Hauptmann Schiller versprochen, seinen Sohn nach bestandenem Examen gut zu versorgen. Nun war die ganze Familie gespannt, wo und wie das sein würde. Als sie es erfuhren, waren sie bitter enttäuscht: ihr Fritz musste als Regimentsmedicus in der Uniform eines Feldschers ohne Offiziersrang Dienst tun. Das war für Vater Schiller schon schlimm genug. Nach acht Jahren auf der Hohen Carlsschule sollte sein Sohn nicht mehr als ein gewöhnlicher Feldscher sein, wie er selbst es gewesen war, ohne je studiert zu haben. Und das auch noch im Grenadierregiment des 82-jährigen General Augé. Dieser erbärmlichste Haufen des württembergischen Heeres bestand zum größten Teil aus Invaliden, die für keine militärische Aktion mehr zu gebrauchen waren. Die Redewendung »Er kommt zum Augé« bedeutete in Stuttgart damals so viel wie »Er taugt nichts mehr«. Vater Schiller bat den Herzog untertänigst, seinen Sohn in dessen Freizeit doch wenigstens die Ausübung einer privaten Praxis und das Tragen von Zivilkleidern zu gestatten. Carl Eugen lehnte kategorisch ab: »Sein Sohn soll Uniform tragen!«

Also musste er Uniform tragen, auch wenn er darin »komisch« aussah, wie sein Freund Scharffenstein schrieb. »Dieser ganze, mit der Idee von Schiller so kontrastierende Apparat war oft nachher der Stoff zu tollem Gelächter in unsern kleinen Kreisen.« Die »Idee von Schiller«? Das ist eine interessante Formulierung. Woher kam diese »Idee von Schiller«? Wer war der Ideengeber? Schiller selbst? Sein Umfeld? Oder vielleicht sogar das »Wesen aller Wesen«? Gab es einen Plan, einen Lebensplan für Schiller, der ihn zu etwas Höherem bestimmte? Solche Gedanken mögen Scharffenstein beschäftigt haben. Jedenfalls gab es für ihn neben dem real existierenden Schiller die ganz andere »Idee« von ihm, nach der er in einer anderen Welt lebte, der Welt der Poesie, in der er seinen Wunsch nach Freiheit und Größe ausleben konnte. Vielleicht hat Schiller die

Carl Eugen, Herzog von Württemberg

Carlsschule nur überstanden, weil er auch diese »Idee« von sich hatte. Vielleicht half sie ihm jetzt wieder, die Zeit als kleiner Medicus zu überstehen, während er weiter an der Verwirklichung der »Idee von Schiller« arbeitete.

Für einen kargen Lohn von etwa 20 Gulden im Monat sollte er mithelfen, den gesundheitlichen Zustand des Regiments nicht

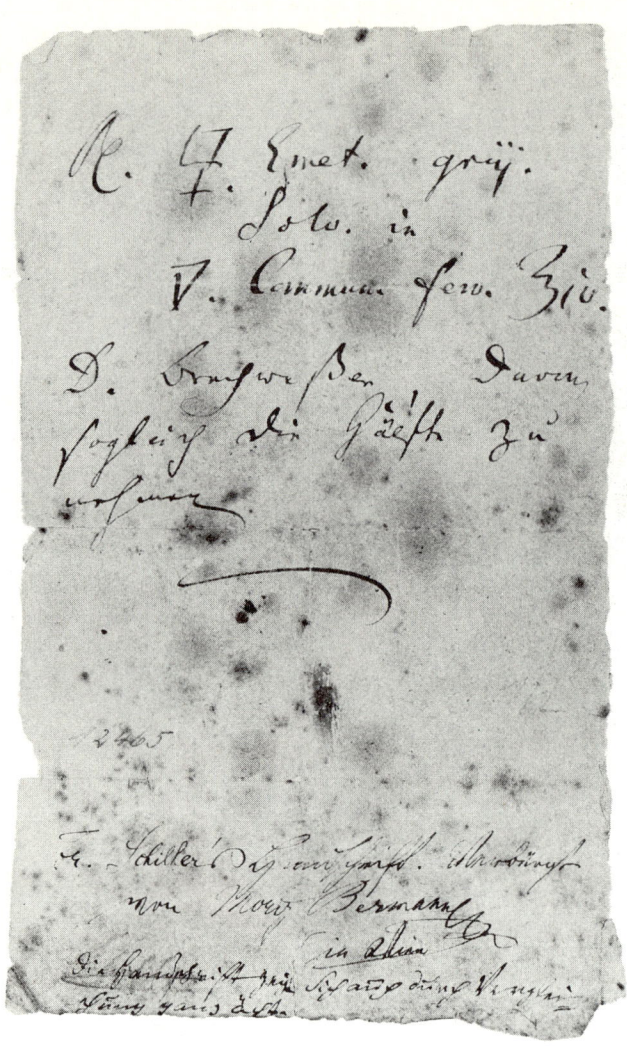

Rezept, ausgestellt von Schiller (Handschrift)

weiter zu verschlechtern. Dazu hatte er weder große Lust, noch reichten dafür seine medizinischen Kenntnisse aus. Es dauerte nicht lange und seine Rezepte waren berüchtigt. Er verschrieb den Grenadieren hauptsächlich Brechmittel in hoher Dosierung, weil er der Meinung war, sie sollten »ihre Krankheiten auskotzen«. Der Regimentsarzt Elwert, Vater eines Mitschülers der Carlsschule, schaute dem Treiben eine Weile zu. Dann ließ er sich die Rezepte vorlegen und milderte Schillers höllische Mixturen stillschweigend ab.

Anfangs wohnte Schiller in der Kaserne, machte sich jedoch bald auf Wohnungssuche, um sich wenigstens ein bisschen mehr Freiraum zu verschaffen. Am 1. Februar 1781 bezog er am Kleinen Graben, der heutigen Eberhardstraße 63, ein dürftig möbliertes Zimmer mit angrenzender Schlafkammer. Laut Scharffenstein handelte es sich um ein »nach Tabak und sonsten stinkendes Loch«, in dem Schiller zusammen mit dem Leutnant Kapff hauste, weil es für ihn allein zu teuer war.

Stuttgart war mit etwa 20 000 Einwohnern die größte Stadt Württembergs, gefolgt von Tübingen mit 6000 und Ludwigsburg mit 5000. Selbst diese »großen Städte« waren ihrem Charakter nach nichts anderes als große Dörfer.

Mit seinen Freunden aus der Carlsschule, von denen die meisten in Stuttgart geblieben waren, führte Schiller nun eine Art Studentenleben und spielte den genialischen Kraftkerl, der sich über bürgerliche Konventionen hinwegsetzt. An seinen freien Tagen schlief er bis zum Mittag, die Nächte verbummelte er oft in Wirtshäusern. Zum Stammlokal der Freunde wurde der »Goldene Ochse«. Dort blieb sonderbarerweise eine Notiz erhalten, die etwas vom Umgangston der jungen Männer wiedergibt: »Seyd mit schöne Kerls. Bin da gewesen und kein Petersen, kein Reichenbach. Tausendsakerlot! Wo bleibt die Manille (= Kartenspiel) heut? Hol euch alle der Teufel! Bin zu Hauß, wenn ihr mich haben wollt. Adies, Schiller.«

Ob sie ihn an jenem Tag noch haben wollten, ist nicht überliefert. Vielleicht sind sie am Abend in sein »stinkendes Loch« gekommen, wie sie es öfter taten, weil alle aufs Geld achten mussten. »Wir waren arm und hatten meistens gemeinschaftlich frugale, aber durch jugendlich gute Laune sehr gewürzte Abendmahlzeiten, die wir

Schiller als Regimentsarzt

selbst bereiten konnten, denn eine Knackwurst und Kartoffelsalat war alles«, schrieb Scharffenstein zu dieser Männerwirtschaft.

Die erste Gelegenheit, kostenlos gut zu essen und zu trinken, nutzte Schiller als waschechter Schwabe natürlich aus. Anlässlich des Geburtstags von Carl Eugen lud General Augé seine Offiziere und den Regimentsmedicus zum Essen ein. Man ließ es sich schmecken, trank auf Kosten des Generals kräftig auf das Wohl des Herzogs. Die alten Offiziere machten sich einen Spaß daraus, den jungen Doktor unter den Tisch zu trinken. Der konnte bald nicht mehr stehen und musste nach Hause getragen werden. Das sprach sich in einer Stadt wie Stuttgart schnell herum und seitdem galt Schiller dort als Säufer. Das war er zwar nicht, aber nach der pietistischen Erziehung im Elternhaus und nach acht Jahren Carlsschule bestand auf allen Gebieten, die mit Genuss und Lust zu tun hatten, großer Nachholbedarf. Dazu gehörte auch der »Umgang mit dem schönen Geschlecht«, wie Schiller es nannte. Auf Schönheit scheint er in der ersten Zeit allerdings wenig geachtet zu haben, wie seine Freunde Scharffenstein und Petersen glaubhaft versichern. Er soll es mit »Soldatenweibern, auch en compagnie« getrieben haben, ohne jeden »Sinn für körperliche Schönheit. Kretzende Weine, schlechter Schnupftabak, garstige Weiber waren Beweise für mangelndes Feingefühl im Sinnlichen.« Mit »Soldatenweibern« dürften sie auch Schillers Hauswirtin, die 30-jährige Hauptmannswitwe Luise Dorothea Vischer gemeint haben. Wie intim die Beziehung der beiden war, lässt sich nicht mit Gewissheit sagen. Jedenfalls wurde die Vischerin Schillers Muse, die ihn zu den schwärmerischen »Oden an Laura« inspirierte. In »Die seligen Augenblicke« heißt es unter anderem:

> Leierklang aus Paradieses Fernen,
> Harfenschwung aus angenehmern Sternen
> Ras ich, in mein trunken Ohr zu ziehn,
> Meine Muse fühlt die Schäferstunde,
> Wenn von deinem wollustheißem Munde
> Silbertöne ungern fliehn; –
>
> Deine Blicke – wenn sie Liebe lächeln,
> Könnten Leben durch den Marmor fächeln,
> Felsenadern Pulse leihn,
> Träume werden um mich her zu Wesen,
> Kann ich nur in deinen Augen lesen:
> Laura, Laura mein! –

Wenn dann, wie gehoben aus den Achsen
Zwei Gestirn, in Körper Körper wachsen,
Mund an Mund gewurzelt brennt,
Wollustfunken aus den Augen regnen,
Seelen wie entbunden sich begegnen
In des Atems Flammenwind, – – –

Qualentzücken – – Paradiesesschmerzen! – –
Wilder flutet zum beklommnen Herzen,
Wie Gewappnete zur Schlacht, das Blut,
Die Natur, der Endlichkeit vergessen,
Wagts, mit höhern Wesen sich zu messen,
Schwindelt ob der acherontschen Flut.

Da brachte ein junger Mann zu Papier, wie er sich die Vereinigung mit einer geliebten Frau vorstellte. Davon war »der tierische Genuß« bei den »Sprüngen mit Soldatenweibern« meilenweit entfernt. Im Hause seines späteren Freundes Christian Gottfried Körner hat Schiller in fröhlicher Runde einmal erzählt, Luise Vischer habe keine Ahnung gehabt, dass er sie zu seiner Laura erwählt und voller Entzücken besungen habe. »Ich dächte aber, man hätte es meinen Gedichten auch anmerken müssen, denn mit solchen Überschwänglichkeiten würde mich kein vernünftiges Mädchen und am allerwenigsten eine Schwäbin angehört haben.«

Trotz »Wein, Weib und Gesang« hat Schiller an seinen *Räubern* gearbeitet. Und im »Räuber-Ton« schrieb er die *Elegie auf den Tod eines Jünglings.* Dieser Nachruf auf seinen Freund Johann Weckherlin war der eines zornigen jungen Mannes, der damit erstmals öffentlich seine Empörung über Gott und die Welt zum Ausdruck brachte und mit allen Konventionen der üblichen Leichengedichte brach.

Aber wohl dir! – köstlich ist dein Schlummer,
Ruhig schläft sichs in dem engen Haus;

Mit der Freude stirbt hier auch der Kummer,
Röcheln auch der Menschen Qualen aus.
Über dir mag die Verleumdung geifern,
Die Verführung ihre Gifte spein,
Über dich der Pharisäer eifern,
Fromme Mordsucht dich der Hölle weihn,
Gauner durch Apostelmasken schielen,
Und die Bastardtochter der Gerechtigkeit
Wie mit Würfeln so mit Menschen spielen,
Und so fort bis hin zur Ewigkeit.
(…)

Zieht dann hin, ihr schwarzen stummen Träger!
Tischt auch den dem großen Würger auf!
Höret auf, geheulergoßne Kläger!
Türmet auf ihm Staub auf Staub zuhauf!
Wo der Mensch, der Gottes Ratschluß prüfte?
Wo das Aug, den Abgrund durchzuschaun?
Heilig! Heilig! Heilig! bist du, Gott der Grüfte,
Wir verehren dich mit Graun!
Erde mag zurück in Erde stäuben,
Fliegt der Geist doch aus dem morschen Haus!
Seine Asche mag der Sturmwind treiben,
Seine Liebe dauert ewig aus!

Dieses Gedicht machte in Stuttgart schnell die Runde und empörte die frommen Bürger. »Das kleine hundsföttische Ding hat mich in der Gegend herum berüchtigter gemacht als zwanzig Jahre Praxis«, notierte Schiller dazu. Und als er im Frühjahr 1781 die *Räuber* endlich fertig hatte, sagte er voller Übermut zu seinen Freunden: »Wir wollen ein Buch machen, das aber durch den Schinder absolut verbrannt werden muß.« Schiller wusste, dass die Veröffentlichung eines solchen Buches riskant war, denn bei Kritik an den Zuständen im Land verstand der Herzog keinen Spaß. Die

Freiheit des Wortes hatte für ihn Grenzen, und die bestimmte er. Das hatte er an dem Dichter und Journalisten Christian Daniel Schubart deutlich gemacht. Der hatte 1774 die Zeitschrift *Teutsche Chronik* gegründet, in der er »Fürsten und Pfaffen« scharf kritisierte. 1777 hatte Carl Eugen ihn auf württembergisches Gebiet locken, verhaften und ohne Gerichtsurteil auf den Hohenasperg bringen lassen, wo er zehn Jahre eingekerkert war.

Warum Schiller *Die Räuber* trotz dieses warnenden Beispiels veröffentlichen wollte, begründete er seinem Freund Petersen in einem Brief: »Der erste und wichtigste Grund, warum ich die Herausgabe wünsche, ist jener allgewaltige Mammon, dem die Herberge unter meinem Dache gar nicht ansteht – das Geld ... Der zweite Grund ist, wie leicht zu begreifen, das Urteil der Welt, dasjenige, was ich und wenige Freunde mit vielleicht übertrieben günstigen Augen ansehen, dem unbestochenen Richter, dem Publikum preißzugeben. Dazu kommt noch die Erwartung, die Hoffnung und Begierde, welches alles mir meinen Aufenthalt im Loche der Prüfung verkürzen und versüßen und mir die Grillen zerstreuen soll. Ich möchte natürlicherweise auch wißen, was ich für ein Schicksal als Dramatiker, als Autor zu erwarten habe.«

Petersen machte sich auf die Suche nach einem Verleger, fand jedoch keinen, der bereit war, das Werk herauszubringen. Weil Schiller sein Stück aber unbedingt veröffentlichen wollte, machte er zum ersten Mal im Leben Schulden; mit 150 geliehenen Gulden ließ er es auf eigene Kosten drucken und schickte die ersten Druckbogen an den Mannheimer Buchhändler und Verleger Christian Friedrich Schwan, der schon öfter junge Talente gefördert hatte. Schwan las den Text und war der Meinung, in der vorliegenden Form könne er das Werk »einem ehrsamen und gesitteten Publikum« nicht zumuten. Trotz seiner Einwände muss Schwan erkannt haben, dass es sich um ein ungewöhnliches, für die Bühne geeignetes Stück handelt. Voller Freude, ein Talent entdeckt zu haben, ging er zu Herrn von Dalberg, dem Intendanten des Mannheimer Hof- und Nationaltheaters, und las ihm die ersten Akte vor. Auch für Dalberg hatte das Stück durchaus Qualitäten, musste aber noch kräftig bearbeitet werden, bevor es für eine Aufführung in seinem Theater infrage kam. Vor allem die scharfe Kritik an Kirche und Obrigkeit missfiel ihm. Schiller war in dieser Hinsicht nicht so empfindlich wie andere Dichter und für Kritik durchaus offen. Dass Dalberg sich überhaupt meldete, eine Bearbeitung wünschte und schon von weiteren Stücken sprach, betrachtete er als einen Wendepunkt in seinem Leben. Seine Antwort zeigt, in welchem Stil damals offizielle Briefe geschrieben wurden:

Reichsfrei Hochwohlgeborener,
insbesonders Hochzuvenerierender Herr Geheimrat,
Euer Excellenz haben die Bescheidenheit eines Schriftstellers durch die stolzen Prädikate, die Hochdieselbe mir in der schmeichelhaftesten Zuschrift beizulegen beliebten, auf die schlüpfrigste Spitze gestellt, indem solche durch das Ansehen des Kenners, von dem sie stammen, beinahe das Gepräg der Unfehlbarkeit haben müßten, wenn ich solche für etwas anders als bloße Aufmunterung meiner Muse ansehen könnte. Mehr läßt mich die tiefste Überzeugung meiner Schwäche nicht denken, gewiß aber, wenn meine Kräfte jemals an ein Meisterstück hinaufklettern können, so dank ich es Euer Excellenz wärmstem Beifall allein, so dankt es Hochdenselben auch die Welt ... Leider setzen mich *ökonomische* Verfassungen außer Stand, viele Reisen zu machen, die ich itzt um so freudiger und gewisser unternehmen würde, da ich noch einige fruchtbare Ideen für das mannheimische Theater Euer Excellenz zu kommunizieren die Ehre haben möchte. Übrigens verharre ich zeitlebens

D. Schiller Regimentsmedicus.

Schiller nahm die Wünsche und Anregungen von Dalberg und Schwan entgegen und arbeitete sein Stück mehrfach um. Erst als Dalberg verlangte, die Handlung auch noch ins Mittelalter zu verlegen, wehrte er sich, weil »alle meine Personen zu modern, zu aufgeklärt für die damalige Zeit sprechen«. Das Stück würde nicht mehr stimmen und einer »Krähe mit Pfauenfedern« gleichen. Aber gerade die von Schiller beabsichtigte Aktualität passte Dalberg nicht, weil er keine Schwierigkeiten mit den hohen Herrschaften wollte. Schließlich gab der junge Dichter auch in diesem Punkt nach, um die Aufführung nicht zu gefährden. »Ich freue mich wirklich darauf wie ein Kind«, schrieb er Dalberg am 25. Dezember 1781.

Zur Premiere am 13. Januar 1782 reiste Schiller mit seinem Freund Petersen heimlich ins benachbarte Ausland. In Schwetzingen blieben sie bei einer hübschen Kellnerin hängen, vergaßen die Zeit und hätten fast den Beginn des Stückes verpasst.

ERSTER AKT. ERSTE SZENE

Franken. Saal im Moorischen Schloß
Franz. Der alte Moor

Franz. Aber ist Euch auch wohl, Vater? Ihr seht so blaß.

Der alte Moor. Ganz wohl, mein Sohn – was hattest du mir zu sagen?

Franz. Die Post ist angekommen – ein Brief von unserm Korrespondenten in Leipzig –

Der alte Moor *(begierig)*. Nachrichten von meinem Sohne Karl?

Franz. Hm! Hm! – So ist es. Aber ich fürchte – ich weiß nicht – ob ich – Eurer Gesundheit? – Ist Euch wirklich ganz wohl, mein Vater?

Der alte Moor. Wie dem Fisch im Wasser! Von meinem Sohne schreibt er? – Wie kommst du zu dieser Besorgnis? Du hast mich zweimal gefragt.

Franz. Wenn Ihr krank seid – nur die leiseste Ahndung habt, es zu

44

werden, so laßt mich – ich will zu gelegnerer Zeit zu Euch reden. *(halb vor sich)* Diese Zeitung ist nicht für einen zerbrechlichen Körper.

Der alte Moor. Gott! Gott! was werd ich hören?

Franz. Laßt mich vorerst auf die Seite gehn und eine Träne des Mitleids vergießen um meinen verlornen Bruder – ich sollte schweigen auf ewig – denn er ist Euer Sohn; ich sollte seine Schande verhüllen auf ewig – denn er ist mein Bruder. – Aber Euch gehorchen, ist meine erste, traurige Pflicht – darum vergebt mir.

Der alte Moor. O Karl! Karl! Wüßtest du, wie deine Aufführung das Vaterherz foltert! Wie eine einzige frohe Nachricht von dir meinem Leben zehen Jahre zusetzen würde – mich zum Jüngling machen würde – da mich nun jede, ach! – einen Schritt näher ans Grab rückt!

Franz. Ist es das, alter Mann, so lebt wohl – wir alle würden noch heute die Haare ausraufen über Eurem Sarge.

Der alte Moor. Bleib! – Es ist noch um den kleinen kurzen Schritt zu tun – laß ihm seinen Willen! *(Indem er sich niedersetzt)* Die Sünden seiner Väter werden heimgesucht im dritten und vierten Glied – laß ihns vollenden.

Franz *(nimmt den Brief aus der Tasche)*. Ihr kennt unsern Korrespondenten! Seht! Den Finger meiner rechten Hand wollt ich drum geben, dürft ich sagen, er ist ein Lügner, ein schwarzer, giftiger Lügner – – Faßt Euch! Ihr vergebt mir, wenn ich Euch den Brief nicht selbst lesen lasse – noch dörft Ihr nicht alles hören.

Der alte Moor. Alles, alles – mein Sohn, du ersparst mir die Krücke.

Franz *(liest)*. »Leipzig, vom 1. Mai. – Verbände mich nicht eine unverbrüchliche Zusage, dir auch nicht das geringste zu verhehlen, was ich von den Schicksalen deines Bruders auffangen kann, liebster Freund, nimmermehr würde meine unschuldige Feder an dir zur Tyrannin geworden sein. Ich kann aus hundert Briefen von dir abnehmen, wie Nachrichten dieser Art dein brüderliches Herz durchbohren müssen, mir ists, als säh ich dich schon um den Nichtswürdigen, den Abscheulichen« – – *(Der alte Moor*

verbirgt sein Gesicht) Seht, Vater! ich lese Euch nur das Glimpf-
lichste – »den Abscheulichen in tausend Tränen ergossen«, –
ach, sie flossen – stürzten stromweis von dieser mitleidigen Wan-
ge – »mir ists, als säh ich schon deinen alten, frommen Vater
totenbleich« – Jesus Maria! Ihr seids, eh Ihr noch das mindeste
wisset?

Der alte Moor. Weiter! Weiter!

Franz. »Totenbleich in seinen Stuhl zurücktaumeln und dem Tage
fluchen, an dem ihm zum erstenmal *Vater* entgegengestammelt
ward. Man hat mir nicht alles entdecken mögen, und von dem
wenigen, das ich weiß, erfährst du nur weniges. Dein Bruder
scheint nun das Maß seiner Schande gefüllt zu haben; ich wenigstens kenne nichts über dem, was er wirklich erreicht hat, wenn
nicht sein Genie das meinige hierin übersteigt. Gestern um
Mitternacht hatte er den großen Entschluß, nach vierzigtausend
Dukaten Schulden« – ein hübsches Taschengeld, Vater! – »nachdem er zuvor die Tochter eines reichen Bankiers allhier entjung-
fert und ihren Galan, einen braven Jungen von Stand, im Duell
auf den Tod verwundet, mit sieben andern, die er mit in sein
Luderleben gezogen, dem Arm der Justiz zu entlaufen« – Vater!
Um Gotteswillen, Vater! Wie wird Euch?

Der alte Moor. Es ist genug. – Laß ab, mein Sohn!

Franz. Ich schone Eurer – »Man hat ihm Steckbriefe nachgeschickt,
die Beleidigte schreien laut um Genugtuung, ein Preis ist auf seinen Kopf gesetzt – der Name Moor« – Nein! meine arme Lippen
sollen nimmermehr einen Vater ermorden! *(Zerreißt den Brief)*
Glaubt es nicht, Vater! Glaubt ihm keine Silbe!

Der alte Moor *(weint bitterlich).* Mein Name! Mein ehrlicher Name!

Franz *(fällt ihm um den Hals).* Schändlicher, dreimal schändlicher
Karl! (…)

Der alte Moor. Ich will ihm schreiben, daß ich meine Hand von ihm
wende.

Franz. Da tut Ihr recht und klug daran.

Der alte Moor. Daß er nimmer vor meine Augen komme.

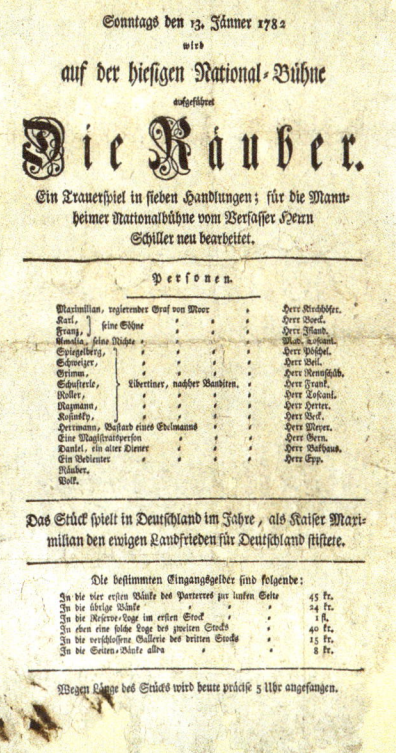

Theaterzettel zu »Die Räuber«

Franz. Das wird eine heilsame Wirkung tun.

Der alte Moor *(zärtlich)*. Bis er anders worden.

Franz. Schon recht, schon recht – Aber, wenn er nun kommt mit der Larve des Heuchlers, Euer Mitleid erweint, Eure Vergebung sich erschmeichelt und morgen hingeht und Eurer Schwachheit spottet im Arm seiner Huren? – Nein, Vater! Er wird freiwillig wiederkehren, wenn ihn sein Gewissen rein gesprochen hat.

Der alte Moor. So will ich ihm das auf der Stelle schreiben.

Franz. Halt! noch ein Wort, Vater! Eure Entrüstung, fürchte ich, möchte Euch zu harte Worte in die Feder werfen, die ihm das Herz zerspalten würden – und dann – glaubt Ihr nicht, daß er das schon für Verzeihung nehmen werde, wenn Ihr ihn noch eines eigenhändigen Schreibens wert haltet? Darum wirds besser sein, Ihr überlaßt das Schreiben mir.

Der alte Moor. Tu das, mein Sohn. – Ach! es hätte mir doch das Herz gebrochen! Schreib ihm – –

Franz *(schnell)*. Dabei bleibts also?

Der alte Moor. Schreib ihm, daß ich tausend blutige Tränen, tausend schlaflose Nächte – Aber bring meinen Sohn nicht zur Verzweiflung!

Franz. Wollt Ihr Euch nicht zu Bette legen, Vater? Es griff Euch hart an.

Der alte Moor. Schreib ihm, daß die väterliche Brust – ich sage dir, bring meinen Sohn nicht zur Verzweiflung. *(Geht traurig ab)*

Franz *(mit Lachen ihm nachsehend)*. Tröste dich, Alter, du wirst ihn nimmer an diese Brust drücken, der Weg dazu ist ihm verrammelt wie der Himmel der Hölle – Er war aus deinen Armen gerissen, ehe du wußtest, daß du es wollen könntest – da müßt ich ein erbärmlicher Stümper sein, wenn ichs nicht einmal so weit gebracht hätte, einen Sohn vom Herzen des Vaters loszulösen, und wenn er mit ehernen Banden daran geklammert wäre – Ich hab einen magischen Kreis von Flüchen um dich gezogen, den er nicht überspringen soll – Glück zu, Franz! Weg ist das Schoßkind – Der Wald ist heller. Ich muß diese Papiere vollends aufheben, wie leicht könnte jemand meine Handschrift kennen! *(Er liest die zerrissenen Briefstücke zusammen)* – Und Gram wird auch den Alten bald fortschaffen – und ihr muß ich diesen Karl aus dem Herzen reißen, wenn auch ihr halbes Leben dran hängen bleiben sollte.

Ich habe große Rechte, über die Natur ungehalten zu sein, und bei meiner Ehre! ich will sie geltend machen. – Warum bin ich nicht der erste aus Mutterleib gekrochen? Warum nicht der Einzige? Warum mußte sie mir diese Bürde von Häßlichkeit aufladen? Gerade mir? Nicht anders, als ob sie bei meiner Geburt einen Rest gesetzt hätte. Warum gerade mir die Lappländersnase? Gerade mir dieses Mohrenmaul? Diese Hottentottenaugen? Wirklich, ich glaube, sie hat von allen Menschensorten das Scheußliche auf einen Haufen geworfen und mich daraus gebacken. Mord und Tod! Wer hat ihr die Vollmacht gegeben, jenem dieses zu verleihen und mir vorzuenthalten? Könnte ihr jemand darum hofieren, eh er entstund? Oder sie beleidigen, eh er selbst wurde? Warum ging sie so parteilich zu Werke? (…)

Frisch also! mutig ans Werk! – Ich will alles um mich her ausrotten, was mich einschränkt, daß ich nicht *Herr* bin. *Herr* muß ich sein, daß ich das mit Gewalt ertrotze, wozu mir die Liebenswürdigkeit gebricht. *(Ab)*

ERSTER AKT. ZWEITE SZENE

Schenke an den Grenzen von Sachsen. Karl von Moor in ein Buch vertieft. Spiegelberg trinkend am Tisch

Karl von Moor *(legt das Buch weg)*. Mir ekelt vor diesem tintenklecksenden Säkulum, wenn ich in meinem Plutarch lese von großen Menschen.

Spiegelberg *(stellt ihm ein Glas hin und trinkt)*. Den Josephus mußt du lesen.

Moor. Der lohe Lichtfunke Prometheus' ist ausgebrannt, dafür nimmt man itzt die Flamme von Bärlappenmehl – Theaterfeuer, das keine Pfeife Tabak anzündet. Da krabbeln sie nun wie die Ratten auf der Keule des Herkules, und studieren sich das Mark aus dem Schädel, was das für ein Ding sei, das er in seinen Hoden geführt hat? Ein französischer Abbé doziert, Alexander sei ein Hasenfuß gewesen, ein schwindsüchtiger Professor hält sich bei jedem Wort ein Fläschchen Salmiakgeist vor die Nase und liest ein Kollegium über die *Kraft*. Kerls, die in Ohnmacht fallen, wenn sie einen Buben gemacht haben, kritteln über die

Taktik des Hannibals – feuchtohrige Buben fischen Phrases aus der Schlacht bei Cannä, und greinen über die Siege des Scipio, weil sie sie exponieren müssen.

Spiegelberg. Das ist ja recht alexandrinisch geflennt.

Moor. Schöner Preis für euren Schweiß in der Feldschlacht, daß ihr jetzt in Gymnasien lebt und eure Unsterblichkeit in einem Bücherriemen mühsam fortgeschleppt wird. Kostbarer Ersatz eures verpraßten Blutes, von einem Nürnberger Krämer um Lebkuchen gewickelt – oder, wenns glücklich geht, von einem französischen Tragödienschreiber auf Stelzen geschraubt, und mit Drahtfäden gezogen zu werden! Hahaha!

Spiegelberg *(trinkt)*. Lies den Josephus, ich bitte dich drum.

Moor. Pfui! Pfui über das schlappe Kastratenjahrhundert, zu nichts nütze, als die Taten der Vorzeit wiederzukäuen und die Helden des Altertums mit Kommentationen zu schinden und zu verhunzen mit Trauerspielen. Die Kraft seiner Lenden ist versiegen gegangen, und nun muß Bierhefe den Menschen fortpflanzen helfen.

Spiegelberg. Tee, Bruder, Tee!

Moor. Da verrammeln sie sich die gesunde Natur mit abgeschmackten Konventionen, haben das Herz nicht, ein Glas zu leeren, weil sie Gesundheit dazu trinken müssen – belecken den Schuhputzer, daß er sie vertrete bei Ihro Gnaden, und hudeln den armen Schelm, den sie nicht fürchten. – Vergöttern sich um ein Mittagessen und möchten einander vergiften um ein Unterbett, das ihnen beim Aufstreich überboten wird. – Verdammen den Sadduzäer, der nicht fleißig genug in die Kirche kommt, und berechnen ihren Judenzins am Altare – fallen auf die Knie, damit sie ja ihren Schlamp ausbreiten können – wenden kein Aug von dem Pfarrer, damit sie sehen, wie seine Perücke frisiert ist. – Fallen in Ohnmacht, wenn sie eine Gans bluten sehen, und klatschen in die Hände, wenn ihr Nebenbuhler bankerott von der Börse geht. – – So warm ich ihnen die Hand drückte – »nur noch einen Tag« – Umsonst! – Ins Loch mit dem Hund! –

Bitten! Schwüre! Tränen! *(Auf den Boden stampfend)* Hölle und Teufel!

Spiegelberg. Und um so ein paar tausend lausige Dukaten –

Moor. Nein, ich mag nicht daran denken. Ich soll meinen Leib pressen in eine Schnürbrust und meinen Willen schnüren in Gesetze. Das Gesetz hat zum Schneckengang verdorben, was Adlerflug geworden wäre. Das Gesetz hat noch keinen großen Mann gebildet, aber die Freiheit brütet Kolosse und Extremitäten aus. Sie verpalisadieren sich ins Bauchfell eines Tyrannen, hofieren der Laune seines Magens und lassen sich klemmen von seinen Winden. – Ah! daß der Geist Hermanns noch in der Asche glimmte! – Stelle mich vor ein Heer Kerls wie ich, und aus Deutschland soll eine Republik werden, gegen die Rom und Sparta Nonnenklöster sein sollen. *(Er wirft den Degen auf den Tisch und steht auf)*

(…)

(Schwarz tritt auf)

Moor *(fliegt ihm entgegen)*. Bruder! Bruder! den Brief! den Brief!

Schwarz (gibt ihm den Brief, den er hastig aufbricht). Was ist dir? Wirst du nicht wie die Wand?

Moor. Meines Bruders Hand! (…) *(läßt den Brief fallen und rennt hinaus. Alle fahren auf)*

Roller *(ihm nach)*. Moor! wo 'naus, Moor? was beginnst du?

Grimm. Was hat er, was hat er? Er ist bleich wie die Leiche.

Schweizer. Das müssen schöne Neuigkeiten sein! Laß doch sehen!

Roller *(nimmt den Brief von der Erde und liest)*. »Unglücklicher Bruder!« Der Anfang klingt lustig. »Nur kürzlich muß ich dir melden, daß deine Hoffnung vereitelt ist – du sollst hingehen, läßt dir der Vater sagen, wohin dich deine Schandtaten führen. Auch, sagt er, werdest du dir keine Hoffnung machen, jemals Gnade zu seinen Füßen zu erwimmern, wenn du nicht gewärtig sein wollest, im untersten Gewölb seiner Türme mit Wasser und Brot so lang traktiert zu werden, bis deine Haare wachsen wie Adlersfedern und deine Nägel wie Vogelsklauen werden. Das sind seine eigene Worte. Er befiehlt mir, den Brief zu schließen. Leb wohl auf ewig. Ich bedaure dich – Franz von Moor«.

Schweizer. Ein zuckersüßes Brüderchen! In der Tat! – Franz heißt die Kanaille?

(…)

Moor *(tritt herein in wilder Bewegung und läuft heftig im Zimmer auf und nieder, mit sich selber).* Menschen – Menschen! falsche, heuchlerische Krokodilbrut! Ihre Augen sind Wasser! Ihre Herzen sind Erzt! Küsse auf den Lippen! Schwerter im Busen! Löwen und Leoparden füttern ihre Jungen, Raben tischen ihren Kleinen auf dem Aas, und Er, Er – Bosheit hab ich dulden gelernt, kann dazu lächeln, wenn mein erboster Feind mir mein eigen Herzblut zutrinkt – aber wenn Blutliebe zur Verräterin, wenn Vaterliebe zur Megäre wird, o so fange Feuer, männliche Gelassenheit, verwilde zum Tiger, sanftmütiges Lamm, und jede Faser recke sich auf zu Grimm und Verderben.

Roller. Höre, Moor! Was denkst du davon? Ein Räuberleben ist doch auch besser, als bei Wasser und Brot im untersten Gewölbe der Türme?

Moor. Warum ist dieser Geist nicht in einen Tiger gefahren, der sein wütendes Gebiß in Menschenfleisch haut? Ist das Vatertreue? Ist das Liebe für Liebe? Ich möchte ein Bär sein, und die Bären des Nordlands wider dies mörderische Geschlecht anhetzen – Reue, und keine Gnade! – Oh ich möchte den Ozean vergiften, daß sie den Tod aus allen Quellen saufen! Vertrauen, unüberwindliche Zuversicht, und kein Erbarmen!

Roller. So höre doch, Moor, was ich dir sage!

Moor. Es ist unglaublich, es ist ein Traum, eine Täuschung – So eine rührende Bitte, so eine lebendige Schilderung des Elends und der zerfließenden Reue – die wilde Bestie wär in Mitleid zerschmolzen! Steine hätten Tränen vergossen, und doch – man würde es für ein boshaftes Pasquill aufs Menschengeschlecht halten, wenn ichs aussagen wollte – und doch, doch – oh, daß ich durch die ganze Natur das Horn des Aufruhrs blasen könnte,

Luft, Erde und Meer wider das Hyänengezücht ins Treffen zu führen!

Grimm. Höre doch, höre! vor Rasen hörst du ja nicht.

Moor. Weg, weg von mir! Ist dein Name nicht Mensch? Hat dich das Weib nicht geboren? – Aus meinen Augen, du mit dem Menschengesicht! – Ich hab ihn so unaussprechlich geliebt! so liebte kein Sohn, ich hätte tausend Leben für ihn – *(Schäumend auf die Erde stampfend)* Ha! wer mir itzt ein Schwert in die Hand gäb, dieser Otterbrut eine brennende Wunde zu versetzen! wer mir sagte, wo ich das Herz ihres Lebens erzielen, zermalmen, zernichten – er sei mein Freund, mein Engel, mein Gott – ich will ihn anbeten!

Roller. Eben diese Freunde wollen ja wir sein, laß dich doch weisen!

Schwarz. Komm mit uns in die böhmischen Wälder! Wir wollen eine Räuberbande sammeln, und du – *(Moor stiert ihn an)*

Schweizer. Du sollst unser Hauptmann sein! du mußt unser Hauptmann sein!

Spiegelberg *(wirft sich wild in einen Sessel)*. Sklaven und Memmen!

Moor. Wer blies dir das Wort ein? Höre, Kerl! *(Indem er Schwarzen hart ergreift)* Das hast du nicht aus deiner Menschenseele hervorgeholt! wer blies dir das Wort ein? Ja, bei dem tausendarmigen Tod! das wollen wir, das müssen wir! Der Gedanke verdient Vergötterung – *Räuber* und *Mörder!* – So wahr meine Seele lebt, ich bin euer Hauptmann!

Alle *(mit lärmendem Geschrei)*. Es lebe der Hauptmann!

Spiegelberg *(aufspringend, vor sich)*. Bis ich ihm hinhelfe!

Moor. Siehe, da fällts wie der Star von meinen Augen! was für ein Tor ich war, daß ich ins Käficht zurückwollte! – Mein Geist dürstet nach Taten, mein Atem nach Freiheit, – *Mörder, Räuber!* – mit diesem Wort war das Gesetz unter meine Füße gerollt – Menschen haben Menschheit vor mir verborgen, da ich an Menschheit appellierte, weg dann von mir Sympathie und menschliche Schonung! – Ich habe keinen Vater mehr, ich habe keine Liebe mehr, und Blut und Tod soll mich vergessen lehren, daß mir jemals etwas teuer war! Kommt, kommt! – Oh ich will mir eine fürchterliche Zerstreuung machen – es bleibt dabei, ich bin euer Hauptmann! und Glück zu dem Meister unter euch, der am wildesten sengt, am gräßlichsten mordet, denn ich sage euch, er soll königlich belohnet werden – tretet her um mich ein jeder und schwöret mir Treu und Gehorsam zu bis in den Tod! – schwört mir das bei dieser männlichen Rechte!

Alle *(geben ihm die Hand)*. Wir schwören dir Treu und Gehorsam bis in den Tod!

Moor. Nun, und bei dieser männlichen Rechte! schwör ich euch hier, treu und standhaft euer Hauptmann zu bleiben bis in den Tod! Den soll dieser Arm gleich zur Leiche machen, der jemals zagt oder zweifelt oder zurücktritt! Ein Gleiches widerfahre mir von jedem unter euch, wenn ich meinen Schwur verletze! Seid ihrs zufrieden? *(Spiegelberg läuft wütend auf und nieder)*

Alle *(mit aufgeworfenen Hüten)*. Wir sinds zufrieden.

Während Karl, der sich von seinem über alles geliebten Vater verstoßen glaubt, mit seinen Kumpanen ein wildes Räuberleben führt, spinnt Franz die Intrigen weiter. Er will seinen Vater unter die Erde bringen und Amalia, die Karl noch immer liebt, für sich gewinnen. Weil ihm beides nicht schnell genug geht, lässt er einen Freund ins Schloss kommen und erzählen, Karl sei tot.

Nach vielen Jahren zieht es Karl zurück nach Hause, wo er sich aber nicht zu erkennen gibt.

Galerie im Schloß. Räuber Moor, Amalia treten auf

Amalia. Und getrauten Sie sich wohl, sein Bildnis unter diesen Gemälden zu erkennen?

Moor. O ganz gewiß. Sein Bild war immer lebendig in mir. *(An den Gemälden herumgehend) Dieser* ists nicht.

Amalia. Erraten! – Er war der Stammvater des gräflichen Hauses, und erhielt den Adel vom Barbarossa, dem er wider die Seeräuber diente.

Moor *(immer an den Gemälden). Dieser* ists auch nicht – auch *der* nicht – auch nicht *jener* dort – er ist nicht unter ihnen.

Amalia. Wie, sehen Sie doch besser! ich dachte, Sie kennten ihn –

Moor. Ich kenne meinen Vater nicht besser! Ihm fehlt der sanftmütige Zug um den Mund, der ihn aus Tausenden kenntlich machte – er ists nicht.

Amalia. Ich erstaune. Wie? Achtzehn Jahre nicht mehr gesehn, und noch –

Moor *(schnell, mit einer fliegenden Röte). Dieser* ists! *(Er steht wie vom Blitz gerührt)*

Amalia. Ein vortrefflicher Mann!

Moor *(in seinen Anblick versunken).* Vater, Vater! vergib mir! – Ja ein vortrefflicher Mann! – *(Er wischt sich die Augen)* Ein göttlicher Mann!

Amalia. Sie scheinen viel Anteil an ihm zu nehmen.

Moor. Oh ein vortrefflicher Mann – und er sollte dahin sein?

Amalia. Dahin! wie unsere besten Freuden dahingehn – *(Sanft seine Hand ergreifend)* Lieber Herr Graf, es reift keine Seligkeit unter dem Monde.

Moor. Sehr wahr, sehr wahr – und sollten *Sie* schon diese traurige Erfahrung gemacht haben? Sie können nicht dreiundzwanzig Jahr alt sein.

Amalia. Und habe sie gemacht. Alles lebt, um traurig wieder zu sterben. Wir interessieren uns nur darum, wir gewinnen nur darum, daß wir wieder mit Schmerzen verlieren.

Moor. Sie verloren schon etwas?

Amalia. Nichts. Alles. Nichts – wollen wir weitergehen, Herr Graf?

Moor. So eilig? wes ist dies Bild rechter Hand dort? Mich deucht, es ist eine unglückliche Physiognomie.

Amalia. Dies Bild linker Hand ist der Sohn des Grafen, der wirkliche Herr – kommen Sie, kommen Sie!

Moor. Aber dies Bild rechter Hand?

Amalia. Sie wollen nicht in den Garten gehn?

Moor. Aber dies Bild rechter Hand? – du weinst, Amalia?

Amalia *(schnell ab)*.

Moor. Sie liebt mich, sie liebt mich! – ihr ganzes Wesen fing an sich zu empören, verräterisch rollten die Tränen von ihren Wangen. Sie liebt mich! – Elender, das verdientest du um sie! Steh ich nicht hier wie ein Gerichteter vor dem tödlichen Block? Ist das der Sofa, wo ich an ihrem Halse in Wonne schwamm? Sind das die väterlichen Säle? *(Ergriffen vom Anblick seines Vaters)* Du, du – Feuerflammen aus deinem Auge – Fluch, Fluch, Verwerfung! – wo bin ich? Nacht vor meinen Augen – Schrecknisse Gottes – Ich, ich hab ihn getötet! *(Er rennt davon)*

Franz von Moor *(in tiefen Gedanken)*. Weg mit diesem Bild! Weg, feige Memme! was zagst du und vor wem? ist mirs nicht die wenige Stunden, die der Graf in diesen Mauren wandelt, als schlich immer ein Spion der Hölle meinen Fersen nach – Ich sollt ihn kennen! Es ist so was Großes und oft Gesehenes in seinem wilden, sonnverbrannten Gesicht, das mich beben macht – auch Amalia ist nicht gleichgültig gegen ihn! Läßt sie nicht so gierig schmachtende Blicke auf dem Kerl herumkreuzen, mit denen sie doch gegen alle Welt sonst so geizig tut? – Sah ichs nicht, wie sie ein paar diebische Tränen in den Wein fallen ließ, den er hinter meinem Rücken so hastig in sich schlürfte, als wenn er das Glas mit hineinziehen wollte? Ja, das sah ich, durch den Spiegel sah ichs mit diesen meinen Augen. Holla Franz!

siehe dich vor! dahinter steckt irgendein verderbenschwangeres Ungeheuer! *(Er steht forschend dem Porträt Karls gegenüber)* Sein langer Gänsehals – seine schwarzen, feuerwerfenden Augen, hm! hm! – sein finsteres, überhangendes, buschiges Augenbraun *(Plötzlich zusammenfahrend)* – schadenfrohe Hölle! jagst du mir diese Ahndung ein? Es ist *Karl!* Ja, itzt werden mir alle Züge wieder lebendig – Er ists! trutz seiner Larve! – Er ists! trutz seiner Larve! – Er ists – Tod und Verdammnis! *(Auf und ab mit heftigen Schritten)* Hab ich darum meine Nächte verpraßt – darum Felsen hinweggeräumt und Abgründe eben gemacht – bin ich darum gegen alle Instinkte der Menschheit rebellisch worden, daß mir zuletzt dieser unstete Landstreicher durch meine künstlichsten Wirbel tölple – Sachte! Nur sachte! Es ist nur noch Spielarbeit übrig – Bin ich doch ohnehin schon bis an die Ohren in Todsünden gewatet, daß es Unsinn wäre zurückzuschwimmen, wenn das Ufer schon so weit hinten liegt – Ans Umkehren ist doch nicht mehr zu gedenken – die *Gnade* selbst würde an den Bettelstab gebracht, und die *unendliche Erbarmung* bankerott werden, wenn sie für meine Schulden all gutsagen wollte – Also vorwärts wie ein Mann –

Von einem alten Diener erfährt Karl die Wahrheit.

DRITTE SZENE

Moor *(auffahrend aus schröcklichem Pausen)*. Betrogen, betrogen! Da fährt es über meine Seele wie der Blitz! – *Spitzbübische Künste!* Himmel und Hölle! nicht du, Vater! *Spitzbübische Künste! Mörder, Räuber* durch spitzbübische Künste! Angeschwärzt von ihm! verfälscht, unterdrückt meine Briefe – voll Liebe sein Herz – oh ich Ungeheuer von einem Toren – voll Liebe sein Vaterherz – oh Schelmerei, Schelmerei! Es hätte mich einen Fußfall gekostet, es hätte mich eine Träne gekostet – oh ich blöder, blöder, blöder Tor! *(Wider die Wand rennend)* Ich hätte glücklich sein können – oh Büberei, Büberei! das Glück meines Lebens bübisch, bübisch hinwegbetrogen. *(Er läuft wütend auf und nieder)* Mörder, Räuber durch spitzbübische Künste! – Er grollte nicht einmal! Nicht ein Gedanke von Fluch in seinem Herzen – oh Bösewicht! unbegreiflicher, schleichender, abscheulicher Bösewicht!

Durch einen Zufall entdeckt Karl den tot geglaubten Vater im dunklen Turm.

FÜNFTE SZENE

Der alte Moor. Ich bin kein Geist. Taste mich an, ich lebe, oh ein elendes erbärmliches Leben!

Moor. Was? Du bist nicht begraben worden?

Der alte Moor. Ich bin begraben worden – das heißt: ein toter Hund liegt in meiner Väter Gruft; und ich – drei volle Monde schmacht ich schon in diesem finstern unterirdischen Gewölbe, von keinem Strahle beschienen, von keinem warmen Lüftchen angeweht, von keinem Freunde besucht, wo wilde Raben krächzen, und mitternächtliche Uhus heulen –

Moor. Himmel und Erde! Wer hat das getan?

Der alte Moor. Verfluch ihn nicht! – Das hat mein Sohn Franz getan.

Moor. Franz? Franz? Oh ewiges Chaos!

Der alte Moor. Wenn du ein Mensch bist, und ein menschliches Herz hast, Erlöser, den ich nicht kenne, o so höre den Jammer eines Vaters, den ihm seine Söhne bereitet haben – drei Monden schon hab ichs tauben Felsenwänden zugewinselt, aber ein hohler Widerhall äffte meine Klagen nur nach. Darum, wenn du ein Mensch bist, und ein menschliches Herz hast –

Moor. Diese Aufforderung könnte die wilden Bestien aus ihren Löchern hervorrufen!

Der alte Moor. Ich lag eben auf dem Siechbett, hatte kaum angefangen, aus einer schweren Krankheit etwas Kräfte zu sammeln,
so führte man einen Mann zu mir, der vorgab, mein Erstgebor-
ner sei gestorben in der Schlacht, und mit sich brachte ein
Schwert, gefärbt mit seinem Blut, und sein letztes Lebewohl,
und daß ihn mein Fluch gejagt hätte in Kampf und Tod und
Verzweiflung.

Moor *(heftig von ihm abgewandt).* Es ist offenbar!

Der alte Moor. Höre weiter! Ich ward unmächtig bei der Botschaft.
Man muß mich für tot gehalten haben, denn als ich wieder zu
mir selber kam, lag ich schon in der Bahre, und ins Leichen-
tuch gewickelt wie ein Toter. Ich kratzte an dem Deckel der
Bahre. Er ward aufgetan. Es war finstere Nacht, mein Sohn Franz
stand vor mir, – Was? rief er mit entsetzlicher Summe, willst du
dann ewig leben? – und gleich flog der Sargdeckel wieder zu.
Der Donner dieser Worte hatte mich meiner Sinne beraubt, als
ich wieder erwachte, fühlt ich den Sarg erhoben und fortgeführt
in einem Wagen eine halbe Stunde lang. Endlich ward er geöffnet – ich stand am Eingang dieses Gewölbes, mein Sohn vor
mir, und der Mann, der mir das blutige Schwert von Karln gebracht hatte – zehnmal umfaßt ich seine Knie, und bat und fleh-
te, und umfaßte sie und beschwur – das Flehen seines Vaters
reichte nicht an sein Herz – hinab mit dem Balg! donnerte es
von seinem Munde, er hat genug gelebt, und hinab ward ich
gestoßen ohn Erbarmen, und mein Sohn Franz schloß hinter
mir zu.

Moor. Es ist nicht möglich, nicht möglich! Ihr müßt Euch geirrt
haben.

Der alte Moor. Ich kann mich geirrt haben. Höre weiter, aber zürne
doch nicht! So lag ich zwanzig Stunden, und kein Mensch ge-
dachte meiner Not. Auch hat keines Menschen Fußtritt je diese Einöde betreten, denn die allgemeine Sage geht, daß die
Gespenster meiner Väter in diesen Ruinen rasselnde Ketten
schleifen, und in mitternächtlicher Stunde ihr Totenlied raunen.

Endlich hört ich die Tür wieder aufgehen, dieser Mann brachte mir Brot und Wasser, und entdeckte mir, wie ich zum Tod des Hungers verurteilt gewesen, und wie er sein Leben in Gefahr setze, wenn es herauskäm, daß er mich speise. So ward ich kümmerlich erhalten diese lange Zeit, aber der unaufhörliche Frost – die faule Luft meines Unrats, – der grenzenlose Kummer – meine Kräfte wichen, mein Leib schwand, tausendmal bat ich Gott mit Tränen um den Tod, aber das Maß meiner Strafe muß noch nicht gefüllet sein – oder muß noch irgend eine Freude meiner warten, daß ich so wunderbarlich erhalten bin. Aber ich leide gerecht. – Mein Karl! Mein Karl! – und er hatte noch keine graue Haare.

Moor. Es ist genug! Auf! ihr Klötze, ihr Eisklumpen! Ihr trägen, fühllosen Schläfer! Auf! will keiner erwachen? *(Er tut einen Pistolschuß über die schlafenden Räuber)*

Die Räuber *(aufgejagt).* He, holla! holla! was gibts da?

Moor. Hat euch die Geschichte nicht aus dem Schlummer gerüttelt? der ewige Schlaf würde wach worden sein! Schaut her! schaut her! die Gesetze der Welt sind Würfelspiel worden, das Band der Natur ist entzwei, die alte Zwietracht ist los, der Sohn hat seinen Vater erschlagen.

Die Räuber. Was sagt der Hauptmann?

Moor. Nein, nicht erschlagen! das Wort ist Beschönigung! – der Sohn hat den Vater tausendmal gerädert, gespießt, gefoltert, geschunden! die Worte sind mir zu menschlich – worüber die Sünde rot wird, worüber der Kannibale schaudert, worauf seit Äonen kein Teufel gekommen ist. – Der Sohn hat seinen eigenen Vater – oh seht her, seht her! er ist in Unmacht gesunken, – in dieses Gewölbe hat der Sohn seinen Vater – Frost, – Blöße, – Hunger, – Durst – oh seht doch, seht doch! – es ist mein eigner Vater, ich wills nur gestehn.

Die Räuber *(springen herbei und umringen den Alten).* Dein Vater? dein Vater?

Schweizer *(tritt ehrerbietig näher, fällt vor ihm nieder).* Vater meines Hauptmanns! Ich küsse dir die Füße! du hast über meinen Dolch zu befehlen.

Moor. Rache, Rache, Rache dir! grimmig beleidigter, entheiligter Greis! So zerreiß ich von nun an auf ewig das brüderliche Band! *(Er zerreißt sein Kleid von oben bis unten)* So verfluch ich jeden Tropfen brüderlichen Bluts im Antlitz des offenen Himmels! Höre mich Mond und Gestirne! Höre mich mitternächtlicher Himmel! der du auf die Schandtat herunterblicktest! Höre mich dreimal schröcklicher Gott, der da oben über dem Monde waltet, und rächt und verdammt über den Sternen, und feuerflammt über der Nacht! Hier knie ich – hier streck ich empor die drei Finger in die Schauer der Nacht – hier schwör ich, und so speie die Natur mich aus ihren Grenzen wie eine bösartige Bestie aus, wenn ich diesen Schwur verletze, schwör ich, das Licht des Tages nicht mehr zu grüßen, bis des Vatermörders Blut, vor diesem Steine verschüttet, gegen die Sonne dampft. *(Er steht auf)*

Als Franz erkennt, dass sein Tun entdeckt wurde, sieht er keinen Ausweg mehr und erdrosselt sich. Wenig später erfährt der alte Moor, dass sein geliebter Sohn Karl ein gefürchteter Räuberhauptmann ist, und überlebt diese Nachricht nicht. Amalia liebt Karl trotz allem.

FÜNFTER AKT. ZWEITE SZENE

Amalia *(fällt ihm in die Arme)*. Mörder! Teufel! Ich kann dich Engel nicht lassen.

Moor *(schleudert sie von sich)*. Fort, falsche Schlange, du willst einen Rasenden höhnen, aber ich poche dem Tyrannen Verhängnis – was, du weinest? Oh ihr losen boshaften Gestirne! Sie tut, als ob sie weine, als ob um mich eine Seele weine! *(Amalia fällt ihm um den Hals)* Ha was ist das? Sie speit mich nicht an, stößt mich nicht von sich – Amalia! Hast du vergessen? weißt du auch, wen du umarmest, Amalia?

Amalia. Einziger, Unzertrennlicher!

Moor *(aufblühend, in ekstatischer Wonne).* Sie vergibt mir, sie liebt mich! Rein bin ich wie der Äther des Himmels, sie liebt mich. – Weinenden Dank dir, Erbarmer im Himmel! *(Er fällt auf die Knie und weinet heftig)* Der Friede meiner Seele ist wiedergekommen, die Qual hat ausgetobt, die Hölle ist nicht mehr – Sieh, o sieh, die Kinder des Lichts weinen am Hals der weinenden Teufel – *(Aufstehend zu den Räubern)* So weinet doch auch! weinet, weinet, ihr seid ja so glücklich – O Amalia! Amalia! Amalia! *(Er hängt an ihrem Mund, sie bleiben in stummer Umarmung)*

Ein Räuber *(grimmig hervortretend).* Halt ein, Verräter! – Gleich laß diesen Arm fahren – oder ich will dir ein Wort sagen, daß dir die Ohren gellen, und deine Zähne vor Entsetzen klappern! *(Streckt das Schwert zwischen beide)*

Ein alter Räuber. Denk an die böhmischen Wälder! Hörst du? zagst du? – an die böhmischen Wälder sollst du denken! Treuloser, wo sind deine Schwüre? Vergißt man Wunden so bald? da wir Glück, Ehre und Leben in die Schanze schlugen für dich? Da wir dir standen wie Mauren, auffingen wie Schilder die Hiebe, die deinem Leben galten, – hubst du da nicht deine Hand zum eisernen Eid auf, schwurest, *uns nie zu verlassen,* wie wir dich nicht verlassen haben? – Ehrloser! Treuvergessener! Und du willst abfallen, wenn eine Metze greint?

Ein dritter Räuber. Pfui, über den Meineid! Der Geist des geopferten *Rollers,* den du zum Zeugen aus dem Totenreich zwangest, wird erröten über deine Feigheit, und gewaffnet aus seinem Grabe steigen, dich zu züchtigen.

Die Räuber *(durcheinander, reißen ihre Kleider auf).* Schau her, schau! Kennst du diese Narben? du bist unser! Mit unserem Herzblut haben wir dich zum Leibeigenen angekauft, unser bist du, und wenn der Erzengel Michael mit dem Moloch ins Handgemeng kommen sollte! – Marsch mit uns, *Opfer um Opfer! Amalia für die Bande!*

Räuber Moor *(läßt ihre Hand fahren).* Es ist aus! – Ich wollte umkehren und zu meinem Vater gehn, aber der im Himmel sprach, es soll nicht sein. *(Kalt)* Blöder Tor ich, warum wollt ich es auch? Kann denn ein großer Sünder noch umkehren? Ein großer Sünder kann nimmermehr umkehren, das hätt ich längst wissen können – Sei ruhig, ich bitte dich, sei ruhig! So ists ja auch recht – Ich habe nicht gewollt, da er mich suchte, itzt, da ich ihn suche, will *er* nicht, was ist billiger? – Rolle doch deine Augen nicht so – er bedarf ja meiner nicht. Hat er nicht Geschöpfe die Fülle? Einen kann er so leicht missen, und dieser eine bin nun ich. – Kommt, Kameraden!

Amalia *(reißt ihn zurück)*. Halt, halt! Einen Stoß! Einen Todesstoß! Neu verlassen! Zeuch dein Schwert, und erbarme dich!

Räuber Moor. Das Erbarmen ist zu den Bären geflohen – ich töte dich nicht!

Amalia *(seine Knie umfassend)*. Oh um Gottes willen, um aller Erbarmungen willen! Ich will ja nicht Liebe mehr, weiß ja wohl, daß droben unsere Sterne feindlich voneinander fliehen, – Tod ist meine Bitte nur. – Verlassen, verlassen! Nimm es ganz in seiner entsetzlichen Fülle, verlassen! Ich kanns nicht überdulden. Du siehst ja, das kann kein Weib überdulden. Tod ist meine Bitte nur! Sieh, meine Hand zittert! Ich habe das Herz nicht zu stoßen. Mir bangt vor der blitzenden Schneide – dir ists ja so leicht, so leicht, bist ja Meister im Morden, zeuch dein Schwert, und ich bin glücklich!

Räuber Moor. Willst du allein glücklich sein? Fort, ich töte kein Weib!

Amalia. Ha Würger! du kannst nur die Glücklichen töten, die Lebenssatten gehst du vorüber. *(Kriecht zu den Räubern)* So erbarmet euch meiner, ihr Schüler des Henkers! – Es ist ein so blutdürstiges Mitleid in euren Blicken, das dem Elenden Trost ist – euer Meister ist ein eitler feigherziger Prahler.

Räuber Moor. Weib, was sagst du? *(Die Räuber wenden sich ab)*

Amalia. Kein Freund? auch unter diesen nicht ein Freund? *(Sie* *steht auf)* Nun denn, so lehre mich Dido sterben! *(Sie will gehen, ein Räuber zielt)*

Räuber Moor. Halt! Wag es – Moors Geliebte soll nur durch Moor sterben! *(Er ermordet sie)*

Die Räuber. Hauptmann! Hauptmann! Was machst du? bist du wahnsinnig worden?

Moor *(auf den Leichnam mit starrem Blick).* Sie ist getroffen! Dies Zucken noch, und dann wirds vorbei sein – Nun, seht doch! Habt ihr noch was zu fordern? Ihr opfertet mir ein Leben auf, ein Leben, das schon nicht mehr euer war, ein Leben voll Abscheulichkeit und Schande – ich hab euch einen Engel geschlachtet. Wie, seht doch recht her! Seid ihr nunmehr zufrieden?

Grimm. Du hast deine Schuld mit Wucher bezahlt. Du hast getan, was kein Mann würde für seine Ehre tun. Komm itzt weiter!

Moor. Sagst du das? Nicht wahr, das Leben einer Heiligen um das Leben der Schelmen, es ist ungleicher Tausch? – O ich sage euch, wenn jeder unter euch aufs Blutgerüste ging, und sich ein Stück Fleisch nach dem andern mit glühender Zange abzwicken ließ, daß die Marter eilf Sommertäge dauerte, es wiege diese Tränen nicht auf. *(Mit bitterem Gelächter)* Die Narben, die böhmischen Wälder! Ja, ja! dies mußte freilich bezahlt werden.

Schwarz. Sei ruhig, Hauptmann! Komm mit uns, der Anblick ist nicht für dich. Führe uns weiter.

Räuber Moor. Halt – noch ein Wort, eh wir weiter gehn – Merket auf, ihr schadenfrohe Schergen meines barbarischen Winks – Ich höre von diesem *Nun* an auf, euer Hauptmann zu sein. Mit Scham und Grauen leg ich hier diesen blutigen Stab nieder, worunter zu freveln ihr euch berechtiget wähntet, und mit Werken der Finsternis dies himmlische Licht zu besudeln – Gehet hin zur Rechten und Linken – Wir wollen ewig niemals gemeine Sache machen.

Räuber. Ha Mutloser! Wo sind deine hochfliegende Plane? Sinds

Seifenblasen gewesen, die beim Hauch eines Weibes zerplatzen?

Räuber Moor. O über mich Narren, der ich wähnete die Welt durch Greuel zu verschönern, und die Gesetze durch Gesetzlosigkeit aufrecht zu halten. Ich nannte es Rache und Recht – Ich maßte mich an, o Vorsicht, die Scharten deines Schwerts auszuwetzen und deine Parteilichkeiten gutzumachen – aber – O eitle Kinderei – da steh ich am Rand eines entsetzlichen Lebens, und erfahre nun mit Zähnklappern und Heulen, daß *zwei Menschen wie ich den ganzen Bau der sittlichen Welt zugrund richten würden.* Gnade – Gnade dem Knaben, der *Dir* vorgreifen wollte – *Dein* eigen allein ist die Rache. *Du* bedarfst nicht des Menschen Hand. Freilich stehts nun in meiner Macht nicht mehr, die Vergangenheit einzuholen – schon bleibt verdorben, was verdorben ist – was ich gestürzt habe, steht ewig niemals mehr auf – Aber noch blieb mir etwas übrig, womit ich die beleidigte Gesetze versöhnen, und die mißhandelte Ordnung wiederum heilen kann. Sie bedarf eines Opfers – eines Opfers, das ihre unverletzbare Majestät vor der ganzen Menschheit entfaltet – dieses Opfer bin ich selbst. Ich selbst muß für sie des Todes sterben.

Räuber. Nimmt ihm den Degen weg – Er will sich umbringen.

Räuber Moor. Toren ihr! Zu ewiger Blindheit verdammt! Meinet ihr wohl gar, eine Todsünde werde das Äquivalent gegen Todsünden sein, meinet ihr, die Harmonie der Welt werde durch diesen gottlosen Mißlaut gewinnen? *(Wirft ihnen seine Waffen verächtlich vor die Füße)* Er soll mich lebendig haben. Ich geh, mich selbst in die Hände der Justiz zu überliefern.

Räuber. Legt ihn an Ketten! Er ist rasend worden.

Räuber Moor. Nicht, als ob ich zweifelte, sie werde mich zeitig genug finden, wenn die obere Mächte es so wollen. Aber sie möchte mich im Schlaf überrumpeln, oder auf der Flucht ereilen, oder mit Zwang und Schwert umarmen, und dann wäre mir auch das einige Verdienst entwischt, daß ich mit Willen für sie gestorben bin. Was soll ich gleich einem Diebe ein Leben länger verheimlichen, das mir schon lang im Rat der himmlischen Wächter genommen ist?

Räuber. Laßt ihn hinfahren! Es ist die Großmannsucht. Er will sein Leben an eitle Bewunderung setzen.

Räuber Moor. Man könnte mich darum bewundern. *(Nach einigem Nachsinnen)* Ich erinnere mich, einen armen Schelm gesprochen zu haben, als ich herüberkam, der im Taglohn arbeitet und eilf lebendige Kinder hat – Man hat tausend Louisdore geboten, wer den großen Räuber lebendig liefert – dem Mann kann geholfen werden. *(Er geht ab)*

Was nach dieser fulminanten Schlussszene passierte, hielt ein Augenzeuge mit den oft zitierten Sätzen fest: »Das Theater glich einem Irrenhaus, rollende Augen, geballte Fäuste, heisere Aufschreie im Zuschauerraum. Fremde Menschen fielen einander schluchzend in die Arme, Frauen wankten, einer Ohnmacht nahe, zur Türe. Es war eine allgemeine Auflösung wie im Chaos, aus dessen Nebeln eine neue Schöpfung hervorbricht.«

Nach einem so sensationellen Erfolg würde Schiller heute als neuer Stern im Literaturbetrieb gefeiert, in Talkshows eingeladen und in sämtlichen Boulevard-Zeitungen vorgestellt. Auch damals haben *Die Räuber* für ein gewisses Aufsehen gesorgt, doch mehr geschah erst mal nicht. Schiller reiste zurück nach Stuttgart, tat dort mit Widerwillen seinen Dienst und sah sich genötigt, eine zweite medizinische Dissertation zu schreiben, um als »richtiger Doktor« mehr verdienen und seine Schulden abstottern zu können. Nebenbei gab er eine Sammlung von Gedichten, darunter die »Oden an Laura« heraus, über die er später folgendes Urteil fällte: »Überspannt sind sie alle und verraten eine allzu unbändige Imagination; hie und da bemerke ich auch eine schlüpfrige sinnliche Stelle, in platonischem Schwulst verschleiert … Eine strengere Feile wäre durchaus nötig gewesen.« Doch zum nötigen Feilen fehlte ihm einfach die Zeit, zumal er schon wieder neue Dramen-Pläne schmiedete.

Am 25. Mai 1782 meldete sich Schiller krank und fuhr erneut illegal nach Mannheim, um seine *Räuber* ein zweites Mal auf der Bühne zu sehen und um mit Dalberg zu reden. Begleitet wurde er von Luise Vischer und Henriette von Wolzogen. Diese wohlhabende Frau schätzte den jungen Dichter und wurde seine mütterliche Gönnerin.

Wieder zurück, bedankte Schiller sich am 4. Juni brieflich bei Dalberg für die schönen Tage in Mannheim, die allerdings dazu geführt hätten, »daß mir Stuttgart und alle schwäbischen Szenen unerträglich und ekelhaft werden. Unglücklicher kann bald niemand sein als ich ... Noch bin ich wenig oder nichts. In diesem Norden des Geschmacks werd ich ewig niemals gedeihen, wenn mich sonst glücklichere Sterne und ein *griechisches Klima* zum wahren Dichter erwärmen würden«.

Schiller erinnerte Dalberg an sein Versprechen, ihm zu helfen, von Stuttgart wegzukommen. Dafür lieferte er ihm gleich ein paar wohldurchdachte, ja schlitzohrige »Ideen«:

1. Da im ganzen genommen das Fach der Mediziner bei uns so sehr übersetzt ist, daß man froh ist, wenn durch Erledigung einer Stelle Platz für einen andern gemacht wird, so kommt es mehr darauf an, wie man dem Herzog, der sich nicht trotzen lassen will, mit *guter Art* den Schein gibt, als geschähe es ganz durch seine willkürliche Gewalt, als wär es sein eigenes Werk und gereiche ihm zur Ehre. Daher würden Euer Exzellenz ihn von *der* Seite ungemein kitzeln, wenn Sie in den Brief, den Sie ihm wegen mir schrieben, einfließen ließen, daß Sie mich für eine Geburt von ihm, für einen durch ihn Gebildeten und in seiner Akademie Erzogenen halten und daß also durch diese Vokation seiner Erziehungsanstalt quasi das Hauptkompliment gemacht würde, als würden ihre Produkte von entschiedenen Kennern geschätzt und gesucht. Dieses ist der Passepartout beim Herzog.

2. wünschte ich (und auch meinetwegen) sehr, daß Sie meinen Aufenthalt beim Nationaltheater zu Mannheim auf einen gewissen

beliebigen Termin festsetzten (der dann nach Ihrem Befehl verlängert werden kann), nach dessen Verfluß ich wieder meinem Herzog gehörte. So sieht es mehr einer Reise als einer völligen Entschwäbung (wenn ich das Wort gebrauchen darf) gleich und fällt auch so hart nicht auf. Wenn ich nur einmal hinweg bin, man wird froh sein, wenn ich selbst nicht mehr anmahne.

3. würde es höchst notwendig sein, zu berühren, daß mir Mittel gemacht werden sollten, zu Mannheim zu praktizieren und meine medizinische Übungen da fortzusetzen. Dieser Artikel ist vorzüglich nötig, damit man mich nicht unter dem Vorwand, für mein Wohl zu sorgen, kujoniere und weniger fortlasse.

Wenn Euer Exzellenz diese 3 Ideen goutieren und in einem Schreiben an den Herzog Gebrauch davon machen, so stehe ich ziemlich für den Erfolg.

Und nun wiederhole ich mit brennendem Herzen die Bitte, die Seele dieses ganzen Briefs. Könnten Euer Exzellenz in das Innre meines Gemüts sehen, welche Empfindungen es durchwühlen, könnte ich Ihnen mit Farben schildern, wie sehr mein Geist unter dem Verdrüßlichen meiner Lage sich sträubt – Sie würden – ja, ich weiß gewiß – Sie würden eine Hilfe nicht verzögern, die durch einen oder zwei Briefe an den Herzog geschehen kann.

Nochmals werf ich mich in Ihre Arme und wünsche nichts anders, als bald, sehr bald, Ihnen mit einem anhaltenden Eifer und mit einer persönlichen Dienstleistung die Verehrung bekräftigen zu können, mit welcher ich mich und alles, was ich bin, für Sie aufzuopfern wünsche.

Euer Exzellenz

untertäniger Schiller.

Wenn Dalberg überhaupt auf diesen wichtigen Brief geantwortet hat, dann allenfalls ausweichend. Im Sinne Schillers wurde er beim Herzog jedenfalls nicht aktiv. Der erfuhr durch eine Indiskretion, dass der Regimentsmedicus unerlaubt in Mannheim gewesen war, und bestellte ihn zu sich.

Was mag der junge Dichter auf dem Weg gedacht, welche Strafen sich ausgemalt haben? Sah er sich schon neben Schubart, den er in seiner »Fürstengruft« (so der Titel eines Schubart-Gedichtes) besucht hatte, auf dem Hohenasperg sitzen? Umso größer mag die Überraschung gewesen sein, als ihn der Herzog freundlich empfing und auch in der Bestrafung Milde zeigte: 14 Tage Arrest in der Hauptwache und kein Verkehr mit dem Ausland.

Die Vermutung liegt nahe, Carl Eugen habe Schiller, den er seit Carlsschulzeiten als seinen Sohn betrachtete, vor allem aus verletztem Stolz bestraft. Warum hatte Schiller sein erstes Stück nicht zu seinem, des Herzogs Ruhm in Stuttgart, sondern im Ausland aufführen lassen? Das tat ein guter Sohn nicht. Vielleicht hätte Carl Eugen, der an seiner Hohen Schule ja Lehrer wie Professor Abel unterrichten ließ, auch Schiller ein Auskommen als Dichter ermöglicht, wenn ... ja, wenn nicht ein läppischer Vorfall dazwischengekommen wäre. In den *Räubern* nennt Spiegelberg das Graubündner Land »das Athen der heutigen Gauner«. Ein Graubündner Bürger fühlte sich und seine Landsleute durch »die Beschuldigung eines auswärtigen Komödienschreibers« verunglimpft und gab keine Ruhe, bis der Herzog von der Sache erfuhr. Dass Schiller ihm nun auch noch Schwierigkeiten mit der Schweiz einbrockte, brachte das Fass zum Überlaufen. Der Herzog befahl ihn erneut zu sich und brüllte ihn an: »Ich sage, bei Strafe der Kassation schreibt Er keine Komödien mehr!«

In seiner Verzweiflung schrieb Schiller einen Brief, in dem er den Herzog mit aller Raffinesse umzustimmen suchte:

Durchlauchtigster Herzog,
Gnädigster Herzog und Herr

Friedrich Schiller, Medikus bei dem löblichen General-Feldzeugmeister vom Augéischen Grenadierregiment, bittet untertänigst um die gnädigste Erlaubnis, ferner literarische Schriften bekanntmachen zu dörfen.

Eine innere Überzeugung, daß mein Fürst und unumschränkter Herr zugleich auch mein Vater sei, gibt mir gegenwärtig die Stärke, *Höchstdenselben* einige untertänigste Vorstellungen zu machen, welche die Milderung des mir gnädigst zugekommenen Befehls, nichts Literarisches mehr zu schreiben oder mit Ausländern zu kommunizieren, zur Absicht haben.

Ebendiese Schriften haben mir bishero zu der mir von Eurer Herzoglichen Durchlaucht gnädigst zuerkannten jährlichen Besoldung noch eine Zulage von fünfhundertundfünfzig Gulden verschafft und mich in den Stand gesetzt, durch Korrespondenz mit auswärtigen großen Gelehrten und Anschaffung der zum Studieren benötigten Subsidien ein nicht unbeträchtliches Glück in der gelehrten Welt zu machen. Sollte ich dieses Hilfsmittel aufgeben müssen, so würd ich künftig gänzlich außerstand gesetzt sein, meine Studien planmäßig fortzusetzen und mich zu dem zu bilden, was ich hoffen kann zu werden.

Der allgemeine Beifall, womit einige meiner Versuche vom ganzen Deutschland aufgenommen wurden, welches ich Höchstdenselben untertänigst zu beweisen bereit bin, hat mich einigermaßen veranlaßt, stolz sein zu können, daß ich von allen bisherigen Zöglingen der großen Karls-Akademie der erste und einzige gewesen, der die Aufmerksamkeit der großen Welt angezogen und ihr wenigstens einige Achtung abgedrungen hat – eine Ehre, welche ganz auf den Urheber meiner Bildung zurückfällt! Hätte ich die literarische Freiheit zu weit getrieben, so bitte ich Euer Herzogliche Durchlaucht alleruntertänigst, mich öffentliche Rechenschaft davon geben zu lassen, und gelobe hier feierlich, alle künftige Produkte einer scharfen Zensur zu unterwerfen.

Noch einmal wage ich es, Höchstdieselbe auf das Submisseste anzuflehen, einen gnädigen Blick auf meine untertänigste Vorstellungen zu werfen und mich des einzigen Wegs nicht zu berauben, auf welchem ich mir einen Namen machen kann.
Der ich in allerdevotester Submission ersterbe
Euer Herzoglichen Durchlaucht
untertänigst treugehorsamster
Fried. Schiller,
Regimentsmedikus.

Carl Eugen verweigerte die Annahme und befahl General Augé, den Regimentsmedicus zu arretieren, wenn der es wage, noch ein Gesuch einzureichen.

Nachdem auch dieser letzte Versuch gescheitert war, sah Schiller keine andere Möglichkeit mehr, als das Land zu verlassen.

Ein wahrer Freund

»Was ich Gutes haben mag, ist durch einige wenige vortreffliche Menschen in mir gepflanzt worden, ein günstiges Schicksal führte mir dieselben in den entscheidenden Perioden meines Lebens entgegen, meine Bekanntschaften sind auch die Geschichten meines Lebens«, schrieb Schiller einmal.

Einer dieser vortrefflichen Menschen war der zwei Jahre jüngere Andreas Streicher aus Stuttgart. Der begabte Musiker wollte im nächsten Frühjahr nach Hamburg reisen, um bei Philipp Emanuel Bach zu studieren. Nun erzählte ihm Schiller, er wolle das Land so bald wie möglich verlassen. Das war leichter gesagt als getan, denn so eine Flucht kostete Geld – und Schiller hatte Schulden. Seinen Vater konnte er nicht um Hilfe bitten, denn der durfte von dem Vorhaben nichts erfahren, damit er später als Offizier des Herzogs sein Ehrenwort geben konnte, von der Sache nichts gewusst zu haben. Die Mutter wurde zwar eingeweiht, aber sie konnte ihrem Sohn nicht helfen. War die Mitteilung für sie schon schwer genug, so kam noch erschwerend hinzu, dass sie nun ein Geheimnis hüten, ihren Mann täuschen und belügen musste. Unterstützung fand sie in diesen Wochen nur bei ihrer Tochter Christophine, die ebenfalls Bescheid wusste.

Um dem Freund die Flucht zu ermöglichen, änderte Streicher seine Pläne und stellte sein erspartes Geld zur Verfügung. Anfang September schafften sie Schillers Sachen nach und nach in Streichers Wohnung, um von dort am Tag X schnell aufbrechen zu können. Als Tag X wählten sie den 22. September 1782, weil am Abend zu Ehren eines russischen Großfürsten und seiner Gemahlin ein großes Fest mit Feuerwerk stattfinden sollte. Streicher hoffte, dass in einer Stadt voller Gäste zwei Reisende nicht auffallen und die Wachen an den Stadttoren es nicht so genau nehmen würden. Um 22 Uhr stiegen sie in die bestellte Kutsche und fuhren in Richtung Esslinger Tor, weil es das dunkelste aller Stadttore war. Der Wachposten hielt sie an, fragte, wer sie seien und wohin sie wollten. Streicher antwortete, er sei Dr. Wolf und wolle mit seinem Kollegen Dr. Ritter nach Esslingen. Der Wachposten verzichtete auf eine genaue Kontrolle, bei der alles aufgeflogen wäre, und ließ das Tor öffnen. In die Erleichterung mischte sich bei Schiller tiefe Trauer, weil die Trennung von seiner Familie nun endgültig war.

Zwei Tage später trafen sie in Mannheim ein, wo Schiller allerdings nicht, wie erhofft, mit offenen Armen empfangen wurde. Im Gegenteil, ihm wurde geraten, dem Herzog einen Brief zu schreiben und ihn zu bitten, wieder heimkehren zu dürfen. Wie hin- und hergerissen Schiller gewesen sein muss, zeigt sich daran, dass er sich nach kurzer Bedenkzeit tatsächlich hinsetzte und eine Bittbrief schrieb, der dem vom 1. September ähnelte. »Das Unglück eines Untertanen und eines Sohns kann dem gnädigsten Fürsten und Vater niemals gleichgültig sein«, begann er. Noch immer hoffe er, in seiner Heimat leben und arbeiten zu können. Sollte diese Hoffnung nicht erfüllt werden, »so wäre ich der ärmste Mensch, der, verwiesen vom Herzen seines Fürsten, verbannt von den Seinigen, wie ein Flüchtling umherirren muß«.

Noch am gleichen Tag versuchte er, die Mannheimer Theaterleute auf seine Seite zu ziehen, indem er ihnen aus dem neuen Manuskript des *Fiesko* vorlas. Nach einem Bericht Streichers waren sich die Theaterleute einig: So ein schlechtes Stück könne der Dichter der *Räuber* gar nicht geschrieben haben. Dalbergs Regisseur Christian Meyer sagte, der *Fiesko* sei »das Allerschlechteste, was ich je in meinem Leben gehört habe«. Trotzdem war er bereit, das Manuskript noch einmal in Ruhe zu lesen. Am nächsten Morgen fiel sein Urteil völlig anders aus. »Sie haben recht! Sie haben recht!«, sagte er zu Streicher. »*Fiesko* ist ein Meisterstück und weit besser gearbeitet als die *Räuber*. Aber wissen Sie auch, was Schuld daran ist, daß ich und alle Zuhörer es für das elendeste Machwerk hielten? Schillers schwäbische Aussprache und die verwünschte Art, wie er alles deklamiert! Er sagt alles in dem nämlichen hochtrabenden Ton her.«

Es war nicht das letzte Mal, dass seine Muttersprache dem schwäbischen Dichter Schwierigkeiten einbrachte – und so wie ihm ging es vielen Landsleuten.

Über eine Aufführung des *Fiesko* konnte nur Dalberg entscheiden, und der war ausgerechnet in Stuttgart bei dem großen Fest. Dort hatte die Flucht des jungen Dichters für viel Aufsehen gesorgt. Das Gerücht verbreitete sich, der Herzog werde den Flüchtling verfolgen lassen oder seine Auslieferung beantragen. Dieses Gerücht brachten Besucher des Festes mit nach Mannheim. Inzwischen hatte Carl Eugen durch General Augé auch Schillers Brief beantworten lassen, den Flüchtling nach Hause befohlen, dabei allerdings keinerlei Zusagen gemacht. Schiller dachte wieder an Schubart – nein, auf dem Hohenasperg wollte er nicht landen, und in Mannheim fühlte er sich nicht mehr sicher. Also musste er weiter. Am 3. Oktober verließen die beiden Freunde die Stadt zu Fuß in Richtung Norden. Für eine Wagenfahrt reichte das Geld nicht. Am zweiten Tag erlitt Schiller nicht weit vor Frankfurt einen Schwächeanfall. Nur mit Streichers Hilfe schaffte er es bis nach Sachsenhausen, wo sie in einer billigen Herberge ein Zimmer nahmen. Dort schrieb Streicher an seine Mutter und bat sie um 30 Gulden. Schiller wandte sich mit einem verzweifelten Brief an Dalberg: »Meine Hoffnung war auf meinen Aufenthalt zu Mannheim gesetzt; dort hoffte ich, von Euer Exzellenz unterstützt, durch mein Schauspiel mich nicht nur schuldenfrei, als auch überhaupt in bessere Umstände zu setzen. Dies ward durch meinen notwendigen plötzlichen Aufbruch hintertrieben. Ich ging leer hinweg, leer in Börse und Hoffnung. Es könnte mich schamrot machen, daß ich Ihnen solche Geständnisse tun muß, aber ich weiß, es erniedrigt mich nicht.«

Dalberg hielt es wohl für zu riskant, den Deserteur Schiller zu unterstützen, antwortete ausweichend und lehnte den erbetenen Vorschuss für den *Fiesko* ab.

Die finanzielle Lage der beiden Freunde wurde immer kritischer. Um die Kasse aufzubessern, wollte Schiller ein längeres Gedicht verkaufen. Sie gingen in die Frankfurter Buchhandlungen, wo sich Schiller nach dem Absatz der *Räuber* und nach dem Urteil der Leser erkundigte. Beides sei sehr gut, hörte er, was ihm wohl tat. Ein Buchhändler war bereit, das angebotene Gedicht vom Autor der *Räuber* zu kaufen, wollte jedoch nicht die geforderten 25, sondern nur 18 Gulden dafür bezahlen. Schiller lehnte ab. Trotz der schwierigen Lage war er nicht bereit, sein Gedicht und sich unter Wert zu verkaufen.

Am 10. Oktober erhielt Streicher von seiner Mutter 30 Gulden, die für die Weiterreise nach Hamburg gedacht waren. Doch in der Not ließ er den Freund nicht allein. Von dem Geld bezahlten sie als Erstes die Herberge, dann machten sie sich zurück auf den Weg nach Mannheim, weil Schiller immer noch hoffte, Dalberg bei einem Treffen umstimmen zu können. Regisseur Meyer riet ihnen, nicht nach Mannheim zu kommen, sondern in dem auf der anderen Rheinseite gelegenen Dorf Oggersheim Quartier zu nehmen, wo sie sicherer seien. Dort bezogen sie dann im »Viehof« als Dr. Wolf und Dr. Ritter ein Zimmer mit einem Bett, in dem sie zusammen schliefen. Obwohl sie die billigste Unterkunft gewählt hatten, würde das Geld höchstens für drei Wochen reichen. In dieser Zeit musste Schiller den *Fiesko* überarbeiten, auch wenn er dazu wenig Lust verspürte. Denn in Gedanken beschäftigte er sich seit Wochen mit einem neuen Drama: *Luise Millerin*. Man stelle sich das vor: »Leer in Börse und Hoffnung«, geschwächt und krank umherirrend, die Verfolgung des Herzogs fürchtend, arbeitete dieser junge Mann an einem neuen Stück! Und kaum waren sie in ihrem Zimmer, vergaß Schiller die Welt um sich herum. »Er war so eifrig beschäftigt, alles das niederzuschreiben, was er bis jetzt darüber in Gedanken entworfen hatte, daß er während ganzer acht Tage nur auf Minuten das Zimmer verließ«, notierte Streicher, der das mit Sorge beobachtet haben dürfte. Er musste seine Mutter erneut um Geld bitten, und Schiller versetzte seine Uhr. Bei ihrer Geldknappheit wäre die Arbeit am *Fiesko* vorrangig gewesen, doch an die machte sich Schiller erst nach drei Wochen. Dalberg lehnte auch die neue Fassung ab und war nicht bereit, dafür etwas zu bezahlen. Fast gleichzeitig erfuhr Schiller, dass sein Name aus der Regimentsliste in Stuttgart gestrichen worden war. In einem Brief an seine Schwester Christophine am 6. 11. 1782 schrieb er:

Teuerste Schwester.

Gestern Abend erhalte ich Deinen lieben Brief und eile, Dich aus Deinen und unserer besten Eltern Besorgnißen über mein Schicksal zu reißen.

Daß meine völlige Trennung von Vaterland und Familie nunmehr entschieden ist, würde mir sehr schmerzhaft sein, wenn ich sie nicht erwartet, und selbst befördert hätte, wenn ich sie nicht als die notwendigste Führung des Himmels betrachten müßte, welche mich in meinem Vaterland nicht glücklich machen wollte. ...

Zu Deinem und unserer zärtlichsten Eltern Trost kann ich Dir sagen, daß ich bis itzt auch keine Kleinigkeit habe entbehren müssen, welche ich zu Stuttgardt gewohnt war. Auch in die Zukunft kann ich zuversichtlich sehen, weil mir meine Arbeiten gut bezahlt werden, und ich fleißig bin. ...

Für meine Schulden können meine Eltern stehen, denn ich hätte bereits schon die Hälfte davon abgetragen, wenn es nicht meine erste Pflicht wäre, zuerst mein Glück zu etablieren. Meinen Schuldnern verschlägt es nichts, ob sie 3 Monat früher oder später bezahlt werden, da die Zinsen fortlaufen, mich aber kann das Geld, das ich ihnen itzt schicken würde, an den Ort meines Glücks bringen. Das ist eine Billigkeit, die jedermann erkennen muß, und wofür wäre ich denn solang ein rechtschaffener Mann gewesen, wenn mir dieses Prädikat nicht einmal auf ein Viertel- oder Halbjahr Credit machte? Sage dieses den Leuten, so wird alles sich zufrieden geben.

Noch einmal, meine inniggeliebte Schwester, vertraue auf Gott, der auch der Gott Deines fernen Bruders ist, dem 300 Meilen eine Spanne breit sind, wenn er uns wieder zusammengebracht haben will. Grüße unsern besten allerteuersten Vater, und unsere herzlich

geliebte gute Mutter, meine liebe redliche Louise, und unsre kleine gute Nanette.

…, ewig Dein treuer zärtlicher Bruder.

Frid. Schiller.

Ohne Aufträge, ohne Anstellung, ohne Einkommen entschloss sich
Schiller, das Angebot der Freifrau von Wolzogen anzunehmen, ihm
im Falle der Not Asyl auf ihrem kleinen Gut im thüringischen
Bauerbach zu gewähren. Doch bevor er abreiste, wollte er zumin-

Henriette von Wolzogen

Haus in Bauerbach

dest seine Mutter und Christophine noch einmal sehen. Am Abend des 22. November ritt Schiller an die württembergische Grenze nach Bretten, wo sie in einem Gasthof drei Tage miteinander verbrachten. Angesichts der ungewissen Zukunft fiel der Abschied sehr schwer.

Es dauerte auch tatsächlich zehn Jahre, bis Mutter und Sohn sich wieder sahen.

Von seinem besten Freund musste sich Schiller ebenfalls verabschieden. Andreas Streicher blieb vorerst in Mannheim und kam nie nach Hamburg, um bei Philipp Emanuel Bach Musik zu studieren. Sein Leben nahm einen völlig anderen Verlauf als geplant, weil er Schiller in einer extrem schwierigen Lage bedingungslos zur Seite stand. Und es bedrückte ihn, dass er ein »*wahrhaft Königliches Herz*, Deutschlands *edelsten Dichter*, *allein* und *im Unglück* hatte zurück lassen müssen«. Dabei hatte dieser Andreas Streicher selbst ein »wahrhaft Königliches Herz«.

Kabale und Liebe – Auf der Bühne
und im Leben

Sieben Tage war Schiller unterwegs und verbrachte dabei 65 Stunden in einem holpernden Postwagen. Übermüdet, gerädert, frierend und hungrig kam er am 7. Dezember 1782 in Bauerbach an, das inmitten schneebedeckter Fichtenwälder lag. Zwei Zimmer waren für ihn vorbereitet, ein frisch bezogenes Bett stand bereit. Nach einem langen erholsamen Schlaf schrieb er am nächsten Morgen an Streicher:

Liebster Freund – Endlich bin ich hier, glücklich und vergnügt, daß ich einmal am Ufer bin. Ich traf alles noch über meine Wünsche. Keine Bedürfnisse ängstigen mich mehr, kein Querstrich von außen soll meine dichterischen Träume, meine idealistischen Täuschungen stören. Das Haus meiner Wolzogen ist ein recht hübsches und artiges Gebäude, wo ich die Stadt gar nicht vermisse. Ich habe alle Bequemlichkeit, Kost, Bedienung, Wäsche, Feurung, und alle diese Sachen werden von den Leuten des Dorfes auf das vollkommenste und willigste besorgt ... Gegenwärtig kann und will ich keine Bekanntschaften machen, weil ich entsetzlich viel zu arbeiten habe.

Nach der mehr als zweimonatigen Odyssee erschien Schiller das bescheidene Anwesen wie ein kleines Paradies. Hier konnte er endlich in Ruhe arbeiten. Zuerst setzte er sich wieder an sein bürgerliches Trauerspiel *Luise Millerin*, das bis heute unter dem Titel *Kabale und Liebe* auf den Spielplänen vieler Theater steht. Darin klagte er die Zu- und Missstände in den absolutistisch regierten Ländern an. Mehr noch als in *Die Räuber* sind in dieses Stück die Erfahrungen und Erlebnisse seiner Jugend eingeflossen.

Ferdinand, der Sohn des Präsidenten von Walter, und Luise, die

Szenenbild aus »Kabale und Liebe«
Miller droht seiner Frau: »Willst du dein Maul halten?
Willst das Violonzello am Hirnkasten wissen?«

Tochter des Musikus Miller, lieben sich. Beide Väter sind gegen die Verbindung; der Bürger aus Einsicht in die Unüberwindbarkeit der Standesgrenzen, der Adlige, weil er andere Pläne hat. Sein Sohn soll Lady Milford, die Mätresse des Herzogs, heiraten und dadurch die eigene Macht im Staat sichern.

Ferdinand. Der Präsident. Wurm, welcher gleich abgeht

Ferdinand. Sie haben befohlen, gnädiger Herr Vater –

Präsident. Leider muß ich das, wenn ich meines Sohns einmal froh werden will – Laß Er uns allein, Wurm. – Ferdinand, ich beobachte dich schon eine Zeit lang und finde die offene rasche Jugend nicht mehr, die mich sonst so entzückt hat. Ein seltsamer Gram brütet auf deinem Gesicht – Du fliehst mich – Du fliehst deine Zirkel – Pfui! – *Deinen* Jahren verzeiht man zehn Ausschweifungen vor einer einzigen Grille. Überlaß diese mir, lieber Sohn. Mich laß an deinem Glück arbeiten, und denke auf nichts, als in meine Entwürfe zu spielen. – Komm! Umarme mich, Ferdinand.

Ferdinand. Sie sind heute sehr gnädig, mein Vater.

Präsident. Heute, du Schalk – und dieses Heute noch mit der herben Grimasse? *(Ernsthaft)* Ferdinand! – *Wem* zulieb hab ich die gefährliche Bahn zum Herzen des Fürsten betreten? *Wem* zulieb bin ich auf ewig mit meinem Gewissen und dem Himmel zerfallen? – Höre, Ferdinand – (Ich spreche mit meinem Sohn) – *Wem* hab ich durch die Hinwegräumung meines Vorgangers Platz gemacht – eine Geschichte, die desto blutiger in mein Inwendiges schneidet, je sorgfältiger ich das Messer der Welt verberge. Höre. Sage mir, Ferdinand: *Wem* tat ich dies alles?

Ferdinand *(tritt mit Schrecken zurück)*. Doch *mir* nicht, mein Vater? Doch auf *mich* soll der blutige Widerschein dieses Frevels nicht fallen? Beim allmächtigen Gott! Es ist besser, gar nicht geboren sein, als dieser Missetat zur Ausrede dienen.

Präsident. Was war das? Was? Doch! ich will es dem Romanenkopfe zugut halten – Ferdinand – ich will mich nicht erhitzen, vorlauter Knabe – Lohnst du mir *also* für meine schlaflosen Nächte? *Also* für meine rastlose Sorge? *Also* für den ewigen Skorpion meines Gewissens? – Auf mich fällt die Last der Verantwortung – auf mich der Fluch, der Donner des Richters – Du empfängst dein Glück von der zweiten Hand – das Verbrechen klebt nicht am Erbe.

Ferdinand (*streckt die rechte Hand gen Himmel*). Feierlich entsag ich hier einem Erbe, das mich nur an einen abscheulichen Vater erinnert.

Präsident. Höre, junger Mensch, bringe mich nicht auf. – Wenn es nach deinem Kopfe ginge, du kröchest dein Leben lang im Staube.

Ferdinand. O, immer noch besser, Vater, als ich kröch um den Thron herum.

Präsident (*verbeißt seinen Zorn*). Hum! – Zwingen muß man dich, dein Glück zu erkennen. Wo zehn andre mit aller Anstrengung nicht hinauf klimmen, wirst du spielend, im Schlafe gehoben. Du bist im zwölften Jahre Fähndrich. Im zwanzigsten Major. Ich hab es durchgesetzt beim Fürsten. Du wirst die Uniform ausziehen, und in das Ministerium eintreten. Der Fürst sprach vom Geheimenrat – Gesandtschaften – außerordentlichen Gnaden. Eine herrliche Aussicht dehnt sich vor dir. – Die ebene Straße zunächst nach dem Throne – zum Throne selbst, wenn anders die Gewalt soviel wert ist als ihre Zeichen – das begeistert dich nicht?

Ferdinand. Weil meine Begriffe von Größe und Glück nicht ganz die Ihrigen sind – *Ihre* Glückseligkeit macht sich nur selten anders als durch Verderben bekannt. Neid, Furcht, Verwünschung sind die traurigen Spiegel, worin sich die Hoheit eines Herrschers belächelt. – Tränen, Flüche, Verzweiflung die entsetzliche Mahlzeit, woran diese gepriesenen Glücklichen schwelgen, von der sie betrunken aufstehen, und so in die Ewigkeit vor den Thron Gottes taumeln – Mein Ideal von Glück zieht sich genügsamer in mich selbst zurück. In meinem *Herzen* liegen alle meine Wünsche begraben. –

Präsident. Meisterhaft! Unverbesserlich! Herrlich! Nach dreißig Jahren die erste Vorlesung wieder! – Schade nur, daß mein fünfzigjähriger Kopf zu zäh für das Lernen ist! – Doch – dies seltne Talent nicht einrosten zu lassen, will ich dir jemand an die Seite geben, bei dem du dich in dieser buntscheckigen Tollheit nach Wunsch exerzieren kannst. – Du wirst dich entschließen – noch heute entschließen – eine Frau zu nehmen.

Ferdinand *(tritt bestürzt zurück)*. Mein Vater?

Präsident. Ohne Komplimente – Ich habe der Lady Milford in *deinem* Namen eine Karte geschickt. Du wirst dich ohne Aufschub bequemen, dahin zu gehen und ihr zu sagen, daß du ihr Bräutigam bist.

Ferdinand. *Der Milford,* mein Vater?

Präsident. Wenn sie dir bekannt ist –

Ferdinand *(außer Fassung)*. Welcher Schandsäule im Herzogtum ist sie das nicht! – Aber ich bin wohl lächerlich, lieber Vater, daß ich Ihre Laune für Ernst aufnehme? Würden Sie *Vater* zu dem *Schurken Sohne* sein wollen, der eine privilegierte Buhlerin heuratete?

Präsident. Noch mehr. Ich würde selbst um sie werben, wenn sie einen Fünfziger möchte – Würdest du zu dem *Schurken Vater* nicht *Sohn* sein wollen?

Ferdinand. Nein! So wahr Gott lebt!

Präsident. Eine Frechheit, bei meiner Ehre! die ich ihrer Seltenheit wegen vergebe –

Ferdinand. Ich bitte Sie, Vater! lassen Sie mich nicht länger in einer Vermutung, wo es mir unerträglich wird, mich Ihren Sohn zu nennen.

Präsident. Junge, bist du toll? Welcher Mensch von Vernunft würde nicht nach der Distinktion geizen, mit seinem Landesherrn an einem dritten Orte zu wechseln?

Ferdinand. Sie werden mir zum Rätsel, mein Vater. *Distinktion* nennen Sie es – *Distinktion,* da mit dem Fürsten zu teilen, wo er auch unter den *Menschen* hinunterkriecht?

Präsident *(schlägt ein Gelächter auf)*.

Ferdinand. Sie können lachen – und ich will über das hinweggehen, Vater. Mit welchem Gesicht soll ich vor den schlechtesten Handwerker treten, der mit seiner Frau wenigstens doch einen ganzen Körper zum Mitgift bekommt? Mit welchem Gesicht vor die Welt? Vor den Fürsten? Mit welchem vor die Buhlerin selbst, die den Brandflecken ihrer Ehre in meiner Schande auswaschen würde?

Präsident. Wo in aller Welt bringst du das Maul her, Junge?

Ferdinand. Ich beschwöre Sie bei Himmel und Erde! Vater, Sie können durch diese Hinwerfung Ihres einzigen Sohnes so glücklich nicht werden, als Sie ihn unglücklich machen. Ich gebe Ihnen mein Leben, wenn das Sie steigen machen kann. Mein Leben hab ich von Ihnen, ich werde keinen Augenblick anstehen, es ganz Ihrer Größe zu opfern. – Meine *Ehre*, Vater – wenn Sie mir *diese* nehmen, so war es ein leichtfertiges Schelmenstück, mir das Leben zu geben, und ich muß den *Vater* wie den *Kuppler* verfluchen.

Präsident *(freundlich, indem er ihn auf die Achsel klopft).* Brav, lieber Sohn. Jetzt seh ich, daß du ein *ganzer* Kerl bist, und der besten Frau im Herzogtum würdig. – Sie soll dir werden – Noch diesen Mittag wirst du dich mit der Gräfin von Ostheim verloben.

Ferdinand *(aufs neue betreten).* Ist diese Stunde bestimmt, mich ganz zu zerschmettern?

Präsident *(einen laurenden Blick auf ihn werfend).* Wo doch hoffentlich deine Ehre nichts einwenden wird?

Ferdinand. Nein, mein Vater. Friederike von Ostheim könnte jeden andern zum Glücklichsten machen. *(Vor sich, in höchster Verwirrung)* Was seine *Bosheit* an meinem Herzen noch ganz ließ, zerreißt seine *Güte*.

Präsident *(noch immer kein Aug von ihm wendend).* Ich warte auf deine Dankbarkeit, Ferdinand –

Ferdinand *(stürzt auf ihn zu und küßt ihm feurig die Hand).* Vater! Ihre Gnade entflammt meine ganze Empfindung – Vater! meinen heißesten Dank für Ihre herzliche Meinung – Ihre Wahl ist untadelhaft – aber – ich kann – ich darf – Bedauern Sie mich – Ich kann die Gräfin nicht lieben.

Präsident *(tritt einen Schritt zurück)*. Holla! Jetzt hab ich den jungen Herrn. Also in diese Falle ging er, der listige Heuchler – Also es war nicht die Ehre, die dir die Lady verbot? – Es war nicht die *Person*, sondern die *Heurat,* die du verabscheutest? –

Ferdinand *(steht zuerst wie versteinert, dann fährt er auf und will fortrennen).*

Präsident. Wohin? Halt! Ist das der Respekt, den du mir schuldig bist? *(Der Major kehrt zurück)* Du bist bei der Lady gemeldet. Der Fürst hat mein Wort. Stadt und Hof wissen es richtig. – Wenn du mich zum Lügner machst, Junge – vor dem Fürsten – der Lady – der Stadt – dem Hof mich zum Lügner machst – Höre, Junge – oder wenn ich *hinter gewisse Historien komme!* – Halt! Holla! Was bläst so auf einmal das Feuer in deinen Wangen aus?

Ferdinand *(schneeblaß und zitternd).* Wie? Was? Es ist gewiß nichts, mein Vater!

Präsident *(einen fürchterlichen Blick auf ihn heftend).* Und *wenn* es was ist – und wenn ich die Spur finden sollte, woher diese Widersetzlichkeit stammt? – – Ha, Junge! der bloße Verdacht schon bringt mich zum Rasen. Geh den Augenblick. Die Wachparade fängt an. Du wirst bei der Lady sein, sobald die Parole gegeben ist – Wenn ich auftrete, zittert ein Herzogtum. Laß doch sehen, ob mich ein Starrkopf von Sohn meistert. *(Er geht und kommt noch einmal wieder)* Junge, ich sage dir, du wirst dort sein, oder fliehe meinen Zorn. *(Er geht ab)*

Ferdinand *(erwacht aus einer dumpfen Betäubung).* Ist er weg? War das eines Vaters Stimme? – Ja, ich will zu ihr – will hin – will ihr Dinge sagen, will ihr einen Spiegel vorhalten – Nichtswürdige! und wenn du auch noch *dann* meine Hand verlangst – Im Angesicht des versammelten Adels, des Militärs und des Volks – Umgürte dich mit dem ganzen Stolz deines Englands – Ich verwerfe dich – ein teutscher Jüngling! *(Er eilt hinaus)*

Doch Ferdinand täuscht sich in Lady Milford, wie schon in einer Szene deutlich wird, in der Schiller den von Carl Eugen und anderen deutschen Fürsten praktizierten Menschenhandel unverhüllt zur Sprache bringt.

ZWEITER AKT. ZWEITE SZENE

*Ein alter Kammerdiener des Fürsten, der ein
Schmuckkästchen trägt.
Die Vorigen*

Kammerdiener. Seine Durchlaucht der Herzog empfehlen sich Mylady zu Gnaden, und schicken Ihnen diese Brillanten zur Hochzeit. Sie kommen soeben erst aus Venedig.

Lady *(hat das Kästchen geöffnet und fährt erschrocken zurück).* Mensch! was bezahlt dein Herzog für diese Steine?

Kammerdiener *(mit finsterm Gesicht).* Sie kosten ihn keinen Heller.

Lady. Was? Bist du rasend? *Nichts?* – und *(indem sie einen Schritt von ihm wegtritt)* du wirfst mir ja einen Blick zu, als wenn du mich durchbohren wolltest – *Nichts* kosten ihn diese unermeßlich kostbaren Steine?

Kammerdiener. Gestern sind siebentausend Landskinder nach Amerika fort – Die zahlen alles.

Lady *(setzt den Schmuck plötzlich nieder und geht rasch durch den Saal, nach einer Pause zum Kammerdiener).* Mann, was ist dir? Ich glaube, du weinst?

Kammerdiener *(wischt sich die Augen, mit schrecklicher Stimm, alle Glieder zitternd).* Edelsteine wie *diese* da – Ich hab auch ein paar Söhne drunter.

Lady *(wendet sich bebend weg, seine Hand fassend).* Doch keinen Gezwungenen?

Kammerdiener *(lacht fürchterlich).* O Gott – Nein – lauter Freiwillige. Es traten wohl so etliche vorlaute Bursch vor die Front heraus und fragten den Obersten, wie teuer der Fürst das Joch Menschen verkaufe? – aber unser gnädigster Landesherr ließ alle Regimenter auf dem Paradeplatz aufmarschieren und die Maulaffen niederschießen. Wir hörten die Büchsen knallen, sahen ihr Gehirn auf das Pflaster sprützen, und die ganze Armee schrie: *Juchhe nach Amerika!* –

Lady *(fällt mit Entsetzen in den Sofa).* Gott! Gott! – Und ich hörte nichts? Und ich merkte nichts?

Kammerdiener. Ja, gnädige Frau – warum mußtet Ihr denn mit unserm Herrn gerad auf die Bärenhatz reiten, als man den Lärmen zum Aufbruch schlug? – Die Herrlichkeit hättet Ihr doch nicht versäumen sollen, wie uns die gellenden Trommeln verkündigten, es ist Zeit, und heulende Waisen dort einen lebendigen Vater verfolgten, und hier eine wütende Mutter lief, ihr saugendes Kind an Bajonetten zu spießen, und wie man Bräutigam und Braut mit Säbelhieben auseinanderriß, und wir Graubärte verzweiflungsvoll dastanden und den Burschen auch zuletzt die Krücken noch nachwarfen in die neue Welt – Oh, und mitunter das polternde Wirbelschlagen, damit der Allwissende uns nicht sollte beten hören –

Lady *(steht auf, heftig bewegt).* Weg mit diesen Steinen – sie blitzen Höllenflammen in mein Herz. *(Sanfter zum Kammerdiener)* Mäßige dich, armer alter Mann. Sie werden wiederkommen. Sie werden ihr Vaterland wiedersehen.

Kammerdiener *(warm und voll).* Das weiß der Himmel! Das werden sie! – Noch am Stadttor drehten sie sich um und schrien: »Gott mit euch, Weib und Kinder! – Es leb unser Landesvater – am Jüngsten Gericht sind wir wieder da!« –

Lady *(mit starkem Schritt auf und niedergehend).* Abscheulich! Fürchterlich! – *Mich* beredete man, ich habe sie alle getrocknet, die Tränen des Landes – Schrecklich, schrecklich gehen mir die Augen auf – Geh du – Sag deinem Herrn – Ich werd ihm persönlich danken. *(Kammerdiener will gehen, sie wirft ihm ihre Goldbörse in den Hut)* Und das nimm, weil du mir Wahrheit sagtest –

Kammerdiener *(wirft sie verächtlich auf den Tisch zurück)*. Legts zu dem übrigen. *(Er geht ab)*

Lady *(sieht ihm erstaunt nach)*. Sophie, spring ihm nach, frag ihn um seinen Namen. Er soll seine Söhne wiederhaben.

Wenig später taucht Ferdinand auf und sagt ihr gehörig die Meinung. Dann redet sie:

DRITTE SZENE

Lady *(mit Sanftmut und Hoheit)*. Es ist das erstemal, Walter, daß solche Reden an mich gewagt werden, und Sie sind der einzige Mensch, dem ich darauf antworte – Daß Sie meine Hand verwerfen, darum schätz ich Sie. Daß Sie mein Herz lästern, vergebe ich Ihnen. Daß es Ihr Ernst ist, glaube ich Ihnen nicht. Wer sich herausnimmt, Beleidigungen dieser Art einer Dame zu sagen, die nicht mehr als eine Nacht braucht, ihn ganz zu verderben, muß dieser Dame eine *große Seele* zutrauen oder – von Sinnen sein – Daß Sie den Ruin des Landes auf meine Brust wälzen, vergebe Ihnen Gott der Allmächtige, der Sie und mich und den Fürsten einst gegeneinanderstellt. – Aber Sie haben die Engländerin in mir aufgefodert, und auf Vorwürfe dieser Art muß mein Vaterland Antwort haben.

Ferdinand *(auf seinen Degen gestützt)*. Ich bin begierig.

Lady. Hören Sie also, was ich, außer Ihnen, noch niemand vertraute, noch jemals einem Menschen vertrauen will. – Ich bin nicht die Abenteurerin, Walter, für die Sie mich halten. Ich könnte großtun und sagen: Ich bin fürstlichen Geblüts – aus des unglücklichen Thomas Norfolks Geschlechte, der für die schottische Maria ein Opfer ward – Mein Vater, des Königs oberster Kämmerer, wurde bezüchtigt, in verrätrischem Vernehmen mit Frankreich zu stehen, durch einen Spruch der Parlamente verdammt und enthauptet. – Alle unsre Güter fielen der Krone zu. Wir selbst wurden des Landes verwiesen. Meine Mutter starb am Tage der Hinrichtung.

Ich – ein vierzehenjähriges Mädchen – flohe nach Teutschland mit meiner Wärterin – einem Kästchen Juwelen – und diesem Familienkreuz, das meine sterbende Mutter mit ihrem letzten Segen mir in den Busen steckte.

Ferdinand *(wird nachdenkend und heftet wärmere Blicke auf die Lady).*

Lady *(fährt fort mit immer zunehmender Rührung).* Krank – ohne Namen – ohne Schutz und Vermögen – eine ausländische Waise kam ich nach Hamburg. Ich hatte nichts gelernt als das bißchen Französisch – ein wenig Filet und den Flügel – desto besser verstund ich, auf Gold und Silber zu speisen, unter damastenen Decken zu schlafen, mit einem Wink zehen Bediente fliegen zu machen, und die Schmeicheleien der Großen Ihres Geschlechts aufzunehmen. – Sechs Jahre waren schon hingeweint. – Die letzte Schmucknadel flog dahin – Meine Wärterin starb – und jetzt führte mein Schicksal Ihren Herzog nach Hamburg. Ich spazierte damals an den Ufern der Elbe, sah in den Strom und fing eben an zu phantasieren, ob *dieses Wasser* oder *mein Leiden* das *tiefste* wäre? – Der Herzog sah mich, verfolgte mich, fand meinen Aufenthalt – lag zu meinen Füßen und schwur, daß er mich *liebe.* *(Sie hält in großen Bewegungen inne, dann fährt sie fort mit weinender Stimme)* Alle Bilder meiner glücklichen Kindheit wachten jetzt wieder mit verführendem Schimmer auf – Schwarz wie das Grab graute mich eine trostlose Zukunft an – Mein Herz brannte nach einem Herzen – Ich sank an das seinige. *(Von ihm wegstürzend)* Jetzt verdammen Sie mich!

Ferdinand *(sehr bewegt, eilt ihr nach und hält sie zurück).* Lady! O Himmel! Was hör ich! Was tat ich? – – Schrecklich enthüllt sich mein Frevel mir. Sie können mir nicht mehr vergeben.

Lady *(kommt zurück und hat sich zu sammeln gesucht).* Hören Sie weiter. Der Fürst überraschte zwar meine wehrlose Jugend – aber das Blut der Norfolk empörte sich in mir: Du, eine geborene Fürstin, Emilie, rief es, und jetzt eines Fürsten Konkubine? – Stolz und Schicksal kämpften in meiner Brust, als der Fürst mich hieher brachte, und auf einmal die schauderndste Szene vor meinen Augen stand. – Die Wollust der Großen dieser Welt ist die nimmersatte Hyäne, die sich mit Heißhunger Opfer sucht. – Fürchterlich hatte sie schon in diesem Lande gewütet – hatte Braut und Bräutigam zertrennt – hatte selbst der Ehen göttliches Band zerrissen – – hier das stille Glück einer Familie geschleift – dort ein junges, unerfahrnes Herz der verheerenden Pest aufgeschlossen, und sterbende Schülerinnen schäumten den Namen ihres Lehrers unter Flüchen und Zuckungen aus – Ich stellte mich zwischen das Lamm und den Tiger; nahm einen fürstlichen Eid von ihm in einer Stunde der Leidenschaft, und diese abscheuliche Opferung mußte aufhören.

Ferdinand (*rennt in der heftigsten Unruhe durch den Saal*). Nichts mehr, Mylady! Nicht weiter!

Lady. Diese traurige Periode hatte einer noch traurigern Platz gemacht. Hof und Serail wimmelten jetzt von Italiens Auswurf. Flatterhafte Pariserinnen tändelten mit dem furchtbaren Zepter, und das Volk blutete unter ihren Launen – Sie alle erlebten ihren Tag. *Ich* sah sie neben mir in den Staub sinken, denn ich war mehr Kokette als sie alle. Ich nahm dem Tyrannen den Zügel ab, der wollüstig in meiner Umarmung erschlappte – dein Vaterland, Walter, fühlte zum erstenmal eine Menschenhand, und sank vertrauend an meinen Busen. (*Pause, worin sie ihn schmelzend ansieht*) O daß der Mann, von dem ich allein nicht verkannt sein möchte, mich jetzt zwingen muß, groß zu prahlen, und meine stille Tugend am Licht der Bewunderung zu versengen! – Walter, ich habe Kerker gesprengt – habe Todesurteile zerrissen, und manche entsetzliche Ewigkeit auf Galeeren verkürzt. In unheilbare Wunden hab ich doch wenigstens stillenden Balsam gegossen – mächtige Frevler in Staub gelegt, und die *verlorne* Sache der Unschuld oft noch mit einer buhlerischen Träne gerettet – Ha, Jüngling! wie süß war mir das! Wie stolz konnte mein Herz jede Anklage meiner fürstlichen Geburt widerlegen! – Und jetzt kommt der Mann, der *allein* mir das alles belohnen sollte – der Mann, den mein erschöpftes Schicksal vielleicht zum Ersatz meiner vorigen Leiden schuf – der Mann, den ich mit brennender Sehnsucht im Traum schon umfasse –

Ferdinand *(fällt ihr ins Wort, durch und durch erschüttert)*. Zuviel! Zuviel! Das ist wider die Abrede, Lady. Sie sollten sich von Anklagen reinigen, und machen mich zu einem Verbrecher. Schonen Sie – ich beschwöre Sie – schonen Sie meines Herzens, das Beschämung und wütende Reue zerreißen –

Lady *(hält seine Hand fest)*. Jetzt oder nimmermehr. Lange genug hielt die Heldin stand – Das Gewicht dieser Tränen mußt du noch fühlen. *(Im zärtlichsten Ton)* Höre, Walter – wenn eine Unglückliche – unwiderstehlich allmächtig an dich gezogen – sich an dich preßt mit einem Busen voll glühender, unerschöpflicher Liebe, – Walter – und du jetzt noch das kalte Wort Ehre sprichst – Wenn diese Unglückliche – niedergedrückt vom Gefühl ihrer Schande – des Lasters überdrüssig – heldenmäßig emporgehoben vom Rufe der Tugend – sich *so* – in deine Arme wirft *(sie umfaßt ihn, beschwörend und feierlich)* – durch *dich gerettet* – durch *dich* dem Himmel wieder geschenkt sein will, oder *(das Gesicht von ihm abgewandt, mit hohler, bebender Stimme)* deinem Bild zu entfliehen, dem fürchterlichen Ruf der Verzweiflung gehorsam, in noch abscheulichere Tiefen des Lasters wieder hinuntertaumelt –

Ferdinand *(von ihr losreißend, in der schrecklichsten Bedrängnis)*. Nein, beim großen Gott! Ich kann das nicht aushalten – Lady, ich muß – Himmel und Erde liegen auf mir – ich muß Ihnen ein Geständnis tun, Lady.

Lady *(von ihm wegfliehend)*. Jetzt nicht! Jetzt nicht, bei allem, was heilig ist – In diesem entsetzlichen Augenblick nicht, wo mein zerrissenes Herz an tausend Dolchstichen blutet – Seis Tod oder Leben – ich darf es nicht – ich will es nicht hören.

Ferdinand. Doch, doch, beste Lady. Sie müssen es. Was ich Ihnen jetzt sagen werde, wird meine Strafbarkeit mindern, und eine warme Abbitte des Vergangenen sein – Ich habe mich in Ihnen betrogen, Mylady. Ich erwartete – ich wünschte, Sie meiner Verachtung würdig zu finden. Fest entschlossen, Sie zu beleidigen und Ihren Haß zu verdienen, kam ich her – Glücklich wir beide, wenn mein Vorsatz gelungen wäre! *(Er schweigt eine Weile, darauf leiser und schüchterner)* Ich *liebe*, Mylady – liebe ein *bürgerliches* Mädchen – Luisen Millerin, eines Musikus Tochter. *(Lady wendet sich bleich von ihm weg, er fährt lebhafter fort)* Ich weiß, worein ich mich stürze; aber wenn auch Klugheit die *Leidenschaft* schweigen heißt, so redet die *Pflicht* desto lauter – *Ich* bin der Schuldige. *Ich zuerst* zerriß ihrer Unschuld goldenen Frieden – wiegte ihr Herz mit vermessenen Hoffnungen, und gab es verräterisch der wilden Leidenschaft preis. – Sie werden mich an Stand – an Geburt – an die Grundsätze meines Vaters erinnern – aber ich liebe – Meine Hoffnung steigt um so höher, je tiefer die Natur mit Konvenienzen zerfallen ist. – Mein Entschluß und das Vorurteil! – Wir wollen sehen, ob die *Mode* oder die *Menschheit* auf dem Platz bleiben wird. *(Lady hat sich unterdes bis an das äußerste Ende des Zimmers zurückgezogen und hält das Gesicht mit beiden Händen bedeckt. Er folgt ihr dahin)* Sie wollten mir etwas sagen, Mylady?

Lady *(im Ausdruck des heftigsten Leidens)*. Nichts, Herr von Walter! Nichts, als daß Sie *sich* und *mich* und *noch eine Dritte* zugrund richten.

Ferdinand. Noch eine Dritte?

Lady. Wir können miteinander *nicht* glücklich werden. Wir müssen doch der Voreiligkeit Ihres Vaters zum Opfer werden. Nimmermehr werd ich das Herz eines Mannes haben, der mir seine Hand nur gezwungen gab.

Ferdinand. Gezwungen, Lady? Gezwungen *gab*? und also doch *gab*? Können *Sie* eine Hand ohne Herz erzwingen? *Sie* einem Mädchen den Mann entwenden, der die ganze Welt dieses Mädchens ist? *Sie* einen Mann von dem Mädchen reißen, das die ganze Welt dieses Mannes ist? Sie, Mylady – vor einem Augenblick die *bewundernswürdige Britin*? – *Sie* können das?

Lady. Weil ich es *muß*. *(Mit Ernst und Stärke)* Meine Leidenschaft, Walter, weicht meiner Zärtlichkeit für Sie. Meine *Ehre* kanns nicht mehr – Unsre Verbindung ist das Gespräch des ganzen Landes. Alle Augen, alle Pfeile des Spotts sind auf mich gespannt. Die Beschimpfung ist unauslöschlich, wenn ein Untertan des Fürsten mich ausschlägt. Rechten Sie mit Ihrem Vater. Wehren Sie sich, so gut Sie können. – Ich laß alle Minen sprengen. *(Sie geht schnell ab. Der Major bleibt in sprachloser Erstarrung stehn. Pause. Dann stürzt er fort durch die Flügeltüre)*

Inzwischen versucht der Präsident das Problem mit Gewalt zu lösen und befiehlt, Luise an den Pranger zu stellen. Da droht ihm sein Sohn: »Ihr führt sie zum Pranger fort, unterdessen erzähl ich der Residenz eine Geschichte, *wie man Präsident wird.*« Der Präsident steht »wie vom Blitz gerührt« und gibt nach – aber nicht auf. Er und sein Sekretär Wurm, der ein Auge auf Luise geworfen hat, spinnen eine Intrige: Luises Eltern werden verhaftet. Um sie zu retten, schreibt Luise einen von Wurm diktierten Liebesbrief an den Hofmarschall von Kalb, und sie muss schwören, den Betrug geheim zu halten. Der Brief wird Ferdinand in die Hände gespielt und die Katastrophe nimmt ihren Lauf.

FÜNFTER AKT. SIEBENTE SZENE

Luise. Sie sind aufgeräumt, Herr von Walter?

Ferdinand. Ganz außerordentlich, um die Knaben auf dem Markt hinter mir her zu jagen! Nein! in Wahrheit, Luise. Dein Beispiel bekehrt mich – Du sollst meine Lehrerin sein. Toren sinds, die von ewiger Liebe schwatzen, ewiges Einerlei widersteht, Veränderung nur ist das Salz des Vergnügens – Topp, Luise! Ich bin da bei – Wir hüpfen von Roman zu Romane, wälzen uns von

Schlamme zu Schlamm – Du dahin – Ich dorthin – Vielleicht, daß meine verlorene Ruhe sich in einem Bordell wiederfinden läßt – Vielleicht, daß wir dann nach dem lustigen Wettlauf, zwei modernde Gerippe, mit der angenehmsten Überraschung von der Welt zum zweitenmal aufeinanderstoßen, daß wir uns da an dem gemeinschaftlichen Familienzug, den kein Kind dieser Mutter verleugnet, wie in Komödien wiedererkennen, daß Ekel und Scham noch eine Harmonie veranstalten, die der zärtlichsten Liebe unmöglich gewesen ist.

Luise. O Jüngling! Jüngling! Unglücklich bist du schon, willst du es auch noch verdienen?

Ferdinand *(ergrimmt durch die Zähne murmelnd).* Unglücklich bin ich? Wer hat dir das gesagt? Weib, du bist zu schlecht, um selbst zu empfinden – womit kannst du eines andern Enpfindungen wägen? – Unglücklich, sagte sie? – Ha! dieses Wort könnte meine Wut aus dem Grabe rufen! – Unglücklich mußt ich werden, das wußte sie. Tod und Verdammnis! das wußte sie und hat mich dennoch verraten – Siehe, Schlange! Das war der einzige Fleck der Vergebung – Deine Aussage bricht dir den Hals – Bis jetzt konnt ich deinen Frevel mit deiner Einfalt beschönigen, in meiner *Verachtung* wärst du beinahe meiner *Rache* entsprungen. *(Indem er hastig das Glas ergreift)* Also leichtsinnig warst du nicht – dumm warst du nicht – du warst nur ein Teufel. *(Er trinkt)* Die Limonade ist matt wie deine Seele – Versuche!

Luise. O Himmel! Nicht umsonst hab ich diesen Auftritt gefürchtet.

Ferdinand *(gebieterisch).* Versuche!

Luise *(nimmt das Glas etwas unwillig und trinkt).*

Ferdinand *(wendet sich, sobald sie das Glas an den Mund setzt, mit einer plötzlichen Erblassung weg und eilt nach dem hintersten Winkel des Zimmers).*

Luise. Die Limonade ist gut.

Ferdinand *(ohne sich umzukehren, von Schauer geschüttelt).* Wohl bekomms!

Luise (*nachdem sie es niedergesetzt*). O wenn Sie wüßten, Walter, wie ungeheuer Sie meine Seele beleidigen.

Ferdinand. Hum!

Luise. Es wird eine Zeit kommen, Walter –

Ferdinand (*wieder vorwärts kommend*). O! mit der *Zeit* wären wir fertig.

Luise. Wo der heutige Abend schwer auf Ihr Herz fallen dürfte –

Ferdinand (*fängt an stärker zu gehen und beunruhigter zu werden, indem er Schärpe und Degen von sich wirft*). Gute Nacht, Herrendienst!

Luise. Mein Gott! Wie wird Ihnen?

Ferdinand. Heiß und enge – Will mirs bequemer machen.

Luise. Trinken Sie! Trinken Sie! Der Trank wird Sie kühlen.

Ferdinand. Das wird er auch ganz gewiß – Die Metze ist gutherzig, doch! das sind alle!

Luise (*mit dem vollen Ausdruck der Liebe ihm in die Arme eilend*). Das deiner Luise, Ferdinand?

Ferdinand (*drückt sie von sich*). Fort! Fort! Diese sanfte, schmelzende Augen weg! Ich erliege. Komm in deiner ungeheuren Furchtbarkeit, Schlange, spring an mir auf, Wurm – krame vor mir deine gräßliche Knoten aus, bäume deine Wirbel zum Himmel – So abscheulich, als dich jemals der Abgrund sah – Nur keinen Engel mehr – Nur jetzt keinen Engel mehr – es ist zu spät – Ich muß dich zertreten wie eine Natter, oder verzweifeln – Erbarme dich!

Luise. O! Daß es so weit kommen mußte!

Ferdinand (*sie von der Seite betrachtend*). Dieses schöne Werk des himmlischen Bildners – Wer kann das glauben? – Wer sollte das glauben? (*Ihre Hand fassend und emporhaltend*) Ich will dich nicht zur Rede stellen, Gott Schöpfer – aber warum denn dein Gift in so schönen Gefäßen? – – Kann das Laster in diesem milden Himmelstrich fortkommen? – O es ist seltsam.

Luise. Das anzuhören und schweigen zu müssen!

Ferdinand. Und die süße, melodische Stimme – Wie kann so viel

Wohlklang kommen aus zerrissenen Saiten? *(Mit trunkenem Aug auf ihrem Anblick verweilend)* Alles so schön – so voll Ebenmaß – so göttlich vollkommen! – Überall das Werk seiner himmlischen Schäferstunde! Bei Gott! als wäre die große Welt nur entstanden, den Schöpfer für dieses Meisterstück in Laune zu setzen! – – Und nur in der *Seele* sollte Gott sich vergriffen haben? Ist es möglich, daß diese empörende Mißgeburt in die Natur ohne Tadel kam? *(Indem er sie schnell verläßt)* Oder sah er einen Engel unter dem Meißel hervorgehen, und half diesem Irrtum in der Eile mit einem desto schlechteren Herzen ab?

Luise. O des frevelhaften Eigensinns! Ehe er sich eine Übereilung gestände, greift er lieber den Himmel an.

Ferdinand *(stürzt ihr heftig weinend an den Hals).* Noch einmal, Luise – Noch einmal, wie am Tag unsers ersten Kusses, da du Ferdinand stammeltest und das erste *Du* auf deine brennende Lippen trat – O eine Saat unendlicher, unaussprechlicher Freuden schien in dem Augenblick wie in der Knospe zu liegen – Da lag die Ewigkeit wie ein schöner Maitag vor unsern Augen; goldne Jahrtausende hüpften wie Bräute vor unsrer Seele vorbei – – Da war ich der Glückliche! – O Luise! Luise! Luise! Warum hast du mir das getan?

Luise. Weinen Sie, weinen Sie, Walter. Ihre Wehmut wird gerechter gegen mich sein als Ihre Entrüstung.

Ferdinand. Du betrügst dich. Das sind ihre Tränen nicht – Nicht jener warme, wollüstige Tau, der in die Wunde der Seele balsamisch fließt, und das starre Rad der Empfindung wieder in Gang bringt. Es sind einzelne – kalte Tropfen – das schauerliche ewige Lebewohl meiner Liebe. *(Furchtbar-feierlich, indem er die Hand auf ihren Kopf sinken läßt)* Tränen um deine Seele, Luise – Tränen um die Gottheit, die ihres unendlichen Wohlwollens hier verfehlte, die so mutwillig um das herrlichste ihrer Werke kommt – O mich deucht, die ganze Schöpfung sollte den Flor anlegen und über das Beispiel betreten sein, das in ihrer Mitte geschieht – Es ist was Gemeines, daß Menschen fallen und Paradiese verloren werden; aber wenn die Pest unter Engel wütet, so rufe man Trauer aus durch die ganze Natur.

Luise. Treiben Sie mich nicht aufs Äußerste, Walter. Ich habe Seelenstärke so gut wie eine – aber sie muß auf eine menschliche Probe kommen. Walter, das Wort noch, und dann geschieden – – Ein entsetzliches Schicksal hat die Sprache unsrer Herzen verwirrt. Dürft ich den Mund auftun, Walter, ich könnte dir Dinge sagen – ich könnte – – aber das harte Verhängnis band meine Zunge wie meine Liebe, und dulden muß ichs, wenn du mich wie eine gemeine Metze mißhandelst.

Ferdinand. Fühlst du dich wohl, Luise?

Luise. Wozu diese Frage?

Ferdinand. Sonst sollte mirs leid um dich tun, wenn du mit dieser Lüge von hinnen müßtest.

Luise. Ich beschwöre Sie, Walter –

Ferdinand (unter heftigen Bewegungen). Nein! Nein! zu satanisch wäre diese Rache! Nein, Gott bewahre mich! in jene Welt hinaus will ichs nicht treiben – Luise! Hast du den Marschall geliebt? Du wirst nicht mehr aus diesem Zimmer gehen.

Luise. Fragen Sie, was Sie wollen. Ich antworte nichts mehr. (Sie setzt sich nieder)

Ferdinand (ernster). Sorge für deine unsterbliche Seele, Luise! – Hast du den Marschall geliebt? Du wirst nicht mehr aus diesem Zimmer gehen.

Luise. Ich antworte nichts mehr.

Ferdinand (fällt in fürchterlicher Bewegung vor ihr nieder). Luise! Hast du den Marschall geliebt? Ehe dieses Licht noch ausbrennt – stehst du – vor Gott!

Luise (fährt erschrocken in die Höhe). Jesus! Was ist das? – – – und mir wird sehr übel. (Sie sinkt auf den Sessel zurück)

Ferdinand. Schon? – Über euch Weiber und das ewige Rätsel! Die zärtliche Nerve hält Freveln fest, die die Menschheit an ihren Wurzeln zernagen; ein elender Gran Arsenik wirft sie um –

97

Luise. Gift! Gift! O mein Herrgott!

Ferdinand. So fürcht ich. Deine Limonade war in der Hölle gewürzt. Du hast sie dem Tod zugetrunken.

Luise. Sterben! Sterben! Gott allbarmherziger! Gift in der Limonade und sterben! – O meiner Seele erbarme dich, Gott der Erbarmer!

Ferdinand. Das ist die Hauptsache. Ich bitt ihn auch darum.

Luise. Und meine Mutter – mein Vater – Heiland der Welt! Mein armer, verlorener Vater! Ist keine Rettung mehr? Mein junges Leben und keine Rettung! und muß ich jetzt schon dahin?

Ferdinand. Keine Rettung, mußt jetzt schon dahin – aber sei ruhig. Wir machen die Reise zusammen.

Luise. Ferdinand, auch du! Gift, Ferdinand! Von dir? O Gott, vergiß es ihm – Gott der Gnade, nimm die Sünde von ihm –

Ferdinand. Sieh du nach *deinen* Rechnungen – Ich fürchte, sie stehen übel.

Luise. Ferdinand! Ferdinand! – O – Nun kann ich nicht mehr schweigen – der Tod – der Tod hebt alle Eide auf – Ferdinand – Himmel und Erde hat nichts Unglückseligers als dich – Ich sterbe unschuldig, Ferdinand.

Ferdinand (*erschrocken*). Was sagt sie da? – Eine Lüge pflegt man doch sonst nicht auf *diese* Reise zu nehmen?

Luise. Ich lüge nicht – lüge nicht – hab nur *einmal* gelogen mein Leben lang – Hu! Wie das eiskalt durch meine Adern schauert – – als ich den Brief schrieb an den Hofmarschall –

Ferdinand. Ha! dieser Brief! – Gottlob! jetzt hab ich all meine Mannheit wieder.

Luise (*ihre Zunge wird schwerer, ihre Finger fangen an gichterisch zu zucken*). Dieser Brief – Fasse dich, ein entsetzliches Wort zu hören – Meine Hand schrieb, was mein Herz verdammte – dein Vater hat ihn diktiert.

Ferdinand (*starr und einer Bildsäule gleich, in langer toter Pause hingewurzelt, fällt endlich wie von einem Donnerschlag nieder*).

Luise. O des kläglichen Mißverstands – Ferdinand – Man zwang mich – vergib – deine Luise hätte den Tod vorgezogen – aber mein Vater – die Gefahr – sie machten es listig.

Ferdinand *(schrecklich emporgeworfen).* Gelobet sei Gott! Noch spür ich den Gift nicht. *(Er reißt den Degen heraus)*

Luise *(von Schwäche zu Schwäche sinkend).* Weh! Was beginnst du? Es ist dein Vater –

Ferdinand *(im Ausdruck der unbändigsten Wut).* Mörder und Mördervater! – *Mit* muß er, daß der Richter der Welt nur gegen den Schuldigen rase. *(Will hinaus)*

Luise. Sterbend vergab mein Erlöser – Heil über dich und ihn. *(Sie stirbt)*

Ferdinand *(kehrt schnell um, wird ihre letzte, sterbende Bewegung gewahr und fällt in Schmerz aufgelöst vor der Toten nieder).* Halt! Halt! Entspringe mir nicht, Engel des Himmels! *(Er faßt ihre Hand an und läßt sie schnell wieder fallen)* Kalt, kalt und feucht! Ihre Seele ist dahin. *(Er springt wieder auf)* Gott meiner Luise! Gnade, Gnade dem verruchtesten der Mörder! Es war ihr letztes Gebet! – – Wie reizend und schön auch im Leichnam! Der gerührte Würger ging schonend über diese freundliche Wangen hin – Diese Sanftmut war keine Larve – sie hat auch dem Tod standgehalten. *(Nach einer Pause)* Aber wie? Warum fühl ich nichts? Will die Kraft meiner Jugend mich retten? Undankbare Mühe! Das ist meine Meinung nicht. *(Er greift nach dem Glase)*

LETZTE SZENE

Ferdinand. Der Präsident. Wurm und Bediente, welche alle voll Schrecken ins Zimmer stürzen; darauf Miller mit Volk und Gerichtsdienern, welche sich im Hintergrund sammeln

Präsident *(den Brief in der Hand).* Sohn, was ist das? – Ich will doch nimmermehr glauben –

Ferdinand *(wirft ihm das Glas vor die Füße).* So *sieh,* Mörder!

Präsident *(taumelt hinter sich. Alle erstarren. Eine schröckhafte Pause).* Mein Sohn! Warum hast du mir das getan?

Ferdinand *(ohne ihn anzusehen).* O ja freilich! Ich hätte den Staatsmann erst hören sollen, ob der Streich auch zu seinen Karten passe? – Fein und bewundernswert, ich gestehs, war die Finte, den Bund unsrer Herzen zu zerreißen durch Eifersucht – Die Rechnung hatte ein Meister gemacht, aber schade nur, daß die zürnende *Liebe* dem Draht nicht so gehorsam blieb wie deine hölzerne Puppe.

Präsident *(sucht mit verdrehten Augen im ganzen Kreis herum).* Ist hier niemand, der um einen trostlosen Vater weinte?

Miller *(hinter der Szene rufend).* Laßt mich hinein! Um Gottes willen! Laßt mich!

Ferdinand. Das Mädchen ist eine Heilige – für *sie* muß ein anderer rechten. *(Er öffnet Millern die Türe, der mit Volk und Gerichtsdienern hereinstürzt)*

Miller *(in der fürchterlichsten Angst).* Mein Kind! Mein Kind! – Gift – Gift, schreit man, sei hier genommen worden – Meine Tochter! Wo bist du?

Ferdinand *(führt ihn zwischen den Präsidenten und Luisens Leiche).* Ich bin unschuldig – Danke *diesem* hier.

Miller *(fällt an ihr zu Boden).* O Jesus!

Ferdinand. In wenig Worten, Vater – sie fangen an, mir kostbar zu werden – Ich bin bübisch um mein Leben bestohlen, bestohlen durch *Sie.* Wie ich mit Gott stehe, zittre ich – doch ein Bösewicht bin ich niemals gewesen. Mein ewiges Los falle, wie es will – auf *Sie* fall es nicht – Aber ich hab einen Mord begangen *(mit furchtbar erhobener Stimme)* einen Mord, den *du* mir nicht zumuten wirst, *allein* vor den Richter der Welt hinzuschleppen, feierlich wälz ich dir hier die größte, gräßlichste Hälfte zu, wie du damit zurechtkommen magst, siehe du selber! *(Zu Luisen hinführend)* Hier, Barbar! Weide dich an der entsetzlichen Frucht deines Witzes, auf dieses Gesicht ist mit Verzerrungen dein Name geschrieben, und die Würgengel werden ihn lesen – Eine Gestalt wie diese ziehe den Vorhang von deinem Bette, wenn du schläfst, und gebe dir ihre eiskalte Hand – Eine Gestalt wie diese stehe vor deiner Seele, wenn du stirbst, und dränge dein letztes Gebet weg. – Eine Gestalt wie diese stehe auf deinem Grabe, wenn du auferstehst und – neben Gott, wenn er dich richtet. *(Er wird ohnmächtig, Bediente halten ihn)*

Präsident *(eine schreckliche Bewegung des Arms gegen den Himmel)*. Von mir nicht, von mir nicht, Richter der Welt, fodre diese Seelen von *diesem*! *(Er geht auf Wurm zu)*

Wurm *(auffahrend)*. Von mir?

Präsident. Verfluchter, von dir! Von dir, Satan! – Du, du gabst den Schlangenrat – Über *dich* die Verantwortung – Ich wasche die Hände.

Wurm. Über mich? *(Er fängt gräßlich an zu lachen)* Lustig! Lustig! So weiß ich doch nun auch, auf was Art sich die Teufel danken. – Über mich, dummer Bösewicht? War es *mein* Sohn? War *ich* sein Gebieter? – Über mich die Verantwortung? Ha! bei diesem Anblick, der alles Mark in meinen Gebeinen erkältet! Über mich soll sie kommen! – Jetzt *will* ich verloren sein, aber *du* sollst es mit mir sein – Auf! Auf! Ruft Mord durch die Gassen! Weckt die Justiz auf! Gerichtsdiener, bindet mich! Führt mich von hinnen! Ich will Geheimnisse aufdecken, daß denen, die sie hören, die Haut schauern soll. *(Will gehn)*

Präsident *(hält ihn)*. Du wirst doch nicht, Rasender?

Wurm *(klopft ihn auf die Schultern)*. Ich werde, Kamerad! Ich werde – Rasend bin ich, das ist wahr – das ist dein Werk – so will ich auch jetzt handeln wie ein Rasender – Arm in Arm mit *dir* zum Blutgerüst! Arm in Arm mit *dir* zur Hölle! Es soll mich kitzeln, Bube, mit *dir* verdammt zu sein! *(Er wird abgeführt)*

Miller *(der die ganze Zeit über, den Kopf in Luisens Schoß gesunken, in stummem Schmerze gelegen hat, steht schnell auf und wirft dem Major die Börse vor die Füße)*. Giftmischer! Behalt dein verfluchtes Gold! – Wolltest du mir mein Kind damit abkaufen? *(Er stürzt aus dem Zimmer)*

Ferdinand *(mit brechender Stimme)*. Geht ihm nach! Er verzweifelt – Das Geld hier soll man ihm retten – Es ist meine fürchterliche Erkenntlichkeit. Luise – Luise – Ich komme – – Lebt wohl – – Laßt mich an diesem Altar verscheiden –

Präsident *(aus einer dumpfen Betäubung, zu seinem Sohn)*. Sohn Ferdinand! Soll kein Blick mehr auf einen zerschmetterten Vater fallen? *(Der Major wird neben Luisen niedergelassen)*

Ferdinand. Gott dem Erbarmenden gehört dieser letzte.

Präsident *(in der schrecklichsten Qual vor ihm niederfallend)*. Geschöpf und Schöpfer verlassen mich – Soll kein Blick mehr zu meiner letzten Erquickung fallen?

Ferdinand *(reicht ihm seine sterbende Hand)*.

Präsident *(steht schnell auf)*. Er vergab mir! *(Zu den Andern)* Jetzt euer Gefangener!

(Er geht ab, Gerichtsdiener folgen ihm, der Vorhang fällt)

Noch während er an dem Stück arbeitete, beschäftigten Schiller schon andere Stoffe. Er steckte voller Ideen und Pläne, war unruhig und ungeduldig, konnte sich nicht entscheiden, ob er über den Stauferprinzen Konradin, über *Don Karlos* oder über *Maria Stuart* schreiben sollte, verwarf den Konradin-Plan, stellte *Maria Stuart* zurück, schrieb erste Skizzen zu *Don Karlos*, setzte sich

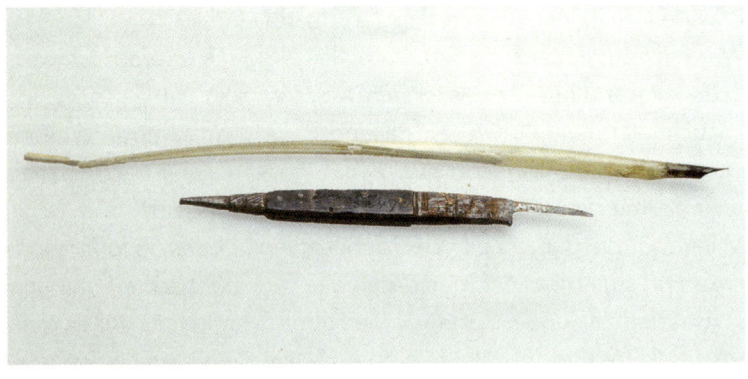

Schillers Schreibfeder

wieder an *Luise Millerin* und notierte: »Ich hätte sie gerne aus dem Kopf, um mich gänzlich in meinen Karlos versenken zu können.«

Trotz aller Arbeit war Schiller in Bauerbach nicht nur Dichter, er war auch ein junger Mann mit Wünschen und Träumen. Schon drei Wochen nach seiner Ankunft besuchte ihn Frau von Wolzogen mit ihrer Tochter Charlotte. Sie war 16 Jahre alt, genauso alt wie Luise Miller und offenbar genauso hübsch. Schiller verliebte sich in sie, was die Mutter gar nicht gern sah. Sie unterstützte zwar den jungen Dichter der *Räuber*, doch als Schwiegersohn wollte sie ihn nicht haben. Ihre Tochter sollte standesgemäß heiraten. Als sie abreisten, ließen sie einen enttäuschten Mann zurück, in dessen Fantasie Charlotte gleichsam zum Engel wurde. »Noch ganz, wie aus den Händen des Schöpfers, unschuldig, die schönste weichste empfindsame Seele, und noch kein Hauch des allgemeinen Verderbnisses am lauteren Spiegel ihres Gemüts.«

Drei Monate später kündigte Frau von Wolzogen ihren nächsten Besuch an, wieder mit Charlotte – und dem Leutnant von Winkelmann, den Schiller noch aus Carlsschulzeiten kannte. Von Eifersucht gepackt schrieb er einen langen Brief an seine Gönnerin und bat sie, diesen Herrn nicht mitzubringen. »Ich will ihm durchaus nichts von seinem Werthe benehmen, denn er hat wirklich einige schäzbare Seiten – aber mein Freund wird er nicht … Besagter Herr« wolle doch nur mitkommen, um zu spionieren, damit er dem Herzog in Württemberg Informationen bringen könne.

Wie die Intriganten in seinen Stücken machte er den Rivalen schlecht und schaffte es, dass der Leutnant nicht mitkam. Der Dichter Schiller war eben auch nur ein Mensch.

Zum wichtigsten Mitmenschen in der Einsamkeit Bauerbachs wurde der 22 Jahre ältere Wilhelm Friedrich Hermann Reinwald, Hofbibliothekar im nahen Meiningen. Dieser gelehrte, vom Leben enttäuschte Mann, war Schillers wichtigster Gesprächs- und Briefpartner und eine Zeit lang sah es so aus, als könnten sie Freunde werden.

Bester Freund,

Ihr vorgestriger Besuch hat eine ganz herrliche Wirkung auf mich gehabt. Ich fühle mich doppelt wieder, und wärmeres Leben ergießt sich durch alle meine Nerven. Meine Lage in dieser Einsamkeit hat meiner Seele das Schicksal eines stehenden Wassers zugezogen, das in Fäulung ginge, wenn es nicht je und je in eine kleine Wallung gebracht würde. Möchte auch ich Ihrem Herzen notwendig werden!

Wenig später, am 14. April 1783, schrieb er einen langen Brief an Reinwald, in dem es zum Schluss heißt:

Ihr letzter Brief, mein Bester, hat Ihnen in meinem Herzen ein unvergeßliches Denkmal gesetzt. Sie sind der edle Mann, der mir so lange gefehlt hat, der es wert ist, daß er mich mitsamt allen meinen Schwächen und zertrümmerten Tugenden besitzt; denn er wird *jene* dulden und *diese* mit einer Träne ehren. Teurer Freund! Ich bin nicht, was ich gewiß hätte werden können. Ich hätte *vielleicht* groß werden können, aber das Schicksal stritte zu früh wider mich. Lieben und schätzen Sie mich wegen dem, was ich unter bessern Sternen geworden wäre, und ehren Sie die Absicht in mir, die die Vorsicht (gemeint ist die Vorsehung) in mir verfehlt hat. Aber bleiben Sie *mein*.

Daraufhin hielt Reinwald in seinem Tagebuch fest: »Heute schloß er mir sein Herz auf, der junge Mann – Schiller – , der so früh schon die Schule des Lebens durchgemacht, und ich habe ihn würdig befunden, mein Freund zu heißen. Ich glaube nicht, daß ich mein Vertrauen einem Unwürdigen geschenkt habe. Es müßte denn alles mich trügen. Es wohnt ein außerordentlicher Geist in ihm, und ich glaube, Deutschland wird einst seinen Namen mit Stolz nennen.«

Der verbitterte Hofbibliothekar blühte noch einmal auf, unterstützte Schiller nach Kräften, versorgte ihn mit Büchern, Papier und Tinte, mit Tabak zum Schnupfen und Rauchen. Doch Schiller merkte bald, dass Reinwald nicht der Geist war, für den er ihn gehalten hatte. Und als der früh gealterte Mann seine Schwester Christophine heiraten wollte, war er dagegen, konnte die Heirat jedoch nicht verhindern. Später schrieb er einmal an Goethe, Reinwald sei »ein fleißiger, nicht ganz ungeschickter Philister, 60 Jahre alt, aus einem kleinen städtischen Ort, durch Verhältniße gedrückt und beschränkt, durch hippochondrische Kränklichkeit noch mehr darnieder gebeugt«. In der Ehe entwickelte er sich zu einem griesgrämigen Haustyrannen, der Schiller bei einem Besuch »wie ein Klotz« auf die Nerven fiel.

Hatte Schiller anfangs von den beinahe paradiesischen Verhältnissen in Bauerbach geschwärmt, so spürte er bald die dörfliche Enge. »Gelegentlich muß ich anmerken, daß ich nunmehr der Meinung bin, daß das Genie, wo nicht *unterdrückt*, doch entsetzlich zurückwachsen, zusammenschrumpfen kann, wenn ihm der Stoß von außen fehlt.«

Für diesen »Stoß von außen« sorgte der treue Freund Andreas Streicher, der in Mannheim die Nachricht verbreitete, Schiller habe nicht nur den *Fiesko* bühnentauglich gemacht, sondern auch ein bürgerliches Trauerspiel geschrieben. Im März 1783 traf ein Brief von Dalberg in Bauerbach ein, in dem sich der Intendant entschuldigte und Interesse an der *Luise Millerin* zeigte. Trotz einiger Vorbehalte entschloss sich Schiller, zu Verhandlungen nach Mannheim zu fahren.

Aufbrüche

Für die Reise nach Mannheim nahm Schiller bei einem Bauerbacher Juden ein Darlehen auf, für das Frau von Wolzogen bürgte. Höchstens sechs Wochen hatte er eingeplant, als er am 24. Juli 1783 abfuhr. Und schon nach einem Tag in Mannheim schrieb er an seine Gönnerin: »Gestehen muß ich Ihnen, daß alles, was mir hier vorkommt und noch vorkommen kann, bei der Vergleichung mit unserm stillen, glücklichen Leben entsetzlich verliert. Sie haben mich einmal verwöhnt, verdorben, sollte ich sagen, daß ich den lebhaftesten Eindrücken der größeren Welt beinahe verschlossen bin. Wenn ich es möglich machen kann, daß ich, ohne einen Schritt in die *Welt* zu tun, 400 Gulden jährlich ziehe, so begrabt man mich noch in Bauerbach. So leer und verdächtig ist mir alles, seit ich von Ihnen bin, und so wenig Geschmack kann ich einer Lebensart abgewinnen, die *Sie* nicht mit mir genießen. Wie froh will ich sein, wenn ich mit einigen guten Aussichten und Geld in der Tasche die Rückreise wieder antreten kann, und wie sehr wird meine Glückseligkeit bei Ihnen durch diesen Ausflug gewonnen haben!«

Doch wieder einmal kam es anders als geplant, aus den sechs Wochen wurden zwei Jahre. Dalberg wusste, dass Schiller nicht mehr verfolgt wurde und von Carl Eugen nichts zu befürchten war. Und da die an seinem Theater zuletzt aufgeführten Stücke nicht gefallen hatten, hoffte der Mannheimer Intendant auf den Dichter der *Räuber*. Nachdem er einige Kostproben aus der *Luise Millerin* gehört hatte, bot er Schiller einen Vertrag als Theaterdichter an. Danach hatte er innerhalb eines Jahres drei bühnenreife Stücke abzuliefern. Dafür sollte er 300 Gulden und die Einnahme von jeweils einer Aufführung erhalten. Schiller unterschrieb den miserablen Vertrag, der ihn viel schlechter stellte als durchschnittliche Schauspieler und Sängerinnen. In geschäftlichen Dingen noch völlig unerfahren, sah er in dem Vertrag und damit in der Arbeit in Mannheim die Chance seines Lebens. »Danken Sie mit mir Gott, meine Beste«, schrieb er an Frau von Wolzogen, »daß er mir hier einen Ausweg eröffnet hat, durch Verbesserung meiner Umstände mich aus dem Wirrwarr meiner Schulden zu reißen und der ehrliche Mann zu bleiben.«

In den ersten Tagen und Wochen genoss Schiller das Leben; er stand spät auf, besuchte tagsüber die Proben im Theater, aß mit den Schauspielern, saß abends mit ihnen beim Wein zusammen und schwärmte für die eine oder andere Schauspielerin. In diesem Milieu fühlte er sich wohl. An den Schreibtisch setzte er sich meistens erst nach Mitternacht.

Diesem frohen Anfang machte das »kalte Fieber«, eine malariaähnliche Seuche, ein Ende. Mehr als ein Drittel der 20 000 Einwohner wurde von ihr erfasst, der Regisseur und Schillerfreund Meyer starb schon nach wenigen Tagen.

Schiller litt wochenlang an Fieberanfällen, konnte das Bett kaum verlassen. Ohne ärztliche Beratung therapierte er sich selbst, und wie! Durch eine rigorose Fastenkur, bei der er nur Wassersuppen, Rüben und Kartoffeln zu sich nahm, wollte er die Seuche besiegen. Um das Fieber zu senken, verordnete er sich außerdem »Chinarinde« und aß sie in solchen Mengen, dass er seinen Magen ruinierte. Vieles spricht dafür, dass dieses »kalte Fieber« und die radikale Behandlungsmethode der Ausgangspunkt für die spätere Kranken- und Leidensgeschichte war. Schiller ahnte es selbst, wie folgende Zeilen aus einem Brief an seine Gönnerin belegen: »Denken Sie sich in meine äußerst anstrengende Situation – um mit Anstand hier zu leben, und die mir vorgesetzte Summe Geld zur Bezahlung meiner Schulden herauszuschlagen – um zugleich die Ungeduldigkeit des Theaters und die Erwartungen des hiesigen Publikums zu befriedigen, habe ich unter meiner Krankheit mit dem Kopf arbeiten müssen und durch starke Portionen China meine wenigen Kräfte so hinhalten müssen, daß mir dieser Winter vielleicht auf zeitlebens ein Stoß versetzte.«

Er glaubte, die Chance seines Lebens nicht verspielen zu dürfen und trotz Krankheit dichten zu müssen. Also arbeitete er zwischen den Fieberanfällen wie besessen.

Einmal überraschten ihn dabei der Verleger Schwan und seine Tochter Luise. »An der Saaltür angekommen, hörten wir ein arges Geschrei, und was sahen wir! In dem ganz finsteren Zimmer brannten zwei Kerzen, auf dem Tisch mit Papieren stand eine Bouteille Burgunder und ein Glas und Schiller rannte in Hemdsärmeln auf und ab, gestikulierte und krakeelte ganz barbarisch. Alle Läden waren geschlossen. Mein Vater rief ihm zu: Aber, lieber Schiller, was treiben Sie denn, daß Sie hausen wie ein Türke und gestern erst das Fieber hatten. Haben Sie deshalb Medizin studiert, um sich mit Gewalt zu ruinieren? – Nachdem Schiller ausgeschnauft hatte, sagte er, drum habe er grade den Mohren am Kragen gehabt – nämlich im *Fiesko*, und er könne nicht begeistert werden, wenn das Tageslicht ihm hereinscheine. – Mein Vater ermahnte ihn sehr, sein Fieber abzuwarten und alle Mohren laufen zu lassen. Was er auch versprach.«

Trotz der widrigen Umstände wurde der *Fiesko* am 11. Januar 1784 uraufgeführt, allerdings ohne Erfolg. »Den *Fiesko* verstand das Publikum nicht. Republikanische Freiheit ist hierzulande ein Schall ohne Bedeutung, ein leerer Name – in den Adern der Pfälzer fließt kein römisches Blut«, schrieb Schiller an Reinwald.

Schon nach drei Aufführungen wurde das Stück abgesetzt und mit den Proben für die *Luise Millerin* begonnen. Schiller war mit den Schauspielern nicht zufrieden, beklagte ihre mangelnde Textsicherheit und ihre eigenwilligen Improvisationen. Dennoch wurde das Stück unter dem Titel *Kabale und Liebe* – den hatte der Schauspieler August Wilhelm Iffland vorgeschlagen – ein schöner Erfolg.

Doch der »republikanische Dichter« erkannte, dass die Mannheimer eine andere Vorstellung vom Theater hatten als er. Für ihn war die Bühne – wie für Lessing – eine »moralische Anstalt«, eine Art »Gerichtshof«, wo die Missstände der Zeit – auf möglichst unterhaltsame Weise – vorgeführt und verurteilt werden sollten. Letztlich war ihm die Bühne ein Mittel, um die Menschen und die Gesellschaft zu verändern. »Richtigere Begriffe, geläuterte Grundsätze, reinere Gefühle fließen durch alle Adern des Volkes; der Nebel der Barbarei, des finstern Aberglaubens verschwindet, die Nacht weicht dem siegenden Licht.«

Das konnte in Mannheim nicht gut gehen. Nach Dalbergs Auffassung konnte ein Dramatiker mit solch idealistischen Ansprüchen auf dem Literaturmarkt des 18. Jahrhunderts nicht bestehen. Deswegen riet er Schiller, sein Brot wieder als Mediziner zu verdienen. Der antwortete ihm und seinen Kritikern am 26. Juni 1784 im Rahmen eines Vortrags: Jeder müsse sich »die Frage beantworten, ob das Geschäft, dem wir jetzt den besten Teil unsrer Geisteskraft hingeben, mit der Würde unsres Geistes sich vertrage ... Dann nur, wenn wir bei uns selbst erst entschieden haben, was wir sind und was wir nicht sind, nur dann sind wir der Gefahr entgangen, von fremdem Urteil zu leiden – durch Bewunderung aufgeblasen oder durch Geringschätzung feig zu werden ... Man verurteilt den jungen Mann, der, gedrungen von innerer Kraft, aus dem engen Körper einer Brotwissenschaft hervortritt und dem Rufe des Gottes folgt, der in ihm ist? – Ist das die Rache der kleinen Geister an dem Genie, dem sie nachzuklimmen versagen? ...

Es ist Verbrechen gegen sich selbst, Mord der Talente, wenn das nämliche Maß von Fähigkeiten, welches dem höchsten Interesse der Menschheit würde gewuchert haben, an einem minder wichtigen Gegenstand undankbar verschwendet wird«.

Er war nicht bereit, seine Fähigkeiten zu verschwenden und die »Idee von Schiller« zu verraten; so konnte es ihn auch nicht überraschen, dass Dalberg den auslaufenden Vertrag nicht verlängerte.

Was sollte er nun tun? In Mannheim bleiben? Zurück nach Bauerbach? Oder wieder nach Stuttgart, was sich seine Familie wünschte? Zu Letzterem hatte er seiner Schwester Christophine schon an Neujahr in einem langen Brief geschrieben:

Meine teuerste Schwester,

ich bekomme gestern Deinen Brief, und da ich über meine Nachlässigkeit, Dir zu antworten, etwas ernsthaft nachdenke, so mache ich mir die bittersten Vorwürfe von der Welt. – Glaube mir, meine Beste, es ist keine Verschlimmerung meines Herzens – denn sosehr auch Schicksale den Charakter verändern können, so bin doch ich mir immerdar gleichgeblieben –, es ist ebensowenig Mangel an Aufmerksamkeit und Wärme für Dich, denn Dein *künftiges Los* hat schon oft meine einsamen Stunden beschäftigt, und wie oft warst Du nicht die Heldin in meinen idealischen Träumen! – Es ist die entsetzliche Zerstreuung, in der ich von Stunde zu Stunde herumgeworfen werde, es ist zugleich auch eine gewisse *Beschämung*, daß ich meine Entwürfe über das Glück der Meinigen und über Deins insbesondere bis jetzt so wenig habe zur Ausführung bringen können. Wie viel bleiben doch unsere Taten unsern Hoffnungen schuldig, und wie oft spottet ein unerklärbares Verhängnis unsers besten Willens! …

Du äußerst in Deinem Briefe den Wunsch, mich auf der Solitüde im Schoß der Meinigen zu sehen, und wiederholst den ehmaligen Vorschlag des lieben Papas, beim Herzog um meine *freie* Wiederkehr in meinem Vaterland einzukommen. Ich kann Dir nichts darauf antworten, Liebste, als daß meine *Ehre* entsetzlich leidet, wenn ich ohne Konnexion mit einem andern Fürsten, ohne Charakter und daurende Versorgung nach meiner einmal geschehenen gewaltsamen Entfernung aus Württemberg mich wieder da blicken lasse. Daß der Papa den *Namen* zu dieser Bitte hergibt, nützt mir wenig; denn jedermann würde doch *mich* als die *Triebfeder* anklagen und jedermann wird, solange ich nicht beweisen kann, daß ich den Herzog von Württemberg nicht mehr brauche, in dieser (mittelbar oder unmittelbar, das ist eins) *erbettelten* Wiederkehr ein Verlangen, in Württemberg unterzukommen, vermuten. Schwester, überdenke die Umstände aufmerksam; denn das Glück Deines Bruders kann durch eine Übereilung in dieser Sache einen ewigen Stoß leiden.

Schiller, Mannheimer Zeit

Ein großer Teil von Deutschland weiß von meinem Verhältnis gegen Euren Herzog und von der Art meiner Entfernung. Man hat sich für mich auf Unkosten des Herzogs interessiert – wie entsetzlich würde die Achtung des Publikums (und diese entscheidet doch mein ganzes zukünftiges Glück), wie sehr würde meine Ehre durch den Verdacht sinken, daß *ich* diese Zurückkunft gesucht – daß meine Umstände mich meinen ehmaligen Schritt zu *bereuen* gezwungen, daß ich die Versorgung, die mir in der großen Welt *fehl-*

geschlagen, aufs neue in meinem Vaterland *suche*. Die offene, edle Kühnheit, die ich bei meiner gewaltsamen Entfernung gezeigt habe, würde den Namen einer kindischen Übereilung, einer dummen Brutalität bekommen, wenn ich sie nicht behaupte.

Stuttgart kam für ihn also nicht infrage, Bauerbach schien ihm inzwischen zu weit ab von der Welt; also blieb er zunächst bei seinem Freund Streicher in Mannheim, obwohl er kein Einkommen hatte und ihn immer höhere Schulden drückten.

Die Lage spitzte sich dramatisch zu, als Frau von Wolzogen und eine Stuttgarter Gläubigerin auf die Rückzahlung der Gelder drängten. Schiller drohte ein Prozess, der ihn ins Gefängnis gebracht hätte. Doch wie immer in aussichtslos scheinenden Situationen bekam er Hilfe; diesmal von seinem Vermieter Anton Hölzel, der seine Ersparnisse als Sicherheit anbot.

Als in Stuttgart bekannt wurde, dass Schiller wegen seiner Schulden beinahe im Gefängnis gelandet wäre, war sein Vater um den guten Ruf der Familie besorgt. Er bezahlte die Stuttgarter Gläubigerin, wobei er bis an die Grenzen seiner finanziellen Möglichkeiten gehen musste. Dann schrieb er seinem Sohn, dass er sehr enttäuscht von ihm sei und in Zukunft nichts mehr für ihn tun könne. Für Schiller war das ein harter Schlag, doch er ging nicht zu Boden. Er wollte allen – nicht zuletzt seinem Vater – beweisen, dass er kein schlechter Kerl war. Also suchte er nach einem Weg, möglichst schnell Geld zu verdienen – und gründete eine eigene Zeitschrift, die sich mit literarischen und philosophischen Themen befasste. In der ersten Ausgabe der *Rheinischen Thalia* stellte er sich den Lesern mit einem bemerkenswerten Selbstbekenntnis vor.

Ich schreibe als Weltbürger, der keinem Fürsten dient. Frühe verlor ich mein Vaterland, um es gegen die große Welt auszutauschen, die ich nur eben durch die Fernröhre kannte. Ein seltsamer Mißverstand der Natur hat mich in meinem Geburtsort zum Dichter verurteilt. Neigung für Poesie beleidigte die Gesetze des Instituts, worin ich erzogen ward, und widersprach dem Plan seines Stifters. Acht Jahre rang mein Enthusiasmus mit der militärischen Regel; aber Leidenschaft für die Dichtkunst ist feurig und stark, wie die *erste* Liebe. Was sie ersticken sollte, fachte sie an. Verhältnissen zu entfliehen, die mir zur Folter waren, schweifte mein Herz in eine *Idealenwelt* aus – aber unbekannt mit der *wirklichen,* von welcher mich eiserne Stäbe schieden – unbekannt mit den *Menschen* – denn die vierhunderte, die mich umgaben, waren ein *einziges* Geschöpf, der getreue Abguß eines und eben dieses Modells, von welchem die plastische Natur sich feierlich lossagte – unbekannt mit den Neigungen freier, sich selbst überlassener Wesen, denn *hier* kam nur *eine* zur Reife, eine, die ich jetzo nicht nennen will; jede übrige Kraft des Willens erschlaffte, indem eine einzige sich konvulsivisch spannte; jede Eigenheit, jede Ausgelassenheit der tausendfach spielenden Natur ging in dem regelmäßigen Tempo der herrschenden Ordnung verloren – unbekannt mit dem schönen Geschlecht – die Tore dieses Instituts öffnen sich, wie man wissen wird, Frauenzimmern nur, ehe sie anfangen interessant zu werden, und wenn sie aufgehört haben es zu sein – unbekannt mit Menschen und Menschenschicksal mußte mein Pinsel notwendig die mittlere Linie zwischen Engel und Teufel verfehlen, mußte er ein Ungeheuer hervorbringen, das zum Glück in der Welt nicht vorhanden war, dem ich nur darum Unsterblichkeit wünschen möchte, um das Beispiel einer Geburt zu verewigen, die der naturwidrige Beischlaf der *Subordination* und des *Genius* in die Welt setzte. – Ich meine die »Räuber«.

Dies Stück ist erschienen. Die ganze sittliche Welt hat den Verfasser als einen Beleidiger der Majestät vorgefodert – Seine ganze Verantwortung sei das *Klima,* unter dem es geboren ward. Wenn von allen den unzähligen Klagschriften gegen die Räuber eine einzige *mich* trifft, so ist es diese, daß ich zwei Jahre vorher mich anmaßte, Menschen zu schildern, ehe mir noch einer begegnete.

Die Räuber kosteten mir Familie und Vaterland – – In einer Epoche, wo noch der Ausspruch der Menge unser schwankendes Selbstgefühl lenken muß, wo das warme Blut eines Jünglings durch den freundlichen Sonnenblick des Beifalls munterer fließt, tausend einschmeichelnde Ahndungen künftiger Größe seine schwindelnde Seele umgeben und der göttliche Nachruhm in schöner Dämmerung vor ihm liegt – mitten im Genuß des ersten verführerischen Lobes, das ungehofft und unverdient aus entlegenen Provinzen mir entgegenkam, untersagte man mir in meinem Geburtsort bei Strafe der Festung – zu *schreiben*. Mein Entschluß ist bekannt – ich verschweige das übrige, weil ich es in keinem Falle für anständig halte, gegen denjenigen mich zu stellen, der bis dahin mein Vater war. Mein Beispiel wird kein Blatt aus dem Lorbeerkranz dieses Fürsten reißen, den die Ewigkeit nennen wird. Seine Bildungschule hat das Glück mancher Hunderte gemacht, wenn sie auch gerade das meinige verfehlt haben sollte.

Nunmehr sind alle meine Verbindungen aufgelöst. Das Publikum ist mir jetzt alles, mein Studium, mein Souverain, mein Vertrauter. Ihm allein gehör ich jetzt an. Vor diesem und keinem andern Tribunal werde ich mich stellen. Dieses nur fürchte ich und verehr ich. Etwas Großes wandelt mich an bei der Vorstellung, keine andere Fessel zu tragen als den Ausspruch der Welt – an keinen andern Thron mehr zu appellieren als an die menschliche Seele.

Die Zeitschrift wurde ein Flop und Schiller hatte noch mehr Schulden.

Neben dem Misserfolg und den Geldsorgen gab es auch noch Probleme mit dem »schönen Geschlecht«. Als Schiller Bauerbach verließ, trug er noch Charlotte von Wolzogen im Herzen. In Mannheim begegnete er dann verschiedenen jungen Frauen, die ihm gefielen, darunter die Verlegertochter Margaretha Schwan, um die Schiller bei ihrem Vater warb – ein Verhalten, das den großen Unterschied zwischen dem Mann Schiller und dem Dichter Schiller deutlich machte. Als Dichter ließ er den Musikus Miller spöttisch zum Sekretär Wurm sagen: »Einem Liebhaber, der den Vater zu Hilfe ruft, trau ich – erlauben Sie, – keine hohle Haselnuß zu. Ist er was, so wird er sich schämen, seine Talente durch diesen altmodischen Kanal vor seine Liebste zu bringen – Hat er's Courage nicht, so ist er ein Hasenfuß, und für den sind keine Luisen gewachsen.«

Vater Schwan gab dem jungen Dichter den Rat, sich direkt an Margaretha zu wenden. Warum er das nicht tat, kann man nur vermuten. Wahrscheinlich fühlte er sich Frauen gegenüber einfach zu unsicher, denn außer der kurzen Stuttgarter Zeit als Regimentsmedicus hatte er kaum Gelegenheit gehabt, Erfahrungen zu sammeln. Die Unsicherheit im Umgang mit Frauen zeigte auch sein Verhalten gegenüber der Schauspielerin Katharina Baumann. Ihr schenkte er als Zeichen seiner Zuneigung im Januar 1785 ein Miniaturbild von sich. Völlig überrascht fragte sie, was sie damit solle. Schiller habe »auf gut schwäbisch sehr verlegen« geantwortet: »Hm, ja sehed Se, i bin a kurioser Kauz, des kann i Ehna au ned saga.«

Zur wichtigsten Frau während der Mannheimer Zeit wurde die 23-jährige Charlotte von Kalb. Sie war mit dem viel älteren Major von Kalb verheiratet und hat ihre Entwicklung in der Ehe in folgende vier Begriffe gefasst: Sturm – Entlaubung – Frost – Erstarren.

Sie schwärmte für den Dichter, fühlte sich ihm seelenverwandt. Bald war er Dauergast im Hause Kalb, während der Major die Gesellschaft seiner Männerrunde vorzog. Zum ersten Mal begegnete Schiller in Charlotte einer selbstständig denkenden Frau von intellektuellem Format und großem Kunstverstand. Mit ihr unterhielt er sich über Themen der Zeit ebenso wie über seine Arbeit; ihr las er aus dem *Karlos*-Manuskript vor, wobei es ihr gelang, ihm nach und nach eine gemäßigtere und wirkungsvollere Vortragsweise anzugewöhnen – sehr zu seinem Nutzen! Sie ließ auch ihre Beziehungen spielen und verhalf Schiller unter anderem zu einer Lesung aus dem *Karlos* am Darmstädter Hof. Unter den Zuhörern befand sich der Weimarer Herzog Carl August. Gleich am nächsten Morgen empfing er Schiller zu einer kurzen Audienz und ernannte ihm zum »Weimarischen Rat«. Der Titel brachte zwar nichts ein, doch als Zeichen der Anerkennung tat er dem in dieser Hinsicht nicht gerade verwöhnten Dichter gut.

Charlotte von Kalb

Die Frau, der er das zu verdanken hatte, bedeutete ihm mehr als die anderen. Von ihr hat er auch gelernt, die Mädchen und Frauen in seinen Stücken differenzierter zu gestalten; die Königin und Prinzessin Eboli im *Don Karlos* tragen Züge von ihr. Doch das Verhältnis zu Charlotte von Kalb wurde immer komplizierter. Sie fühlten sich zueinander hingezogen und litten beide darunter, weil sie gebunden war. Beide spürten schmerzlich die Diskrepanz von »Sinnenglück und Seelenfrieden«. Diese Erfahrung floss auch in *Don Karlos* ein. Karlos liebt Elisabeth, die aus Gründen der Staatsraison mit seinem Vater verheiratet wird. Doch Karlos liebt sie auch als seine Stiefmutter und Königin. Er schleicht sich verbotenerweise zu ihr.

ERSTER AKT. FÜNFTER AUFTRITT

Die Königin. Karlos
(Marquis von Posa und die Marquisin von Mondekar
treten nach dem Hintergrunde zurück)

Karlos *(vor der Königin niedergeworfen).*
 So ist er endlich da, der Augenblick,
 Und Karl darf diese teure Hand berühren! –
Königin. Was für ein Schritt – welch eine strafbare,
 Tollkühne Überraschung! Stehn Sie auf!
 Wir sind entdeckt. Mein Hof ist in der Nähe.
Karlos. Ich steh nicht auf – hier will ich ewig knien.
 Auf diesem Platz will ich verzaubert liegen,
 In dieser Stellung angewurzelt –
Königin.   Rasender!
 Zu welcher Kühnheit führt Sie meine Gnade?
 Wie? Wissen Sie, daß es die Königin,
 Daß es die Mutter ist, an die sich diese
 Verwegne Sprache richtet? Wissen Sie,
 Daß ich – ich selbst von diesem Überfalle
 Dem Könige –
Karlos.   Und daß ich sterben muß!
 Man reiße mich von hier aufs Blutgerüste!
 Ein Augenblick, gelebt im Paradiese,
 Wird nicht zu teuer mit dem Tod gebüßt.
Königin. Und Ihre Königin?
 (…)
Karlos. Sie haben nie geliebt?

Königin.   Seltsame Frage!

Karlos. Sie haben nie geliebt?

Königin.   – Ich liebe nicht mehr.

Karlos. Weil es Ihr Herz? weil es Ihr Eid verbietet?

Königin. Verlassen Sie mich, Prinz, und kommen Sie
  Zu keiner solchen Unterredung wieder.

Karlos. Weil es Ihr Eid? weil es Ihr Herz verbietet?

Königin. Weil meine Pflicht – – Unglücklicher, wozu
  Die traurige Zergliederung des Schicksals,
  Dem Sie und ich gehorchen müssen?

Karlos.   Müssen?
  Gehorchen müssen?

Königin.   Wie? Was wollen Sie
  Mit diesem feierlichen Ton?

Karlos.   So viel,
  Daß Karlos nicht gesonnen ist, zu müssen,
  Wo er zu wollen hat; daß Karlos nicht
  Gesonnen ist, der Unglückseligste
  In diesem Reich zu bleiben, wenn es ihn
  Nichts als den Umsturz der Gesetze kostet,
  Der Glücklichste zu sein.

Königin.   Versteh ich Sie?
  Sie hoffen noch? Sie wagen es, zu hoffen,
  Wo alles, alles schon verloren ist?

Karlos. Ich gebe nichts verloren als die Toten.

Wie Karlos konnte Schiller so nicht weiterleben. In dieser Situation erinnerte er sich an ein Päckchen, das er von vier jungen Leuten aus Leipzig erhalten hatte. Es enthielt eine seidene Brieftasche, vier Porträtzeichnungen, eine Komposition zu den »Räubern« und einen Brief des 28-jährigen Christian Gottfried Körner. Dieser wohlhabende und hochgebildete Jurist interessierte sich für alle Künste, in seiner Freizeit komponierte er und schrieb poetische Texte. Er war mit der 22-jährigen Minna Stock verlobt, von deren

Schwester Dora die Porträts stammten. Sie hatte sich in den vier Jahre jüngeren 20-jährigen Ludwig Ferdinand Huber verliebt, der musische Talente besaß, dem es jedoch am notwendigen Fleiß fehlte.

Allen vier gemeinsam war die Begeisterung für den Dichter der *Räuber*. In dem Brief schrieb Körner, dass sie Schiller für dieses mutige Werk dankten und bewunderten. Sie wollten ihn stärken, »wenn ihn etwa der Zweifel müde machte, ob seine Zeitgenoßen werth wären, daß er für sie arbeitete«.

Am 10. Februar 1785 antwortete Schiller:

Wenn Sie mit einem Menschen vorliebnehmen wollen, der *große* Dinge im Herzen herumgetragen und *kleine* getan hat; der bis jetzt nur aus seinen *Torheiten* schließen kann, daß die Natur ein eignes Projekt mit ihm vorhatte; der in seiner Liebe schrecklich viel *fordert* und bis hieher noch nicht einmal weiß, wie viel *er* leisten kann; der aber etwas anders mehr lieben *kann* als sich selbst und keinen nagenderen Kummer hat, als daß er das so wenig ist, was er so gern sein möchte – wenn Ihnen ein Mensch wie dieser lieb und teuer werden kann, so ist unsre Freundschaft ewig, denn ich *bin* dieser Mensch. Vielleicht, daß Sie *Schillern* noch ebenso gut sind wie heute, wenn Ihre Achtung für den *Dichter* schon längst widerlegt sein wird …

Ihre liebevollen Geständnisse trafen mich in einer Epoche, wo ich das Bedürfnis eines Freundes lebhafter

Schiller brach mitten im Satz ab und schrieb erst nach zwölf Tagen weiter. Dazwischen lag wohl eine in jeder Hinsicht leidenschaftliche Auseinandersetzung mit Charlotte von Kalb.

22. Februar

als jemals fühlte. (Hier bin ich neulich durch einen unvermuteten Besuch unterbrochen worden, und diese zwölf Tage ist eine Revolution mit mir und in mir vorgegangen, die dem gegenwärtigen Briefe mehr Wichtigkeit gibt, als ich mir habe träumen lassen – die

Epoche in meinem Leben macht.) Ich kann nicht mehr in Mannheim bleiben. In einer unnennbaren Bedrängnis meines Herzens schreibe ich Ihnen, meine Besten. Ich kann nicht mehr hierbleiben. Zwölf Tage habe ich's in meinem Herzen herumgetragen wie den Entschluß, aus der Welt zu gehn. Menschen, Verhältnisse, Erdreich und Himmel sind mir zuwider. Ich habe keine Seele hier, keine einzige, die die Leere meines Herzens füllte, keine Freundin, keinen Freund; und was mir *vielleicht* noch teuer sein könnte, davon scheiden mich Konvinienz und Situation. – Mit dem Theater habe ich meinen Kontrakt aufgehoben, also die ökonomische Rücksicht meines hiesigen Aufenthalts bindet mich nicht mehr. Außerdem verlangt es meine gegenwärtige Konnexion mit dem guten Herzog von Weimar, daß ich selbst dahin gehe und persönlich für mich negoziiere, so armselig ich mich auch sonst bei solcherlei Geschäften benehme. Aber vor allem andern, lassen Sie mich's frei heraussagen, meine Teuersten, und lächeln Sie auch meinetwegen über meine Schwächen – ich *muß* Leipzig und Sie besuchen. Oh, meine Seele dürstet nach *neuer* Nahrung – nach *bessern* Menschen – nach *Freundschaft, Anhänglichkeit* und *Liebe* …

Ich war noch nicht glücklich, denn Ruhm und Bewunderung und die ganze übrige Begleitung der Schriftstellerei wägen auch nicht *einen* Moment auf, den Freundschaft und Liebe bereiten – das Herz darbt dabei.

Werden Sie mich wohl aufnehmen?

Um überhaupt nach Leipzig zu kommen, brauchte Schiller erst mal Geld. In einem umständlich formulierten, nicht ganz ehrlichen Brief bat er Huber, ihm doch von einem Leipziger Buchhändler einen Vorschuss auf die nächsten Hefte der *Thalia* zu beschaffen. Körner ließ ihm umgehend die gewünschte Summe schicken. Damit konnte Schiller gleich noch einen Teil seiner Schulden bezahlen, bevor er Mannheim am 9. April 1785 verließ.

Neue Freunde

Nach acht Tagen kam Schiller »zerstört und zerschlagen« in Leipzig an. Da sich Körner beruflich in Dresden aufhielt, wurde er von Huber begrüßt. Die Schwestern Stock sahen der ersten Begegnung mit Herzklopfen entgegen, wie Minna später erzählte: »Wir waren fast mehr von Furcht als von Freude bewegt, als Huber uns den Besuch Schillers ankündigte, denn wir konnten uns den Dichter der Räuber, trotz seiner ›Entzückung an Laura‹, gar nicht anders als im Wesen und Anzug wie einen Karl Moor oder wie einen von dessen Gefährten aus den böhmischen Wäldern vor-stellen, mit Kanonenstiefeln und Pfundsporen, den rasselnden Schleppsäbel an der Seite. Wie sehr waren wir überrascht, als uns Huber einen blonden, blauäugigen, schüchternen jungen Mann vorstellte, dem die Tränen in den Augen standen und der kaum wagte, uns anzureden. Doch schon bei diesem ersten Besuch legte sich die Befangenheit, und er konnte uns nicht oft genug wiederholen, wie dankbar er es anerkenne, dass wir ihn zum glücklichsten Menschen unter der Sonne gemacht hätten.«

Schiller bekam ein möbliertes Zimmer und genoss die Bemutterung durch die »lieben Weiberchen«, wie er Dora und Minna Stock bald nannte. Nach einer Woche in »Klein-Paris« schrieb er an Schwan: »Meine angenehmste Erholung ist bisher gewesen, Richters Kaffeehaus zu besuchen, wo ich immer die halbe Welt Leipzigs beisammen finde und meine Bekanntschaften mit Einheimischen und Freunden erweitere.« Schiller wusste, dass Beziehungen wichtig waren, und fühlte sich auch geschmeichelt, wenn er im Mittelpunkt einer neugierigen Runde stand. Andererseits gingen ihm die meisten Leute schnell auf die Nerven, »weil sie wie Geschmeißfliegen um Schriftsteller herumsumsen, einen wie ein Wundertier angaffen und sich obendrein gar, einiger vollgekleckster Bogen wegen, zu Kollegen aufwerfen«.

Eine neue Mode der besseren Leipziger Gesellschaft war, den

Sommer ganz oder teilweise auf dem Land zu verbringen. Im Mai zog Schiller mit Huber und den Stock-Schwestern nach Gohlis, einem Dorf nahe der Stadt. Dort wohnte er in einem kleinen Zimmer unter dem Dach eines Bauernhauses. Das Bett in dem dazugehörigen Schlafstübchen war so kurz, dass der »sechs Fuß und zwei Zoll« (etwa 1,90 Meter) lange Schiller sich darin nicht ausstrecken konnte. Und in diese Behausung bekam er Ende Mai noch einen Mitbewohner, den drei Jahre jüngeren Georg Joachim Göschen. Göschen hatte kurz zuvor mit Körners Unterstützung einen Verlag gegründet und wurde Schillers Freund und sein Verleger. »Ich habe mit Schillern ein halbes Jahr auf einer Stube gewohnt, und er hat mir die zärtlichste Achtung und Freundschaft eingeflößt. Es ist mir sein sanftes Betragen und die sanfte Stimmung seiner Seele im geselligen Zirkel, verglichen mit den Produkten seines Geistes, ein großes Rätsel. Ich kann Ihnen nicht sagen, wie nachgebend und dankbar er gegen jede Kritik ist, wie sehr er an seiner moralischen Vollkommenheit arbeitet und wie viel Hang er zum anhaltenden Denken hat ... Dieser Schiller hat mich (und die anderen Freunde) oft mit dem größten Ernst, mit hinreißender Beredsamkeit, mit Tränen in den Augen ermuntert, ja alle unsere Kräfte, ein jeder in seinem Fache, anzuwenden, um Menschen zu werden, die die Welt einmal ungern verlieren möchte. Wir alle haben ihm viel zu verdanken. Und in der Stunde des Todes werde ich mich seiner mit Freude erinnern.«

Umgeben und unterstützt von neuen Freunden fühlte sich Schiller in Gohlis wohl. Er fand einen völlig neuen Lebensrhythmus: Schon bei Sonnenaufgang stand er auf und wanderte, oft nur mit einem Schlafrock bekleidet, rund zwei Stunden über Wiesen und Felder. Dabei entwickelte er Ideen und Szenen für *Don Karlos*, die er dann mit Göschen diskutierte.

Vormittags schrieb er nieder, worüber er nachgedacht hatte. Wenn das Wetter es zuließ, tat er das am liebsten im Freien. An den Nachmittagen ging er öfter spazieren, und die Abende verbrachte er mit Freunden und Bekannten in geselliger Runde. Bei allem achtete er wenig auf sein Äußeres, wie eine Bekannte missbilligend notierte: »Schillers gewöhnliche Kleidung bestand in einem dürftigen grauen Rock und der Zubehör entsprach in Stoff und Anordnung keineswegs auch nur den bescheidensten Anforderungen des Schönheitssinnes. Neben diesen Mängeln der Toilette machte seine reizlose Gestalt und der häufige Gebrauch des Spanioltabaks einen ungünstigen Eindruck.«

Zu Hause trug er oft den ganzen Tag einen Morgenmantel, frisierte und rasierte sich nicht. Schillers ungepflegte Erscheinung sowie sein starkes Schnupfen und Rauchen störte viele Menschen in seinem jeweiligen Umfeld, doch die meisten sahen es ihm als Dichter-Marotten nach.

Am 1. Juli 1785 traf Schiller endlich Körner, nachdem sie sich bisher nur geschrieben hatten. Doch schon in ihren Briefen waren sie sich so nahe gekommen, dass Körner Schiller das brüderliche *Du* angeboten hatte. Bei dieser ersten Begegnung in einem großen Kreis ergab sich keine Gelegenheit zu einem vertraulichen Gespräch. Sie mussten also vorerst weiter brieflich kommunizieren. »Ich habe Lust, Dir heute recht viel zu schreiben; denn mein Herz ist voll«, begann Schiller seinen siebenseitigen Brief vom 3. Juli. In feierlichem, ja pathetischem Ton besang er ihre »innige Verkettung«: »Unserer heiligen Freundschaft allein war es vorbehalten, uns *groß* und *gut* und *glücklich* zu machen. Die gütige Vorsehung, die meine leisesten Wünsche hörte, hat mich *Dir* in die Arme geführt, und ich hoffe, auch Dich *mir*.«

Im zweiten Teil des Briefes klagte Schiller – wieder sehr verklausuliert – über seine materiellen Probleme, was ihm spürbar peinlich war. Körner antwortete und machte Schiller in seiner überaus taktvollen Art folgendes Angebot: »Wenn ich noch so reich wäre, und Du ganz überzeugt sein könntest, welch ein geringes Object es für mich wäre, Dich aller Nahrungssorgen auf Dein ganzes Leben zu überheben: so würde ich es doch nicht wagen, Dir eine solche Anerbietung zu machen. Ich weiß, daß Du im Stande bist, sobald Du nach Brod arbeiten willst, Dir alle Deine Bedürfnisse zu

Christian Gottfried Körner

verschaffen. Aber ein Jahr wenigstens laß mir die Freude, Dich aus der Nothwendigkeit des Brodverdienens zu setzen ... Auch kannst Du mir meinethalben nach ein paar Jahren alles wieder mit Zinsen zurückgeben, wenn Du im Ueberfluß bist.«

Schiller nahm das großzügige Angebot mit »Freimütigkeit und Freude« an. »Deine Freundschaft und Güte bereitet mir ein Elysium. Durch Dich, teurer Körner, kann ich vielleicht noch werden, was ich je zu werden verzagte.« Schiller genoss das bisher unbekannte Gefühl, ohne finanzielle Sorgen leben und arbeiten zu können.

Am 7. August heiratete Körner seine Verlobte Minna Stock und zog mit ihr nach Dresden. Beim Abschied stürzte Schiller vom Pferd und verletzte sich an der Hand, sodass er vier Wochen lang nicht schreiben konnte. Seine Stimmung verschlechterte sich zusehends und am 6. September schrieb er nach Dresden: »Mein bisheriges Dasein in Gohlis war einsiedlerisch, traurig und leer. Die Natur selbst war nicht mehr schön – düstere, feindselige Herbsttage mußten sich mit Eurem Abschied verschwören, mir den Aufenthalt hier schmerzlicher und schwerer zu machen. Was soll ich denn auch hier?«

Wieder wurde sein »Hilferuf« erhört – schon fünf Tage später reiste er dem frisch vermählten Paar hinterher.

Mindestens so bemerkenswert wie die Körner'sche Großzügigkeit ist die Selbstverständlichkeit, mit der Schiller sie, wenn nicht forderte, so doch annahm.

Göttliche Tage

Am Tag nach der Ankunft in Körners Weinberghäuschen in Dresden-Loschwitz schrieb Schiller an Huber den vielleicht heitersten Brief seines Lebens:

Was bisher meine heißesten Wünsche erzielten, habe ich nun endlich erlangt. Ich bin *hier,* im Schoße unserer Lieben, aufgehoben wie im Himmel … Der gestrige Abend hier auf dem Weinberge war mir ein Vorgeschmack von allen folgenden. Während Dorchen und Minna auspackten und im Hause sich beschäftigten, hatten Körner und ich philosophische Gespräche … O liebster Freund, das sollen göttliche Tage werden.

Diese Nacht habe ich zum ersten Mal unter einem Dache mit unseren Lieben geschlafen. Minna ist ein so liebes Hausweibchen.

Löschwitzer Weinberghäuschen

Sie haben mich gestern Nacht in Prozession auf mein Zimmer gebracht, wo ich alles zu meiner Bequemlichkeit bereitet fand. Heute beim Erwachen hörte ich über mir auf dem Klaviere spielen. Du glaubst nicht, wie mich das belebte.

Schiller fühlte sich so wohl, dass er am liebsten die ganze Welt umarmt hätte. In dieser euphorischen Stimmung tat er es indirekt mit seiner Ode »An die Freude«.

> Freude, schöner Götterfunken,
> Tochter aus Elysium,
> Wir betreten feuertrunken
> Himmlische, dein Heiligtum.
> Deine Zauber binden wieder,
> Was der Mode Schwert geteilt;
> Bettler werden Fürstenbrüder,
> Wo dein sanfter Flügel weilt.
>
> **Chor**
> Seid umschlungen, Millionen!
> Diesen Kuß der ganzen Welt!
> Brüder – überm Sternenzelt
> Muß ein lieber Vater wohnen.
>
> Wem der große Wurf gelungen,
> Eines Freundes Freund zu sein;
> Wer ein holdes Weib errungen,
> Mische seinen Jubel ein!
> Ja – wer auch nur *eine* Seele
> *Sein* nennt auf dem Erdenrund!
> Und wers nie gekonnt, der stehle
> Weinend sich aus diesem Bund!

Chor

Was den großen Ring bewohnet,
Huldige der Sympathie!
Zu den Sternen leitet sie,
Wo der *Unbekannte* thronet.

Freude trinken alle Wesen
An den Brüsten der Natur,
Alle Guten, alle Bösen
Folgen ihrer Rosenspur.
Küsse gab sie *uns* und *Reben,*
Einen Freund, geprüft im Tod.
Wollust ward dem Wurm gegeben,
Und der Cherub steht vor Gott.

Chor

Ihr stürzt nieder, Millionen?
Ahndest du den Schöpfer, Welt?
Such ihn überm Sternenzelt,
Über Sternen muß er wohnen.
(…)

Festen Mut in schwerem Leiden,
Hülfe, wo die Unschuld weint,
Ewigkeit geschwornen Eiden,
Wahrheit gegen Freund und Feind,
Männerstolz vor Königsthronen –
Brüder, gält es Gut und Blut –
Dem Verdienste seine Kronen,
Untergang der Lügenbrut!

Chor

Schließt den heilgen Zirkel dichter,
Schwört bei diesem goldnen Wein:

Dem Gelübde treu zu sein,
Schwört es bei dem Sternenrichter!

Rettung von Tyrannenketten,
Großmut auch dem Bösewicht,
Hoffnung auf den Sterbebetten,
Gnade auf dem Hochgericht!
Auch die Toten sollen leben!
Brüder trinkt und stimmet ein,
Allen Sündern soll vergeben,
Und die Hölle nicht mehr sein.

In dieser Hymne, die durch Beethovens Musik um die Welt getragen wurde und wird, findet sich alles, was den jungen Schiller ausmachte: Die Sehnsucht nach Liebe und Geborgenheit ebenso wie der Wunsch nach Kraft und Größe, um die hohen Ideale von einer brüderlichen Welt verwirklichen zu können.

Darum ging es ihm auch im *Don Karlos*, an dem er in Loschwitz wieder arbeitete. Selbst wenn er dabei gestört wurde, was öfter vorkam, reagierte er nicht missmutig, dafür war die Stimmung zu unbeschwert. Seit dem studentenähnlichen Leben in Stuttgart war Schiller nicht mehr so fröhlich und ausgelassen gewesen. Im folgenden Gedicht aus jenen Tagen zeigte er einen bis dahin nicht gekannten Humor:

Untertänigstes Pro-Memoria
an die Consistorialrat Körnerische weibliche Waschdeputation in Loschwitz eingereicht von einem
niedergeschlagenen Trauerspieldichter

Bittschrift

Dumm ist mein Kopf und schwer wie Blei,
Die Tobaksdose ledig,
Mein Magen leer – der Himmel sei
Dem Trauerspiele gnädig.

Ich kratze mit dem Federkiel
Auf den gewalkten Lumpen;
Wer kann Empfindung und Gefühl
Aus hohlem Herzen pumpen?

Feur soll ich gießen aufs Papier
Mit *angefrornem* Finger? – –
O Phöbus, hassest du Geschmier,
So wärm auch deine Sänger.

Die Wäsche klatscht vor meiner Tür,
Es scharrt die Küchenzofe –
Und mich – mich ruft das Flügeltier
Nach König Philipps Hofe.

Ich steige mutig auf das Roß;
In wenigen Sekunden
Seh ich Madrid – am Königsschloß
Hab ich es angebunden.

Ich eile durch die Galerie
Und – siehe da! – belausche
Die junge Fürstin Eboli
In süßem Liebesrausche.

Jetzt sinkt sie an des Prinzen Brust,
Mit wonnevollem Schauer,
In *ihren* Augen Götterlust,
Doch in den *seinen* Trauer.

Schon ruft das schöne Weib Triumph,
Schon hör ich – Tod und Hölle!
Was hör ich? – einen nassen Strumpf
Geworfen in die Welle.

Und weg ist Traum und Feerei,
Prinzessin, Gott befohlen!
Der Teufel soll die Dichterei
Beim Hemderwaschen holen.

Ende Oktober zog man vom Loschwitzer Weinberg in die Stadt,
wo Schiller zusammen mit Huber einen Junggesellenhaushalt führte. Körners wohnten schräg gegenüber und der Kontakt zwischen
ihnen blieb eng. Knapp zwei Jahre ermöglichte Körner seinem
Freund Schiller, der sich nur wenig Honorar erschrieb, ein Leben
als freier Autor. Doch die Freiheit beflügelte den Dichter nicht im
erhofften Maße, vielmehr verzettelte er sich. Neben der Arbeit am
Karlos schrieb er Gelegenheitsgedichte, beschäftigte sich mit weiteren Ausgaben der *Thalia*, plante neue Projekte und verwarf sie
wieder.

In langen Gesprächen mit dem sehr belesenen und gebildeten
Körner wurde Schiller bewusst, welch große Lücken er noch hatte.
»Ich fühle es schmerzlich, daß ich noch erstaunlich viel zu lesen
habe, säen muß, um zu ernten.«

Trotz seiner Unruhe und der Suche nach Neuem hat Schiller den
schon in Bauerbach begonnenen *Don Karlos* in Dresden zu Ende
gebracht. Nach Vorabdrucken in der *Thalia* erschien die Buchausgabe im Juni 1787 bei Göschen, uraufgeführt wurde das Stück
am 29. August in Hamburg.

Don Karlos ist Schillers persönlichstes Drama. Wie in die Ode
»An die Freude« floss die beglückende Erfahrung der Freundschaft
im »Körner-Kreis« mit ein und führte zu dem bisweilen hohen Ton.
Ohne die problematische Beziehung mit Charlotte von Kalb hätten
vermutlich die Königin und Prinzessin Eboli anders ausgesehen.
Wenn Karlos über sein Schicksal und sein Versagen klagt, glaubt
man den Dichter selbst zu hören: »23 Jahre, und nichts für die Unsterblichkeit getan!«

Neben dem klagenden, unzufriedenen Schiller gab es auch den
Idealisten und Revolutionär, der sich mit den Gegebenheiten nicht

abfinden wollte. Mit dem Marquis von Posa schuf er eine Figur, die zentrale Gedanken der Aufklärung auf die Bühne brachte und zwei Jahre vor der Französischen Revolution Freiheit, Gleichheit, Brüderlichkeit forderte.

DRITTER AKT. ZEHNTER AUFTRITT

Marquis.   Ich höre, Sire, wie klein,
   Wie niedrig Sie von Menschenwürde denken,
   Selbst in des freien Mannes Sprache nur
   Den Kunstgriff eines Schmeichlers sehen, und
   Mir deucht, ich weiß, wer Sie dazu berechtigt.
   Die Menschen zwangen Sie dazu; die haben
   Freiwillig ihres Adels sich begeben,
   Freiwillig sich auf diese niedre Stufe
   Herabgestellt. Erschrocken fliehen sie
   Vor dem Gespenste ihrer innern Größe,
   Gefallen sich in ihrer Armut, schmücken
   Mit feiger Weisheit ihre Ketten aus,
   Und Tugend nennt man, sie mit Anstand tragen.
   So überkamen Sie die Welt. So ward
   Sie Ihrem großen Vater überliefert.
   Wie könnten Sie in dieser traurigen
   Verstümmlung – Menschen ehren?
König.   Etwas Wahres
   Find ich in diesen Worten.
Marquis.   Aber schade!
   Da Sie den Menschen aus des Schöpfers Hand
   In Ihrer Hände Werk verwandelten
   Und dieser neugegoßnen Kreatur
   Zum Gott sich gaben – da versahen Sie's
   In etwas nur: Sie blieben selbst noch Mensch –
   Mensch aus des Schöpfers Hand. Sie fuhren fort,
   Als Sterblicher zu leiden, zu begehren;

132

Sie brauchen Mitgefühl – und einem Gott
Kann man nur opfern – zittern – zu ihm beten!
Bereuenswerter Tausch! Unselige
Verdrehung der Natur! – Da Sie den Menschen
Zu Ihrem Saitenspiel herunterstürzten,
Wer teilt mit Ihnen Harmonie?

König. (Bei Gott,
Er greift in meine Seele!)

Marquis. Aber Ihnen
Bedeutet dieses Opfer nichts. Dafür
Sind Sie auch einzig – Ihre eigne Gattung –
Um diesen Preis sind Sie ein Gott. – Und schrecklich,
Wenn das nicht wäre – wenn für diesen Preis,
Für das zertretne Glück von Millionen,
Sie nichts gewonnen hätten! wenn die Freiheit,
Die Sie vernichteten, das einzge wäre,
Das Ihre Wünsche reifen kann? – Ich bitte,
Mich zu entlassen, Sire. Mein Gegenstand
Reißt mich dahin. Mein Herz ist voll – der Reiz
Zu mächtig, vor dem Einzigen zu stehen,
Dem ich es öffnen möchte.

*(Der Graf von Lerma tritt herein und spricht einige Worte leise mit
dem König. Dieser gibt ihm einen Wink, sich zu entfernen, und
bleibt in seiner vorigen Stellung sitzen)*

König *(zum Marquis, nachdem Lerma weggegangen).*
Redet aus!

Marquis *(nach einigem Stillschweigen).*
Ich fühle, Sire, – den ganzen Wert –

König. Vollendet!
Ihr hattet mir noch mehr zu sagen.

Marquis. Sire!
Jüngst kam ich an von Flandern und Brabant. –
So viele reiche, blühende Provinzen!
Ein kräftiges, ein großes Volk – und auch

Ein gutes Volk – und Vater dieses Volkes!
Das, dacht ich, das muß göttlich sein! – Da stieß
Ich auf verbrannte menschliche Gebeine –
(Hier schweigt er still; seine Augen ruhen auf dem König,
der es versucht, diesen Blick zu erwidern, aber betroffen
und verwirrt zur Erde sieht)
Sie haben recht. *Sie* müssen. Daß Sie *können,*
Was Sie zu müssen eingesehn, hat mich
Mit schaundernder Bewunderung durchdrungen.
O schade, daß, in seinem Blut gewälzt,
Das Opfer wenig dazu taugt, dem Geist
Des Opferers ein Loblied anzustimmen!
Daß Menschen nur – nicht Wesen höhrer Art –
Die Weltgeschichte schreiben! – Sanftere
Jahrhunderte verdrängen Philipps Zeiten;
Die bringen mildre Weisheit; Bürgerglück
Wird dann versöhnt mit Fürstengröße wandeln,
Der karge Staat mit seinen Kindern geizen,
Und die Notwendigkeit wird menschlich sein.
König. Wann, denkt Ihr, würden diese menschlichen
Jahrhunderte erscheinen, hätt ich vor
Dem Fluch des jetzigen gezittert? Sehet
In meinem Spanien Euch um. Hier blüht
Des Bürgers Glück in nie bewölktem Frieden;
Und *diese Ruhe* gönn ich den Flamändern.
Marquis *(schnell)*. Die Ruhe eines Kirchhofs! Und Sie hoffen
Zu endigen, was Sie begannen? hoffen,
Der Christenheit gezeitigte Verwandlung,
Den allgemeinen Frühling aufzuhalten,
Der die Gestalt der Welt verjüngt? *Sie* wollen
Allein in ganz Europa – sich dem Rade
Des Weltverhängnisses, das unaufhaltsam
In vollem Laufe rollt, entgegenwerfen?
Mit Menschenarm in seine Speichen fallen?

Sie werden nicht! (…)
(mit Feuer). Ja, beim Allmächtigen!
Ja – Ja – Ich wiederhol es. Geben Sie,
Was Sie uns nahmen, wieder. Lassen Sie,
Großmütig wie der Starke, Menschenglück
Aus Ihrem Füllhorn strömen – Geister reifen
In Ihrem Weltgebäude! Geben Sie,
Was Sie uns nahmen, wieder. Werden Sie
Von Millionen Königen ein König.
            (Er nähert sich ihm kühn, indem er feste und feurige
                      Blicke auf ihn richtet)
O, könnte die Beredsamkeit von allen
Den Tausenden, die dieser großen Stunde
Teilhaftig sind, auf meinen Lippen schweben,
Den Strahl, den ich in diesen Augen merke,
Zur Flamme zu erheben! – Geben Sie
Die unnatürliche Vergöttrung auf,
Die uns vernichtet. Werden Sie uns Muster
Des Ewigen und Wahren. Niemals – niemals
Besaß ein Sterblicher so viel, so göttlich
Es zu gebrauchen. Alle Könige
Europens huldigen dem spanschen Namen.
Gehn Sie Europens Königen voran.
Ein Federzug von dieser Hand, und neu
Erschaffen wird die Erde. Geben Sie
Gedankenfreiheit. –
                  (Sich ihm zu Füßen werfend)
König *(überrascht, das Gesicht weggewandt und dann wieder*
   auf den Marquis geheftet).
                  Sonderbarer Schwärmer!

Heinrich Heine hat einmal geschrieben: »Schiller selbst ist jener
Marquis Posa, der unter dem spanischen Mantel das schönste Herz
trägt, das je in Deutschland geliebt und gelitten hat.«

Gelitten hat er bald auch in Dresden. Nicht, weil die Freundschaften zerbrochen wären oder sich sonst etwas Negatives ereignet hätte, nein, er war einfach ein unruhiger Geist, der es nirgendwo lange aushielt. Immer trieb es ihn weiter, immer suchte er etwas Neues, nicht wissend, was das sein und wo er es finden sollte. »Es ist traurig«, schrieb er an Körner, »daß die Glückseligkeit, die unser ruhiges Zusammensein mir verschaffte, mit der einzigen Angelegenheit, die ich der Freundschaft nicht zum Opfer bringen kann, mit dem inneren Leben meines Geistes, unverträglich war.«

Zur endgültigen Entscheidung, Dresden zu verlassen, trugen wieder einmal Frauen bei. Auf einem Faschingsball hatte Schiller die 19-jährige Henriette von Arnim kennen gelernt. Das bildhübsche Mädchen verdrehte ihm den Kopf, Schiller verliebte sich heftig und blieb es drei Monate – bis er erfahren musste, dass sie noch andere Liebhaber hatte. Das war ein herber Schlag für den Mann, der endlich lieben und geliebt werden wollte. Und welch ein Zufall, in diesen Tagen erhielt er einen Brief Charlotte von Kalbs, in dem sie ihn nach Weimar einlud. Weimar! Die Stadt Goethes, Wielands, Herders, im Land von Carl August, den Schiller »mein Herzog« nannte, seit dieser ihm den Titel eines Rats verliehen hatte. Da wollte er hin – wenn auch nur als Zwischenstation auf dem Weg nach Hamburg. Dort gab es ein großes Theater, das als fortschrittlichstes in Deutschland galt. Dessen Leiter Friedrich Ludwig Schröder wollte *Don Karlos* aufführen, hatte den Dichter dazu eingeladen und eine Zusammenarbeit in Aussicht gestellt. Schiller sah darin eine große Chance für seine Stücke und für sich.

Bei den Weimarer Riesen

Wer in jener Zeit nach Weimar kam, hatte nicht den Eindruck, sich in der Residenz eines Herzogtums zu befinden. Von den 6300 Einwohnern waren rund 80% Bauern, Handwerker und Tagelöhner. Das Städtchen hatte einen dörflichen Charakter und selbst die herzogliche Familie wohnte in vergleichsweise bescheidenen Behausungen, die mit den Palästen in den großen Residenzen nichts gemein hatten. Trotzdem war Weimar berühmter als die meisten größeren Residenzstädte, was vor allem ein Verdienst der Herzoginmutter Anna Amalia war, die es zu einem »Musensitz« machen wollte. Dafür hatte sie bedeutende Menschen angeworben, an ihrer Spitze der Schriftsteller und Shakespeare-Übersetzer Christoph Martin Wieland, der Theologe und Philosoph Johann Gottfried Herder und der berühmteste deutsche Dichter Johann Wolfgang Goethe, die so genannten »Weimarer Riesen«.

Als Schiller am 21. Juli 1787 in Weimar eintraf, wusste er noch nicht, dass weder der Herzog noch Goethe in der Stadt waren. Gleich am ersten Abend besuchte er Charlotte von Kalb. Beim ersten Wiedersehen nach zwei Jahren waren beide anfangs unsicher und gehemmt. Doch das legte sich schnell: »Sonderbar war es, daß ich mich schon in der ersten Stunde unsers Beisammenseins nicht anders fühlte, als hätte ich sie erst gestern verlassen: so einheimisch war mir alles an ihr, so schnell knüpfte sich jeder zerrissene Faden unsers Umgangs wieder an.«

Wie in Mannheim war Schiller nun häufiger Gast im Hause von Kalb. Und bereits nach wenigen Tagen in Weimar schrieb er an Körner: »Hier ist, wie es scheint, schon ziemlich über mich, und mich und Charlotten gesprochen worden. Wir haben uns vorgesetzt, kein Geheimnis aus unserm Verhältnis zu machen. Einige Mal hatte man schon die Diskretion – uns nicht zu stören, wenn man vermutete, dass wir fremde Gesellschaft los sein wollten.« Charlotte von Kalb war zwar immer noch verheiratet, was sie jedoch nicht an einem Verhältnis mit dem Mann ihres Herzens hinderte – wie es für emotional zu kurz gekommene Ehefrauen in Hofkreisen durchaus üblich war.

Und natürlich waren die beiden Gegenstand des Klatsches, so wie über alles und alle geklatscht und getratscht wurde. Denn in dem Städtchen blieb nichts geheim. Die Gassen waren so eng, dass man den Nachbarn in die Fenster sehen konnte. Wer nachts noch unterwegs war, musste sich selbst mit vorgehaltener Laterne leuchten – und wurde dabei besser gesehen, als er selbst sehen konnte. Das Leben der hohen Herrschaften spielte sich ohnehin vor den Augen ihrer Bediensteten ab, und was die nicht sahen, hörten sie.

Schiller, der ja nach Hamburg wollte, legte in Weimar ein atemberaubendes Tempo an den Tag. Nachdem er die Enttäuschung, dass Goethe in Italien weilte und der Herzog kürzlich in die Niederlande abgereist war, überwunden hatte, verschaffte er sich schon kurz nach der Ankunft einen Termin bei Wieland. Der 54-jährige war als Schriftsteller und Herausgeber des *Teutschen Merkur*, der wichtigsten literarischen Zeitschrift, eine Größe im deutschen Literaturbetrieb. Und als ehemaliger Erzieher des Herzogs genoss er ein hohes gesellschaftliches Ansehen. Die beiden unterhielten sich zwei Stunden über Literatur, Philosophie und Religion. »Wir wollen langsam anfangen, wir wollen uns Zeit nehmen, einander etwas zu werden«, sagte Wieland, und »wir wollen aufeinander wirken«. Für Schiller war das mehr als eine höfliche Floskel, er verstand es als Angebot, mit dem er so nicht rechnen konnte. Schließlich hatte er seinem berühmten schwäbischen Landsmann schon früher Texte geschickt und nie eine Antwort erhalten.

Schon am folgenden Tag besuchte er Herder, den Generalsuperintendenten und Hofprediger von Weimar. Der 15 Jahre ältere Humanist arbeitete an einem philosophischen Werk und kümmerte sich wenig um die zeitgenössische Literatur. Er empfing den jungen Dichter zwar höflich, aber er ging »mit mir um wie mit einem

Menschen, von dem er nichts weiter weiß, als daß er für etwas gehalten wird. Ich glaube, er selbst hat nichts von mir gelesen«, schrieb Schiller an Körner. Obwohl er eine gewisse Distanz spürte, hoffte er doch auf einen Gedankenaustausch mit diesem bedeutenden Mann.

Dass Schiller auch in die hohe und höchste Gesellschaft eingeführt wurde, dafür sorgte Charlotte von Kalb. Bereits am 27. Juli empfing ihn – in Begleitung von Wieland – die Herzoginmutter. Dem zweistündigen Antrittsbesuch folgte eine Einladung zu Tee, Konzert und Abendessen für den nächsten Tag – zusammen mit Charlotte. Nach dem strengen Hofzeremoniell wurde ihrem Verhältnis damit ein eheähnlicher Status verliehen.

Schiller schlug sich achtbar in der ihm so fremden höfischen Welt. »Ich weiß nicht, wie ich zu der Sicherheit meines Wesens, zu dem Anstand kam, den ich hier behauptete. Charlotte versicherte mir auch, daß ich es hier überall mit meinen Manieren wagen dürfe. Bis jetzt habe ich, wo ich mich zeigte, nirgends verloren.« Dank Charlottes Beziehungen lernte Schiller in wenigen Wochen die wichtigsten Leute Weimars kennen. »Dieser Tage habe ich in großer adliger Gesellschaft einen höchst langweiligen Spaziergang machen müssen. Das ist ein notwendiges Übel, in das mich mein Verhältnis mit Charlotten gestürzt hat und wieviel flache Kreaturen kommen einem da vor.«

An anderer Stelle beklagte er die »Dürre des Geistes … einer höchst abgeschmackten Menschenklasse, den Räten und Rätinnen in Weimar«. Manchmal war er regelrecht angewidert. All diese Erfahrungen führten zu einem neuen Selbstbild, über das er den Freunden in mehreren Briefen nach Dresden berichtete: »Die nähere Bekanntschaft mit den Weimarischen Riesen hat meine Meinung von mir selbst – verbessert. Ich habe mich selbst für zu klein und die Menschen umher für zu groß gehalten. Jeden glaubte ich meinen Richter, und jeder hat genug mit sich selbst zu tun … Um nun zu werden was ich soll und kann werd ich besser von mir denken lernen und aufhören mich in meiner eigenen Vorstellungsart zu erniedrigen. Ich habe viel Arbeit vor mir, um zu meinem Ziele zu gelangen, aber ich scheue sie nicht mehr.«

Ende August fuhr Schiller mit Charlotte von Kalb ins 25 km entfernte Jena, wo er bei Katharine und Karl Leonhard Reinhold, der Tochter und dem Schwiegersohn Wielands, sechs Tage zu Gast war. Reinhold war seit kurzem Professor für Philosophie an der Jenaer Universität und ein großer Anhänger des Aufklärungsphilosophen Immanuel Kant. Dessen Werke gehörten zu den wichtigsten in Deutschland und weit darüber hinaus. Reinhold empfahl Schiller dringend das Studium Kants – wie übrigens auch schon Körner. »Daß ich Kanten noch lesen und vielleicht studieren werde, scheint mir ziemlich ausgemacht«, schrieb Schiller wenig später an Körner. Vorerst war für ihn jedoch wichtiger, dass Reinhold ihn mit einigen Professoren bekannt machte. Die Gespräche in den gelehrten Kreisen fand Schiller interessant und anregend. Zu seiner Überraschung sagte Reinhold, er könne schon im Frühjahr einen Ruf nach Jena erhalten und Geschichte lehren. Das war zu jener Zeit möglich, denn die Universitäten hatten das Recht, auch Leute ohne die übliche akademische Ausbildung zu berufen. Schiller lehnte ab, weil er seinen Traum, als freier Schriftsteller ungebunden zu leben, nicht aufgeben wollte – obwohl ihm sein Schreiben dafür nicht genug einbrachte. Noch immer war er auf Freunde und Gönner angewiesen. Das wollte er ändern und nahm sich vor, noch fleißiger zu arbeiten, damit »mir Schriftstellerei ein angenehmes Dasein verschaffen kann. Für meine späteren Jahre muß mir freilich immer irgendeine Zuflucht in einer akademischen Wissenschaft bleiben.« Trotz der Ablehnung des Reinhold'schen Vorschlags beschäftigte sich Schiller also weiter mit solchen Gedanken, wie der Brief an Körner vom 29. August belegt. Darin heißt es auch: »Jena ist oder scheint ansehnlicher als Weimar; längere Gassen und höhere Häuser erinnern einen, daß man doch wenigstens in einer Stadt ist.« Noch mehr als von der Stadt war er vom offenen Umgangston und der spürbaren Unabhängigkeit des Geisteslebens angetan. Er fühlte sich wie in einer »ziemlich freien und sicheren Republik ... Daß die Studenten hier was gelten, zeigt einem der erste Anblick, und wenn man sogar die Augen zumachte, könnte man unterscheiden, daß man unter Studenten geht, denn sie wandeln mit Schritten eines Niebesiegten.« Das gefiel ihm. Er beklagte zwar, dass er sechs Tage müßig gewesen war, trotzdem stellte er zum Schluss fest: »Ich verließ Jena sehr vergnügt und tat ein Gelübde, es nicht zum letzten Mal gesehen zu haben.«

Wieder in Weimar, ging er »den Rätinnen und Räten« wo immer möglich aus dem Weg und zog sich in seine kleine Wohnung zurück, um zu arbeiten; nicht an einem neuen Drama, sondern an einem geschichtlichen Stoff, der ihn seit der Arbeit am *Don Karlos* beschäftigte. Umgeben von Büchern schrieb er täglich bis zu 10 Stunden die *Geschichte des Abfalls der Vereinigten Niederlande von der spanischen Regierung*. Diese erste historische Arbeit Schillers beginnt mit den Worten:

Eine der merkwürdigsten Staatsbegebenheiten, die das sechszehnte Jahrhundert zum glänzendsten der Welt gemacht haben, dünkt mir die Gründung der niederländischen Freiheit. Wenn die schimmernden Taten der Ruhmsucht und einer verderblichen Herrschbegierde auf unsere Bewunderung Anspruch machen, wieviel mehr eine Begebenheit, wo die bedrangte Menschheit um ihre edelsten Rechte ringt, wo mit der guten Sache ungewöhnliche Kräfte sich paaren und die Hülfsmittel entschlossener Verzweiflung über die furchtbaren Künste der Tyrannei in ungleichem Wettkampf siegen. Groß und beruhigend ist der Gedanke, daß gegen die trotzigen Anmaßungen der Fürstengewalt endlich noch eine Hülfe vorhanden ist, daß ihre berechnetsten Plane an der menschlichen Freiheit zu Schanden werden, daß ein herzhafter Widerstand auch den gestreckten Arm eines Despoten beugen, heldenmütige Beharrung seine schrecklichen Hülfsquellen endlich erschöpfen kann. Nirgends durchdrang mich diese Wahrheit so lebhaft als bei der Geschichte jenes denkwürdigen Aufruhrs, der die vereinigten Niederlande auf immer von der spanischen Krone trennte – und darum achtete ich es des Versuchs nicht unwert, dieses schöne Denkmal bürgerlicher Stärke vor der Welt aufzustellen, in der Brust meines Lesers ein fröhliches Gefühl seiner selbst zu erwecken und ein neues unverwerfliches Beispiel zu geben, was Menschen wagen dürfen für die gute Sache und ausrichten mögen durch Vereinigung …

Das gemeine Volk stieg hier früher als in den übrigen Lehnreichen aus einer traurigen Leibeigenschaft empor und gewann bald ein eigenes bürgerliches Dasein. Die günstige Lage des Landes an der Nordsee und großen schiffbaren Flüssen weckte hier frühzeitig den Handel, der die Menschen in Städte zusammenzog, den Kunstfleiß ermunterte, Fremdlinge anlockte und Wohlstand und Überfluß unter ihnen verbreitete. So verächtlich auch die kriegerische Politik jener Zeiten auf jede nützliche Hantierung heruntersah, so konnten dennoch die Landesherren die wesentlichen Vorteile nicht ganz verkennen, die ihnen daraus zuflossen. Die anwachsende Bevölkerung ihrer Länder, die mancherlei Abgaben, die sie unter den verschiedenen Titeln von Zoll, Maut, Weggeld, Geleite, Brückengeld, Marktschoß, Heimfallsrecht usf. von Einheimischen und Fremden erpreßten, waren zu große Lockungen für sie, als daß sie gegen die Ursachen hätten gleichgültig bleiben sollen, denen sie dieselben verdankten. Ihre eigne Habsucht machte sie zu Beförderern des Handels, und die Barbarei selbst, wie es oft geschieht, half so lange aus, bis endlich eine gesunde Staatskunst an ihre Stelle trat. In der Folge lockten sie selbst die lombardischen Kaufleute an, bewilligten den Städten einige kostbare Privilegien und eigne Gerichtsbarkeit, wodurch diese ungemein viel an Ansehen und Einfluß gewannen. Die vielen Kriege, Welche die Grafen und Herzoge untereinander selbst und mit ihren Nachbarn führten, machten sie von dem guten Willen der Städte abhängig, die sich durch ihren Reichtum Gewicht verschafften und für die Subsidien, welche sie leisteten, wichtige Vorrechte zu erringen wußten. Mit der Zeit wuchsen diese Privilegien der Gemeinheiten an, wie die Kreuzzüge dem Adel eine kostbarere Ausrüstung notwendig machten, wie den Produkten des Morgenlands ein neuer Weg nach Europa geöffnet ward und der einreißende Luxus neue Bedürfnisse für ihre Fürsten erschuf. So finden wir schon im elften und zwölften Jahrhundert eine gemischte Regierungsverfassung in diesen Ländern, wo die Macht des Souveräns durch den Einfluß der Stände, des Adels nämlich, der Geistlichkeit und der Städte, merklich beschränkt ist. Diese, welche man Staaten nannte, kamen so oft zusammen, als das Bedürfnis der Provinz es erheischte. Ohne ihre Bewilligung galten keine neuen Gesetze, durften keine Kriege geführt, keine Steuern gehoben, keine Veränderung in der Münze gemacht und kein Fremder zu irgendeinem Teile der Staatsverwaltung zugelassen werden. Diese Privilegien hatten alle Provinzen miteinander gemein; andere waren nach den verschiedenen Landschaften verschieden. Die Regierung war erblich, aber der Sohn trat nicht eher als nach feierlich beschworener Konstitution in die Rechte des Vaters.

Als Schiller im Hause von Kalb einem kleinen Kreis aus dem Werk vorlas, war auch Wieland anwesend. »Er war von dem Ding hingerissen und behauptet, daß ich dazu geboren sei, Geschichte zu schreiben. Er umarmte mich schwärmerisch und erklärte, daß ich keinen vor mir haben würde in der Geschichte.«

Ein kompliziertes Dreiecksverhältnis

Seit Schiller in Weimar lebte, wollte er seine Schwester Christophine in Meiningen besuchen, wo sie mit dem Hofbibliothekar Reinwald, Schillers Freund aus Bauerbacher Tagen, verheiratet war. Da ihn auch Frau von Wolzogen, der er immer noch Geld schuldete, nach Bauerbach einlud, konnte er beide Besuche miteinander verbinden. Mehr aus Pflichtgefühl als aus Neigung unterbrach er seine Arbeit und machte sich auf den Weg. Knapp zwei Wochen hielt er sich in Bauerbach auf und besuchte mehrmals seine Schwester in Meiningen. Er wurde viel »herumgereicht«, unter anderem dem Herzog von Sachsen-Meiningen vorgestellt, er las aus dem *Don Karlos* vor, machte Reitausflüge mit Wilhelm von Wolzogen und war Gast in manch fröhlicher Runde.

Am 5. Dezember 1787 machte sich Schiller, begleitet von Wilhelm, zu Pferd auf den Rückweg. Wilhelm überredete ihn zu einem Abstecher in Rudolstadt. Dort wollte er seine Tante, die verwitwete Louise von Lengefeld, vor allem jedoch ihre Töchter Caroline und Charlotte besuchen. Er schwärmte nämlich für Caroline, obwohl die mit dem Hofrat von Beulwitz verheiratet war – standesgemäß aber unglücklich. Über diesen Besuch schrieb Schiller am 8. Dezember an Körner: »In Rudolstadt habe ich mich auch einen Tag aufgehalten und wieder eine recht liebenswürdige Familie kennen gelernt. Eine Frau von Lengefeld lebt da mit einer verheirateten und einer noch ledigen Tochter. Beide Geschöpfe sind (ohne schön zu sein) anziehend und gefallen mir sehr. Man findet hier viel Bekanntschaft mit der neuen Literatur, Feinheit, Empfindung und Geist. Das Klavier spielen sie gut, welches mir einen recht schönen Abend machte.«

Nach Charlotte von Wolzogen und Charlotte von Kalb war dies nun die dritte Charlotte, die in Schillers Leben eine Rolle spielte – und was für eine! Dass sie seine Frau würde, war nach dieser ersten Begegnung allerdings noch nicht zu ahnen, denn von Liebe auf den ersten Blick konnte keine Rede sein, auch wenn das später gern so dargestellt wurde. Wenn eine der beiden Schwestern ihn reizte, dann nicht die ruhige, zurückhaltende 21-jährige Charlotte, sondern die drei Jahre ältere Caroline, die impulsiver war und geistreicher zu plaudern verstand. Dieser Frauentyp hatte bei Schiller leichtes Spiel, wie er Körner in einem Brief geklagt hatte: »Es ist sonderbar, ich verehre, ich liebe die herzliche empfindende Natur und eine Kokette, jede Kokette, kann mich feßeln. Jede hat eine unfehlbare Macht auf mich durch meine Eitelkeit und Sinnlichkeit, entzünden kann mich keine, aber beunruhigen genug. Ich habe hohe Begriffe von häuslicher Freude und doch nicht einmal so viel Sinn dafür, um *mir* sie zu wünschen. Ich werde ewig isoliert bleiben in der Welt, ich werde von allen Glückseligkeiten naschen ohne sie zu genießen.«

Es ist beeindruckend, wie klar Schiller sein Problem sah: Er wusste, dass er schnell für »jede Kokette« entflammte, obwohl ihm solche Frauen nicht das geben konnten, was er wollte und brauchte. Weil er sich kannte, zweifelte er daran, ob er je mit einer Frau in »häuslicher Freude« würde leben können. Deshalb verwarf er auch den Gedanken wieder, Wielands Tochter Maria zu heiraten. Charlotte von Kalb kam dafür ebenfalls nicht in Frage; obwohl er ihr viel zu verdanken hatte, war sie nicht die Frau fürs Leben.

In den Monaten um seinen 28. Geburtstag dachte Schiller viel über sein zukünftiges Leben nach und tauschte sich darüber in etlichen Briefen mit den Freunden in Dresden aus. »Ich bin diesen Sommer sehr mit mir selbst umgegangen, und nicht ohne Nutzen; aber Licht und Finsternis haben sich noch nicht ganz geschieden und Ruhe ist noch nicht in meinem Gemüt … Doch hat mir freundschaftlicher Umgang diesen Sommer auch heitere Stunden gegeben, und mein Geist schreitet im Ganzen doch fort und sucht sich Freiheit zu schaffen. Nur durch immerwährende Tätigkeit kann ich mir eine leidliche Existenz verschaffen, und dies Mittel habe ich seit einigen Monaten auch ergriffen.«

Freund Körner gefielen zwei Entwicklungen nicht: dass Schiller

Caroline von Beulwitz, geb. von Lengefeld

an einem historischen Werk arbeitete und dass er sich immer öfter mit Heiratsgedanken beschäftigte. Beides lenke ihn von seiner Lebensaufgabe, nämlich weitere Dramen zu schreiben, ab. Dem hielt Schiller lapidar entgegen: »Ich muß von *Schriftstellerei leben*, also auf das sehen, was *einträgt.*« Und weiter: »Für meinen *Karlos* – das Werk dreijähriger Anstrengung, bin ich mit Unlust belohnt

Charlotte Schiller, geb. von Lengefeld

worden. Meine *Niederländische Geschichte,* das Werk von 5, höchstens 6 Monaten, wird mich vielleicht zum angesehenen Manne machen … Ich muß eine Frau dabei ernähren können, denn noch einmal, mein Lieber, dabei bleibt es, daß ich heirate … Ich muß ein Geschöpf um mich haben, das *mir* gehört, das ich glücklich machen *kann* und *muß,* an dessen Dasein ich mein eigenes erfrischen kann ... Ich sehne mich nach einer bürgerlichen und häuslichen Existenz, und das ist das einzige, was ich jetzt noch hoffe.

Glaube nicht, daß ich gewählt habe ... ich bin noch ganz frei, und das ganze Weibergeschlecht steht mir offen; aber ich wünschte, bestimmt zu sein.«

Das schrieb er am 7. Januar 1788, also vier Wochen nach der ersten Begegnung mit den Lengefeld-Schwestern. Und auch in den folgenden Monaten fiel ihm das Wählen sehr schwer. Charlotte war hübscher und sanfter, Caroline unterhaltsamer und interessanter, die eine war naturverbunden und unschuldig, die andere lebenslustig und erfahren, die eine ... die andere ... Schiller mochte die eine und die andere, und so entwickelte sich ein kompliziertes Dreiecksverhältnis. Schiller fühlte sich mehr zu Caroline hingezogen, ahnte jedoch, dass Charlotte seine Sehnsucht nach einer »bürgerlichen und häuslichen Existenz« eher stillen konnte. Zahlreiche Briefe an beide zeigen deutlich, dass ihm ein Leben zu dritt vorschwebte. Er schrieb von der »süßen Überzeugung, daß Ihr mein seid, daß nichts Euch mir entreißen kann«. »Wir haben einander gefunden, wie wir füreinander nur geschaffen gewesen sind. In mir lebt kein Wunsch, den meine Caroline und Lotte nicht unerschöpflich befriedigen können.«

Wie dieser »glückliche Bund« im Alltag konkret aussehen sollte, ob die beiden Frauen damit auch so glücklich waren wie er – von Carolines Mann und Wilhelm von Wolzogen einmal abgesehen –, darüber machte sich Schiller anscheinend keine Gedanken. Ebenso wenig darüber, wie er Charlotte von Kalb beibringen konnte, dass es zwei neue Frauen in seinem Leben gab. Das würde sich alles finden; er hatte jetzt Wichtigeres zu tun, er musste die Grundlagen für eine »bürgerliche und häusliche Existenz« schaffen, das heißt Geld einschreiben.

Schiller arbeitete also weiter an seiner *Niederländischen Geschichte*. Zwischendurch schrieb er eine Fortsetzung des Romans *Geisterseher*, dessen Anfang im Frühjahr 1787 in der *Thalia* erschienen war. Die Veröffentlichung des zweiten Teils im Mai 1788 sorgte laut Schiller für »schrecklich viel Aufsehen ... die Thalia zirkuliert durch alle Häuser«.

Der Roman handelt von einem deutschen Prinzen, der in Venedig undurchsichtigen Machenschaften eines Geheimbundes ausgesetzt ist. Er erzählt auch von Zauberei und Magie und kam damit den Sehnsüchten der Leserinnen und Leser nach den dunklen Seiten des Lebens entgegen, die im Zeitalter der Aufklärung gern verdrängt wurden. Schiller wurde damit nebenbei zum Vorläufer der »Schwarzen Romantiker«. Er selbst hielt nicht viel von seinem *Geisterseher*, ja er nannte ihn sogar eine »Farce«. Doch schon damals lasen die meisten Leute lieber schlichte Gruselromane als ernsthafte Literatur. Und Schiller war bereit, ihnen zu liefern, was sie haben wollten. »Soviel ist indessen gewiß, daß ich mir diesen Geschmack des Publikums zu Nutzen machen und so viel Geld davon ziehen werden, als nur immer möglich ist.« Um »das verfluchte Geld« zu verdienen, war ihm inzwischen fast jedes Mittel recht.

Zwei, die sich nicht mögen

Die Wege des Herrn sind unergründlich – oder: Zufälle gibt's, man glaubt es nicht!

Von Schiller noch unbemerkt war die vierte Charlotte in sein Leben getreten und zog im Hintergrund einige Fäden. Es handelte sich um Charlotte von Stein, Goethes langjährige Geliebte. Diese ungewöhnliche Frau war Louise von Lengefelds Freundin und Charlottes Patentante. Die Freundinnen schmiedeten gemeinsam Pläne für Charlottes Zukunft. Sie sollte Hofdame bei Herzogin Luise werden und dann standesgemäß heiraten. Den gebildeten Major von Knebel fanden beide geeignet, obwohl er zwanzig Jahre älter war. Doch Charlotte hielt ihn nicht für den Richtigen und lehnte seinen Heiratsantrag ab, was ziemlich ungewöhnlich war. Wenig später verliebte sie sich in einen schottischen Kapitän, der jedoch zum Militärdienst nach Ostindien abkommandiert wurde. Die unerfüllte Liebe machte Charlotte im Jahr 1787 sehr zu schaffen – auch noch, als Schiller an jenem 5. Dezember in Rudolstadt aufkreuzte. Frau von Stein, die Charlotte sehr mochte, bemerkte bald, dass der junge Dichter dem Mädchen nicht gleichgültig war. Sie wusste auch, dass Mutter Lengefeld ihre Tochter nach wie vor mit einem Mann von Stand verheiraten wollte; ein armer Dichter kam für sie nicht infrage. Deshalb ließ Frau von Stein ihre Beziehungen spielen, um Schiller gesellschaftlich auf einen gewissen Stand zu heben. Sie bat Goethe, der seit Juni 1788 von seiner Italienreise zurück war, sich beim Herzog dafür einzusetzen, dass Schiller eine Professur in Jena erhielt. Von all dem wusste Schiller jedoch nichts.

»Ich bin ungeduldig ihn zu sehen, wenige Sterbliche haben mich so interessiert«, schrieb Schiller an Körner. Doch der »Weimarer Riese« zeigte keinerlei Interesse am zehn Jahre jüngeren Kollegen. Er ging ihm aus dem Weg, was in einem Städtchen wie Weimar nicht einfach gewesen sein dürfte. Aber Frau von Stein ließ nicht locker und fädelte am 7. September 1788 eine erste Begegnung der beiden im Hause Lengefeld ein. Fünf Tage später schrieb Schiller an Körner:

Sein erster Anblick stimmte die hohe Meinung ziemlich tief herunter, die man mir von dieser anziehenden und schönen Figur beigebracht hatte. Er ist von mittlerer Größe, trägt sich steif und geht auch so; sein Gesicht ist verschlossen, aber sein Auge sehr ausdrucksvoll, lebhaft und man hängt mit Vergnügen an seinem Blicke. Bei vielem Ernst hat seine Miene doch viel Wohlwollendes und Gutes. Er ist brünett und schien mir älter auszusehen, als er meiner Berechnung nach wirklich sein kann. Seine Stimme ist überaus angenehm, seine Erzählung fließend, geistvoll und belebt; man hört ihn mit überaus viel Vergnügen; und wenn er bei gutem Humor ist, welches diesmal so ziemlich der Fall war, spricht er gern und mit Interesse. Unsere Bekanntschaft war bald gemacht und ohne den mindesten Zwang; freilich war die Gesellschaft zu groß und alles auf seinen Umgang zu eifersüchtig, als daß ich viel allein mit ihm hätte sein oder etwas anderes als allgemeine Dinge mit ihm sprechen können … Im ganzen genommen ist meine in der Tat große Idee von ihm nach dieser persönlichen Bekanntschaft nicht vermindert worden; aber ich zweifle, ob wir einander je sehr nahe rucken werden … Er ist mir (an Jahren weniger, als an Lebenserfahrung und Selbstentwicklung) so weit voraus, daß wir unterwegs nie mehr zusammenkommen werden; und sein ganzes Wesen ist schon von Anfang her anders angelegt als das meinige, seine Welt ist nicht die meinige, unsere Vorstellungsarten scheinen wesentlich verschieden. Indessen schließt sichs aus einer solchen Zusammenkunft nicht sicher und gründlich. Die Zeit wird das Weitere lehren.

Es mussten sechs Jahre vergehen, bis die beiden einander näher kamen. Doch vorerst blieb Goethe auf Distanz und viel später gab er zu: »Schiller war mir verhaßt!« Trotzdem oder gerade deswegen setzte er sich dafür ein, dass Schiller die Professur in Jena bekam. So

Johann Wolfgang von Goethe

konnte er den lästigen Konkurrenten auf unverdächtige Weise aus Weimar vertreiben und Frau von Stein noch einen Gefallen tun. Der Goethe-Biograph Richard Friedenthal hat das so formuliert: »Schiller ist ihm schon physisch nicht sympathisch: der langaufgeschossene, hagere Mann, ungesund mit hektischen Wangen, der Geruch von Krankheit ist ihm immer verhasst, das viele Tabakrauchen und Tabakschnupfen, der gelbe Tabakfleck unter der scharfen Adlernase; Schillers Lebensführung ist das völlige Gegenteil von der seinen: ungeregelt bis zum Exzess, mit spätem Aufstehen, oft erst gegen Mittag, Nachtarbeit, wobei verschiedenste Stimulanzen benutzt werden …

Die Werke dieses Mannes, für die ganz Deutschland begeistert ist, wie es nur über seine ersten Jugendarbeiten gejubelt hat, erscheinen ihm wirr, abstrus oder in den philosophischen Ansätzen verkehrt, ja gefährlich in vielem. Dass gerade dieser Mann sich in Weimar etabliert und eine gewisse Macht wird, ist ihm fatal. Er schneidet ihn, so lange als möglich und soweit er es eben tun kann, ohne einen offenen Eklat zu verursachen. Er sucht ihn auf gute Art loszuwerden.«

Diesmal nahm Schiller die angebotene Professur an, weil er darin einen wichtigen Schritt zur Gründung einer bürgerlichen Existenz sah. Er freute sich auch, als er erfuhr, dass Goethe sich für ihn eingesetzt hatte. Doch zur Freude bestand wenig Grund, denn es handelte sich um eine »Lehrstelle ohne alle Besoldung«. Nur die Kolleggelder der Studenten sollte er erhalten. »Man hat mich übertölpelt«, klagte er Körner. »Diese Professur soll der Teufel holen!« Wenig später wurde er sarkastisch: Wenn er eine Frau hätte, die ihn verhalten könnte, »die Akademie in Jena möchte mich dann im Asch [das ist die schwäbische Aussprache] lecken«.

Aber er hatte keine reiche Frau und wenn er Charlotte von Lengefeld heiraten wollte – ob mit oder ohne Caroline –, dann musste er die Professur antreten und hoffen, dass er später ein festes Honorar erhalten würde.

Das Verhalten Goethes in dieser Sache und bei den wenigen Gesprächen im Winter 1788/89 führte am 2. Februar 1789 zu folgendem Brief an Körner:

Öfters um Goethe zu sein, würde mich unglücklich machen: er hat auch gegen seine nächsten Freunde kein Moment der Ergießung, er ist an nichts zu fassen; ich glaube in der Tat, er ist ein Egoist in ungewöhnlichem Grade. Er besitzt das Talent, die Menschen zu fesseln und durch kleine sowohl als große Attentionen sich verbindlich zu machen; aber sich selbst weiß er immer frei zu behalten. Er macht seine Existenz wohltätig kund, aber nur wie ein Gott, ohne sich selbst zu geben – dies scheint mir eine konsequente und planmäßige Handlungsart, die ganz auf den höchsten Genuß der Eigenliebe kalkuliert ist. Ein solches Wesen sollten die Menschen nicht um sich herum aufkommen lassen. Mir ist er dadurch verhaßt, ob ich gleich seinen Geist von ganzem Herzen liebe und groß von ihm denke. Ich betrachte ihn wie eine stolze Prüde, der man ein Kind machen muß, um sie vor der Welt zu demütigen. Eine ganz sonderbare Mischung aus Haß und Liebe ist es, die er in mir erweckt hat, eine Empfindung, die derjenigen nicht ganz unähnlich ist, die Brutus und Cassius gegen Cäsar gehabt haben müssen; ich könnte seinen Geist umbringen und ihn wieder von ganzem Herzen lieben …

Sein Kopf ist reif und sein Urteil über mich wenigstens eher *gegen* mich als *für* mich parteiisch. Weil mir nun überhaupt nur daran liegt, Wahres von mir zu hören, so ist dies gerade der Mensch unter allen, die ich kenne, der mir diesen Dienst tun kann. Ich will ihn auch mit Lauschern umgeben, denn ich selbst werde ihn nie über mich befragen.

Einen Monat später fügte er hadernd hinzu: »Dieser Mensch, dieser Goethe, ist mir einmal im Wege, und er erinnert mich so oft, daß das Schicksal mich hart behandelt hat. Wie leicht ward sein Genie von seinem Schicksal getragen, und wie muß ich bis auf diese Minute noch kämpfen!«

Schiller kämpfte weiter und bereitete sich auf seine Tätigkeit in Jena vor, was ihm nicht leicht fiel, weil er kein Historiker war. Manchmal zweifelte er, ob seine Kenntnisse für die neue Aufgabe ausreichten. »In dieser neuen Lage werde ich mir selbst lächerlich vorkommen. Mancher Student weiß vielleicht schon mehr Geschichte als der Herr Professor.«

Mitte Mai 1789 siedelte Schiller nach Jena über, in eine möblierte Drei-Zimmer-Wohnung. Im Zentrum der Wohnung stand »das wichtigste Möbel«, sein erster eigener Schreibtisch, den er sich extra hatte anfertigen lassen.

Zu seiner Antrittsvorlesung am 26. Mai strömten die Studenten scharenweise; den Dichter der *Räuber* wollte keiner verpassen. Der vorgesehene Hörsaal war viel zu klein und auch der größte konnte längst nicht alle fassen. An die 900 Hörer drängten sich schließlich bis in die Flure.

»Ich zog also durch eine Allee von Zuschauern und Zuhörern ein und konnte den Katheder kaum finden. Unter lautem Pochen, welches hier für Beifall gilt, bestieg ich ihn und sah mich von einem Amphitheater von Menschen umgeben. So schwül der Saal war, so erträglich wars am Katheder, wo alle Fenster offen waren, und ich hatte doch frischen Odem. Mit den zehn ersten Worten, die ich selbst noch fest aussprechen konnte, war ich im ganzen Besitz meiner Kontinance und ich las mit einer Stärke und Sicherheit der Stimme, die mich selbst überraschte:

Was heißt und zu welchem Ende studiert man Universalgeschichte?

Fruchtbar und weit umfassend ist das Gebiet der Geschichte; in ihrem Kreise liegt die ganze moralische Welt. Durch alle Zustände, die der Mensch erlebte, durch alle abwechselnde Gestalten der Meinung, durch seine Torheit und seine Weisheit, seine Verschlimmerung und seine Veredlung, begleitet sie ihn, von allem, was er sich *nahm* und *gab*, muß sie Rechenschaft ablegen. Es ist keiner unter Ihnen allen, dem Geschichte nicht etwas Wichtiges zu sagen hätte; alle noch so verschiedene Bahnen Ihrer künftigen Bestimmung verknüpfen sich irgendwo mit derselben; aber eine Bestimmung teilen Sie alle auf gleiche Weise miteinander, diejenige, welche Sie auf die Welt mitbrachten – sich als Menschen auszubilden – und zu dem Menschen eben redet die Geschichte. (…)

Die Entdeckungen, welche unsre europäischen Seefahrer in fernen Meeren und auf entlegenen Küsten gemacht haben, geben uns ein ebenso lehrreiches als unterhaltendes Schauspiel. Sie zeigen uns Völkerschaften, die auf den mannigfaltigsten Stufen der Bildung um uns herum gelagert sind, wie Kinder verschiednen Alters um einen Erwachsenen herumstehen und durch ihr Beispiel ihm in Erinnerung bringen, was er selbst vormals gewesen und wovon er ausgegangen ist. Eine weise Hand scheint uns diese rohen Völkerstämme bis auf den Zeitpunkt aufgespart zu haben, wo wir in unsrer eignen Kultur weit genug würden fortgeschritten sein, um von dieser Entdeckung eine nützliche Anwendung auf uns selbst zu machen und den verlornen Anfang unsers Geschlechts aus diesem Spiegel wiederherzustellen.

Wie beschämend und traurig aber ist das Bild, das uns diese Völker von unserer Kindheit geben! und doch ist es nicht einmal die erste Stufe mehr, auf der wir sie erblicken. Der Mensch fing noch verächtlicher an. Wir finden jene doch schon als Völker, als politische Körper: aber der Mensch mußte sich erst durch eine außerordentliche Anstrengung zur politischen Gesellschaft erheben.

Was erzählen uns die Reisebeschreiber nun von diesen Wilden? Manche fanden sie ohne Bekanntschaft mit den unentbehrlichsten Künsten, ohne das Eisen, ohne den Pflug, einige sogar ohne den Besitz des Feuers. Manche rangen noch mit wilden Tieren um Speise und Wohnung, bei vielen hatte sich die Sprache noch kaum von tierischen Tönen zu verständlichen Zeichen erhoben. Hier war nicht einmal das so einfache Band der *Ehe,* dort noch keine Kenntnis des *Eigentums;* hier konnte die schlaffe Seele noch nicht einmal eine Erfahrung festhalten, die sie doch täglich wiederholte; sorglos sah man den Wilden das Lager hingeben, worauf er heute schlief, weil ihm nicht einfiel, daß er morgen wieder schlafen würde. Krieg hingegen war bei allen, und das Fleisch des überwundenen Feindes nicht selten der Preis des Sieges. Bei andern, die, mit mehrern Gemächlichkeiten des Lebens vertraut, schon eine höhere Stufe der Bildung erstiegen hatten, zeigten Knechtschaft und Despotismus ein schauderhaftes Bild. Dort sah man einen Despoten Afrikas seine Untertanen für einen Schluck Branntwein verhandeln: – hier wurden sie auf seinem Grab abgeschlachtet, ihm in der Unterwelt zu dienen. Dort wirft sich die fromme Einfalt vor einem lächerlichen Fetisch und hier vor einem grausenvollen Scheusal nieder; in seinen Göttern malt sich der Mensch. So tief ihn dort Sklaverei, Dummheit und Aberglauben niederbeugen, so elend ist er hier durch das andre Extrem gesetzloser Freiheit. Immer zum Angriff und zur Verteidigung gerüstet, von jedem Geräusch aufgescheucht, reckt der Wilde sein scheues Ohr in die Wüste; *Feind* heißt ihm alles, was neu ist, und wehe dem Fremdling, den das Ungewitter an seine Küste schleudert! Kein wirtlicher Herd wird ihm rauchen, kein süßes Gastrecht ihn erfreuen. Aber selbst da, wo sich der Mensch von einer feindseligen Einsamkeit zur Gesellschaft, von der Not zum Wohlleben, von der Furcht zu der Freude erhebt – wie abenteuerlich und ungeheuer zeigt er sich unsern Augen! Sein roher Geschmack sucht Fröhlichkeit in der Betäubung, Schönheit in der Verzerrung, Ruhm in der Übertreibung; Entsetzen erweckt uns selbst seine Tugend, und das, was er seine Glückseligkeit nennt, kann uns nur Ekel oder Mitleid erregen.

So waren *wir*. Nicht viel besser fanden uns Cäsar und Tacitus vor achtzehnhundert Jahren.

Was sind wir jetzt? – Lassen Sie mich einen Augenblick bei dem Zeitalter stillestehen, worin wir leben, bei der gegenwärtigen Gestalt der Welt, die wir bewohnen.

Der menschliche Fleiß hat sie angebaut und den widerstrebenden Boden durch sein Beharren und seine Geschicklichkeit überwunden. Dort hat er dem Meere Land abgewonnen, hier dem dürren Lande Ströme gegeben. Zonen und Jahrszeiten hat der Mensch durcheinander gemengt und die weichlichen Gewächse des Orients zu seinem rauheren Himmel abgehärtet. Wie er Europa nach Westindien und dem Südmeere trug, hat er Asien in Europa auferstehen lassen. Ein heitrer Himmel lacht jetzt über Germaniens Wäldern, welche die starke Menschenhand zerriß und dem Sonnenstrahl auftat, und in den Wellen des Rheins spiegeln sich Asiens Reben. An seinen Ufern erheben sich volkreiche Städte, die Genuß und Arbeit in munterm Leben durchschwärmen. Hier finden wir den Menschen in seines Erwerbes friedlichem Besitz sicher unter einer Million, ihn, dem sonst ein einziger Nachbar den Schlummer raubte. Die Gleichheit, die er durch seinen Eintritt in die Gesellschaft verlor, hat er wiedergewonnen durch weise Gesetze. Von dem blinden Zwange des Zufalls und der Not hat er sich unter die sanftere Herrschaft der Verträge geflüchtet und die Freiheit des Raubtiers hingegeben, um die edlere Freiheit des Menschen zu retten …

Selbst daß *wir* uns in diesem Augenblick hier zusammenfanden, uns mit diesem Grade von Nationalkultur, mit dieser Sprache, diesen Sitten, diesen bürgerlichen Vorteilen, diesem Maß von Gewissensfreiheit zusammenfanden, ist das Resultat vielleicht aller vorhergegangenen Weltbegebenheiten: die *ganze* Weltgeschichte würde wenigstens nötig sein, dieses einzige Moment zu erklären. Daß wir uns als Christen zusammenfanden, mußte diese Religion, durch unzählige Revolutionen vorbereitet, aus dem Judentum hervorgehen, mußte sie den römischen Staat genau *so* finden, als sie ihn fand, um sich mit schnellem siegendem Lauf über die Welt zu verbreiten und den Thron der Cäsarn endlich selbst zu besteigen. Unsre rauhen Vorfahren in den thüringischen Wäldern mußten der Übermacht der Franken unterliegen, um ihren Glauben anzunehmen. Durch seine wachsenden Reichtümer, durch die Unwissenheit der Völker und durch die Schwäche ihrer Beherrscher mußte der Klerus verführt und begünstigt werden, sein Ansehen zu mißbrauchen und seine stille *Gewissensmacht* in ein weltliches Schwert umzuwandeln. Die Hierarchie mußte in einem Gregor und Innozenz alle ihre Greuel auf das Menschengeschlecht ausleeren, damit das überhandnehmende Sittenverderbnis und des geistlichen Despotismus schreiendes Skandal einen unerschrockenen Augustinermönch auffordern konnte, das Zeichen zum Abfall zu geben und dem römischen Hierarchen eine Hälfte Europens zu entreißen – wenn wir uns als protestantische Christen hier versammeln sollten. Wenn dies geschehen sollte, so mußten die Waffen unsrer Fürsten Karln V. einen Religionsfrieden abnötigen; ein Gustav Adolf mußte den Bruch dieses Friedens rächen, ein neuer allgemeiner Friede ihn auf Jahrhunderte begründen. Städte mußten sich in Italien und Teutschland erheben, dem Fleiß ihre Tore öffnen, die Ketten der Leibeigenschaft zerbrechen, unwissenden Tyrannen den Richterstab aus den Händen ringen und durch eine kriegerische Hansa sich in Achtung setzen, wenn Gewerbe und Handel blühen und der Überfluß den Künsten der Freude rufen, wenn der Staat den nützlichen Landmann ehren und in dem wohltätigen *Mittelstande*, dem Schöpfer unsrer ganzen Kultur, ein dauerhaftes Glück für die Menschheit heranreifen sollte. Teutschlands Kaiser mußten sich in jahrhundertlangen Kämpfen mit den Päpsten, mit ihren Vasallen, mit eifersüchtigen Nachbarn entkräften – Europa sich seines gefährlichen Überflusses in Asiens Gräbern entladen und der trotzige Lehenadel in einem mörderischen Faustrecht, Römerzügen und heiligen Fahrten seinen Empörungsgeist ausbluten – wenn das verworrene Chaos sich sondern und die streitenden Mächte des Staats in dem gesegneten Gleichgewicht ruhen sollten, wovon unsre jetzige Muße der Preis ist. Wenn sich unser Geist aus der Unwissenheit herausringen sollte, worin geistlicher und weltlicher Zwang ihn gefesselt hielt: so mußte der lang erstickte Keim der Gelehrsamkeit unter ihren wütendsten Verfolgern aufs neue hervorbrechen, und ein Al Mamun den Wissenschaften den Raub vergüten, den ein Omar an ihnen verübt hatte. Das unerträgliche Elend der Barbarei mußte unsre Vorfahren von den blutigen *Urteilen Gottes* zu menschlichen Richterstühlen treiben, verheerende Seuchen die verirrte Heilkunst zur Betrachtung der Natur zurückrufen, der Müßiggang der Mönche mußte für das Böse, das ihre Werktätigkeit schuf, von ferne einen Ersatz zubereiten und der profane Fleiß in den Klöstern die zerrütteten Reste des Augustischen Weltalters bis zu den Zeiten der Buchdruckerkunst hinhalten. An griechischen und römischen Mustern mußte der niedergedrückte Geist nordischer Barbaren sich aufrichten und die Gelehrsamkeit einen Bund mit den Musen und Grazien schließen, wann sie einen Weg zu dem Herzen finden und den Namen einer Menschenbilderin sich verdienen sollte. – Aber hätte Griechenland wohl einen Thukydides, einen Plato, einen Aristoteles, hätte Rom einen Horaz, einen Cicero, einen Virgil und Livius geboren, wenn diese beiden Staaten nicht zu derjenigen Höhe des politischen Wohlstands emporgedrungen wären, welche sie wirklich erstiegen haben? Mit einem Wort – wenn nicht ihre *ganze* Geschichte vorhergegangen wäre? Wie viele Erfindungen, Entdeckungen, Staats- und Kirchenrevolutionen mußten *zusammentreffen*, diesen neuen, noch zarten Keimen von Wissenschaft und Kunst Wachstum und Ausbreitung zu geben! Wie viele Kriege mußten geführt, wie viele Bündnisse geknüpft, zerrissen und aufs neue geknüpft werden, um endlich Europa zu dem Friedensgrundsatz zu bringen, welcher allein den Staaten wie den Bürgern vergönnt, ihre Aufmerksamkeit auf sich selbst zu richten und ihre Kräfte zu einem verständigen Zwecke zu versammeln!

Selbst in den alltäglichsten Verrichtungen des bürgerlichen Lebens können wir es nicht vermeiden, die Schuldner vergangener Jahrhunderte zu werden; die ungleichartigsten Perioden der Menschheit steuern zu unsrer Kultur, wie die entlegensten Weltteile zu unserm Luxus. Die Kleider, die wir tragen, die Würze an unsern Speisen und der Preis, um den wir sie kaufen, viele unsrer kräftigsten Heilmittel und ebenso viele neue Werkzeuge unsers Verderbens – setzen sie nicht einen Kolumbus voraus, der Amerika entdeckte, einen Vasco de Gama, der die Spitze von Afrika umschiffte?

Es zieht sich also eine lange Kette von Begebenheiten von dem gegenwärtigen Augenblicke bis zum Anfange des Menschengeschlechts hinauf, die wie Ursache und Wirkung ineinander greifen.

Am Abend nach der Vorlesung zogen Studenten vor Schillers Wohnung, spielten ihm eine Nachtmusik und ließen ihn hochleben. Doch das galt mehr dem Dichter als dem Professor. Denn dessen Vortragsart machte ihm wieder einmal Probleme. Ein Beamter der

Schulverwaltung notierte: »Ich gestehe indessen, daß es mir schwer ward, die Ursachen seines übergroßen Beifalls zu finden. Er las alles Wort vor Wort ab, in einem pathetischen, deklamatorischen Ton, der aber sehr häufig zu den simplen historischen factis und geografischen Notizen, die er vorzutragen hatte, gar nicht paßte. Überhaupt aber war die ganze Vorlesung mehr Rede als unterrichtender Vortrag. Der Reiz der Neuheit und die Begierde, einen berühmten theatralischen Dichter nun auf dem Katheder in einer ganz neuen Situation zu sehen, mochte wohl am meisten den Zusammenfluß so vieler Hörer bewirkt haben.«

Dass der Beamte recht hatte, zeigte sich schnell, denn die Hörerzahl sank ständig, bis am Ende nur noch etwa 30 übrig blieben. Für Schiller war das auch deshalb schlimm, weil die Höhe seines Honorars von der Zahl der Studenten abhing. Also war es wieder nichts mit »dem verdammten Geld«, das er so nötig brauchte, wenn er eine Frau heiraten und eine Familie gründen wollte.

Endlich angekommen

Am 2. August 1789 reiste Schiller nach Leipzig, um sich zum ersten Mal seit zwei Jahren mit seinem Freund Körner zu treffen. Unterwegs machte er einen Abstecher nach Bad Lauchstädt, wo die von Lengefelds einen Teil des Sommers verbrachten. Hier offenbarte Caroline ihm, dass ihre Schwester ungeduldig auf seinen Antrag warte. Der wortgewaltige Dichter schaffte es nicht, zu Charlotte zu gehen und um ihre Hand anzuhalten, das konnte er nur schreibend.

Ist es wahr, teuerste Lotte? darf ich hoffen, daß Caroline in *Ihrer* Seele gelesen hat und aus Ihrem Herzen mir beantwortet hat, was ich mir nicht getraute zu gestehen? O wie schwer ist mir dieses Geheimnis geworden, das ich solange wir uns kennen, zu bewahren gehabt habe! Oft, als wir noch beisammen lebten, nahm ich meinen ganzen Mut zusammen und kam zu Ihnen mit dem Vorsatz, es Ihnen zu entdecken – aber dieser Mut verließ mich immer. Ich glaubte Eigennutz in meinem Wunsche zu entdecken, ich fürchtete, daß ich nur meine Glückseligkeit dabei vor Augen hätte, und dieser Gedanke scheuchte mich zurück. Konnte ich *Ihnen* nicht werden, was *Sie* mir waren, so hätte mein Leiden Sie betrübt, und ich hätte die schöne Harmonie unserer Freundschaft durch mein Geständnis zerstört, ich hätte auch das verloren, was ich hatte, Ihre reine und schwesterliche Freundschaft …

Mein ganzes Dasein, alles, was in mir lebt, alles, meine Teuerste, widme ich Ihnen, und wenn ich mich zu veredeln strebe, so geschieht's um Ihrer immer würdiger zu werden, um Sie immer glücklicher zu machen. Vortrefflichkeit der Seelen ist ein schönes und ein unzerreißbares Band der Freundschaft und der Liebe. Unsre Freundschaft und Liebe wird unzerreißbar und ewig sein wie die Gefühle, worauf wir sie gründen … Säumen Sie nicht, meine Unruhe auf immer und ewig zu verbannen. Ich gebe alle Freuden meines Lebens in ihre Hand.

Die Antwort kam postwendend: »Caroline hat in meiner Seele gelesen; und aus meinem Herzen geantwortet. Der Gedanke zu Ihren Glück beitragen zu können steht hell und glänzend vor meiner Seele. Kann es treue, innige Liebe und Freundschaft geben, so ist der warme Wunsch meines Herzens erfüllt Sie glücklich zu sehn.«

Damit waren die beiden praktisch verlobt. Doch das änderte nichts an Schillers Gefühlen für Caroline und bald plagten ihn Zweifel, ob er sich richtig entschieden hatte. Waren alle drei zusammen, fiel Beobachterinnen das eigenartige Verhalten auf. »Hast du ihn nie Caroline küssen sehen und dann Lotten?«, fragte eine. Und eine andere notierte: »Die Brautzeit ist für Lotte vielleicht die schwerste Zeit ihres Lebens.«

Im Herbst zog sich Schiller von allen zurück und »feierte« sogar seinen 30. Geburtstag allein. Er musste sich darüber klar werden, was er wollte und brauchte – und er wurde es. Um die Zustimmung der Mutter Lengefeld zur Heirat zu erhalten, mussten noch wichtige »Vorarbeiten« geleistet werden. Dabei half wieder Frau von Stein. Sie nutzte ihre guten Beziehungen zum Herzog und sagte ihm, dass Schiller und Charlotte heiraten wollten. Eine Voraussetzung dafür seien bessere finanzielle Verhältnisse des Professors. Carl August zeigte sich zwar längst nicht so großzügig wie bei Goethe, doch er gewährte Schiller 200 Taler pro Jahr. Wenig später wurde er auch noch zum Hofrat ernannt. »Ich bin seit einigen Tagen um eine Silbe gewachsen«, bemerkte er ironisch. Als Hofrat, Professor mit sicherem Einkommen und Dichter mit Aussicht auf Honorare konnte Schiller es wagen, bei Louise von Lengefeld um die Hand von Charlotte anzuhalten, was er am 18. 12. 1789 in einem Brief tat.

Ich gebe das ganze Glück meines Lebens in Ihre Hände. Ich liebe Lottchen – ach! wie oft war dieses Geständniß auf meinen Lippen; es kann Ihnen nicht entgangen seyn. Seit dem ersten Tage, wo ich in Ihr Haus trat, hat mich Lottchens liebe Gestalt nicht verlassen. Ihr schönes edles Herz hab' ich durchschaut. In so vielen froh durchlebten Stunden hat sich ihre zarte sanfte Seele in allen Gestalten mir gezeigt. Im stillen innigen Umgang, wovon Sie selbst so oft Zeugin waren, knüpfte sich das unzerreißbare Band meines Lebens. Mit jedem Tage wuchs die Gewißheit in mir, daß ich durch Lottchen allein glücklich werden kann. Hätt' ich diesen Eindruck vielleicht bekämpfen sollen, da ich noch nicht vorhersehen konnte, ob Lottchen auch die Meine werden kann? Ich hab' es versucht; ich habe mir einen Zwang vorgeschrieben, der mir viele Leiden gekostet hat; aber es ist nicht möglich, seine höchste Glückseligkeit zu fliehen, gegen die laute Stimme seines Herzens zu streiten. Alles, was meine Hoffnungen niederschlagen könnte, hab' ich in diesem langen Jahre, wo diese Leidenschaft in mir kämpfte, geprüft und erwogen; aber mein Herz hat es widerlegt. Kann Lottchen glücklich werden durch meine innige ewige Liebe, und kann ich Sie lebendig davon überzeugen, so ist nichts mehr, was gegen das höchste Glück meines Lebens in Anschlag kommen kann. Ich habe nichts zu fürchten als die zärtliche Bekümmerniß der Mutter um das Glück ihrer Tochter; und glücklich wird sie durch mich seyn, wenn Liebe sie glücklich machen kann. Und daß dieses ist, hab' ich in Lottchens Herzen gelesen. –

Wollen Sie meine Wünsche durch Ihre Billigung in Wirklichkeit verwandeln, wenn es auch die Wünsche Ihrer Tochter sind, wenn wir uns beide in dieser Bitte vereinigen? Ich werde Ihnen mehr zu danken haben, als ich einem Menschen danken kann. Sie werden glücklich seyn in der Glückseligkeit Ihrer Kinder …

Frau von Lengefeld gab ihren Segen und versprach, das junge Paar jährlich mit 200 Talern zu unterstützen, obwohl sie sich für Charlotte immer eine bessere Partie gewünscht hatte. Das war auch Schiller bewusst, der am 24. Dezember an Körner schrieb: »Die schnelle und so edle Einwilligung der Mutter rührte mich sehr; sie muß viele Pläne und Hoffnungen aufopfern, und alles im Vertrauen auf mich und meine Liebe.«

Am 21. Februar 1790 wurden die beiden getraut. Schillers Eltern konnten nicht dabei sein, weil seine Mutter schwer erkrankt war. Am 10. März berichtete er den Eltern:

Unsre Trauung geschah ganz in der Stille auf einem Dorfe bei Jena; eine förmliche Hochzeit haben wir gar nicht gemacht, so daß die Unkosten sehr gering waren. Meine Frau ist ganz eingerichtet zu mir gekommen, und alles, was zur Haushaltung gehört, hat meine Schwiegermutter gegeben ...

Könnten Sie sich, beste Eltern, nur auf einen Augenblick zu mir versetzten, Sie würden sich des Glücks Ihres Sohnes erfreuen ...

Herzlich umarme ich Sie alle und bin

mit der zärtlichsten Liebe Ihr

ewig dankbarer Sohn Fritz.

Das frisch vermählte Paar mietete zu Schillers Junggesellenwohnung noch zwei Zimmer hinzu, in die ein paar Möbel aus Rudolstadt gestellt wurden. Ein Bursche und eine Kammerjungfer bildeten das für die damaligen Verhältnisse bescheidene Personal.

»Was für ein schönes Leben führe ich jetzt. Ich sehe mit fröhlichem Geiste um mich her, und mein Herz findet eine immer während sanfte Befriedigung außer sich, mein Geist eine so schöne Nahrung und Erholung, mein Dasein ist in eine harmonische Gleichheit gerückt; nicht leidenschaftlich gespannt, aber ruhig und hell gingen mir diese Tage dahin. Ich habe meiner Geschäfte gewartet wie zuvor und mit mehr Zufriedenheit mit mir selbst«, schrieb Schiller am 1. März an Körner.

Er hatte das Gefühl, mit 30 Jahren endlich angekommen zu sein, Ruhe und Geborgenheit im häuslichen Kreis genießen zu dürfen. »Mir macht es, wenn ich auch Geschäfte habe, schon Freude mir zu denken, daß Lotte um mich ist; und ihr liebes Leben und Weben um mich herum, die Innigkeit ihrer Liebe gibt mir selbst eine Ruhe und Harmonie, die bei meinem hypochondrischen Übel ohne diesen Umstand fast unmöglich wäre.«

Auch Charlotte war glücklich. Sie schrieb an ihren Cousin

Wilhelm von Wolzogen: »Da uns die herzlichste, innigste Liebe verbindet, kannst Du denken, daß wir glücklich sind und es immer bleiben werden. Ich ahnte nie so viel Glück in der Welt, als ich nun gefunden. Das Herz findet sich bei der Liebe zu Schiller mit tausend starken Banden an ihn geknüpft; ich hätte in keiner anderen Verbindung das gefunden, was mir jetzt geworden; und auch ihm werde ich durch meine Liebe das Leben freundlich erhellen, er ist glücklich, sagt mir mein Herz. Liebster Wilhelm, wer hätte es denken sollen, daß es so werden würde, als Du uns meinen Schiller zum erstenmal vorführtest? Dank Dir, Dank dem Schicksal, das mir meine liebsten Freuden durch dich gab.«

In dieser harmonischen, liebevollen Atmosphäre begann Schiller seine zweite große historische Arbeit, die *Geschichte des Dreißigjährigen Krieges*. Lesend und schreibend saß er täglich 14 Stunden über Büchern und Manuskripten. Im Oktober erschien der erste Teil in Göschens »Historischem Taschenbuch für Damen«.

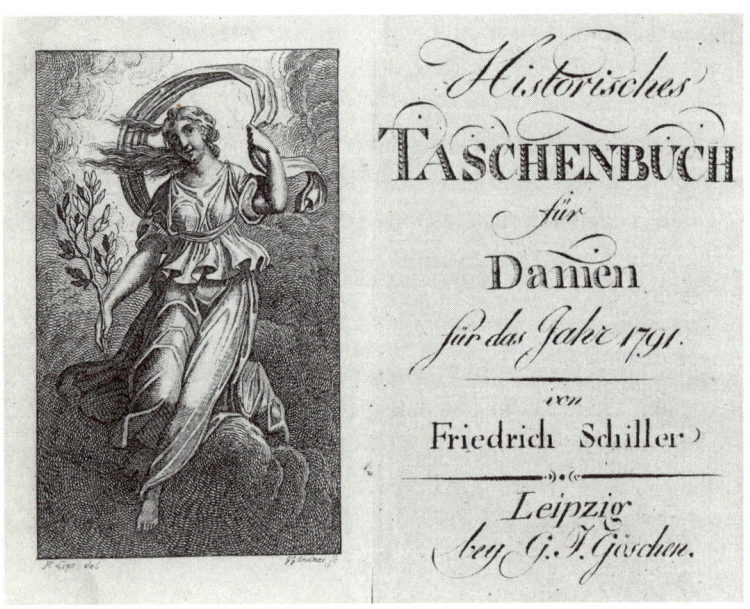

Deckblatt »Historisches Taschenbuch für Damen«

Dieser Kalender war ein gewagtes Experiment für den Verleger und den Autor. Schiller wusste, dass er die fachlich kaum vorgebildeten Leserinnen nicht überfordern durfte und anschaulich erzählen musste. Das fiel ihm allerdings nicht besonders schwer, weil er sich in erster Linie als Erzähler und nicht als Historiker sah, obwohl er Professor für Geschichte war! Die Fachhistoriker äußerten sich dementsprechend kritisch zu dem Werk, die Leserinnen verschlangen es geradezu. Innerhalb von drei Monaten verkaufte Göschen 7000 Kalender, für damalige Verhältnisse ein sensationeller Erfolg.

Geschichte des dreißigjährigen Krieges

Seit dem Anfang des Religionskriegs in Deutschland bis zum Münsterischen Frieden ist in der politischen Welt Europens kaum etwas Großes und Merkwürdiges geschehen, woran die Reformation nicht den vornehmsten Anteil gehabt hätte. Alle Weltbegebenheiten, welche sich in diesem Zeitraum ereignen, schließen sich an die Glaubensverbesserung an, wo sie nicht ursprünglich daraus herflossen, und jeder noch so große und noch so kleine Staat hat mehr oder weniger, mittelbarer oder unmittelbarer, den Einfluß derselben empfunden.

Beinahe der ganze Gebrauch, den das spanische Haus von seinen ungeheuern politischen Kräften machte, war gegen die neuen Meinungen oder ihre Bekenner gerichtet. Durch die Reformation wurde der Bürgerkrieg entzündet, welcher Frankreich unter vier stürmischen Regierungen in seinen Grundfesten erschütterte, ausländische Waffen in das Herz dieses Königreichs zog und es ein halbes Jahrhundert lang zu einem Schauplatz der traurigsten Zerrüttung machte. Die Reformation machte den Niederländern das spanische Joch unerträglich und weckte bei diesem Volke das Verlangen und den Mut, dieses Joch zu zerbrechen, so wie sie ihm größtenteils auch die Kräfte dazu gab. Alles Böse, welches Philipp der Zweite gegen die Königin Elisabeth von England beschloß, war Rache, die er dafür nahm, daß sie seine protestantischen Untertanen gegen ihn in Schutz genommen und sich an die Spitze einer Religionspartei gestellt hatte, die er zu vertilgen strebte. Die Trennung in der Kirche hatte in Deutschland eine fortdauernde politische Trennung zur Folge, welche dieses Land zwar länger als ein Jahrhundert der Verwirrung dahingab, aber auch zugleich gegen politische Unterdrückung einen bleibenden Damm auftürmte. ...

Die Religion wirkte dieses alles. Durch sie allein wurde möglich, was geschah, aber es fehlte viel, daß es *für* sie und ihretwegen unternommen worden wäre. Hätte nicht der Privatvorteil, nicht das Staatsinteresse sich schnell damit vereinigt, nie würde die Stimme der Theologen und des Volks so bereitwillige Fürsten, nie die neue Lehre so zahlreiche, so tapfere, so beharrliche Verfechter gefunden haben. Ein großer Anteil an der Kirchenrevolution gebührt unstreitig der siegenden Gewalt der Wahrheit oder dessen, was mit Wahrheit verwechselt wurde. Die Mißbräuche in der alten Kirche, das Abgeschmackte mancher ihrer Lehren, das Übertriebene in ihren Forderungen mußte notwendig ein Gemüt empören, das von der Ahndung eines bessern Lichts schon gewonnen war, mußte es geneigt machen, die verbesserte Religion zu umfassen. Der Reiz der Unabhängigkeit, die reiche Beute der geistlichen Stifter mußte die Regenten nach einer Religionsveränderung lüstern machen und das Gewicht der innern Überzeugung nicht wenig bei ihnen verstärken; aber die Staatsraison allein konnte sie dazu *drängen.*

Schon während der Arbeit wuchs in Schiller der Wunsch, diesen gewaltigen Stoff auch künstlerisch zu bearbeiten. »Es kleidet sich wieder um mich herum in dichterischen Gestalten, und oft regt sich's wieder in meiner Brust«, hatte er am 16. März 1790 an Körner geschrieben. Aber noch war dafür keine Zeit, noch musste er ums tägliche Brot schreiben und seine Pflichten als Universitätslehrer erfüllen. »Freilich, zu einem musterhaften Professor werde ich mich nie qualifizieren; aber dazu hat mich die Vorsehung auch nicht bestimmt.« Nein, die »Idee von Schiller« sah anders aus.

Doch er spürte die Gefahr, ein »Brotgelehrter« zu werden, was ihn wieder unzufriedener machte. »Wie sehne ich mich nach einer ruhigen und selbstgewählten Beschäftigung. Aber ich darf mir so bald keine Rechnung darauf machen. Es wird mir aber nicht eher wohl werden, bis ich wieder Verse mache.«

Neben der Arbeit am *Dreißigjährigen Krieg* hielt er 1790 Vorlesungen und Kollegs über *Universalgeschichte, Europäische Staatengeschichte, Geschichte der Kreuzzüge* und zur *Theorie der Tragödie* – ein immenses Programm. Ende des Jahres war er ausgelaugt und brauchte dringend Erholung. Deshalb reiste er mit seiner Frau nach Erfurt, wo er in die »Kurfürstliche Akademie nützlicher Wissenschaften« aufgenommen werden sollte. Im Kreis von Freunden verbrachten sie ein paar unbeschwerte Tage, besuchten Konzerte und gingen ins Theater. Am Nachmittag des 3. Januar 1791 bekam Schiller während eines Konzertes so heftiges Fieber, dass er in einer Sänfte zum Gasthof getragen werden musste. Der herbeigerufene Arzt glaubte, es handle sich um ein relativ harmloses Katarrhfieber. Und als das Fieber im Lauf der nächsten Tage sank, schien sich seine Diagnose zu bewahrheiten. Am 9. Januar fühlte sich Schiller so weit erholt, dass er mit seiner Frau nach Weimar reiste, wo sie am Hofe empfangen wurden. Zwei Tage später fuhr er ohne Charlotte, die bei ihrer Patentante blieb, nach Jena, um seine Vorlesungen wieder aufzunehmen. An Körner schrieb er: »Jetzt bin ich wieder ganz hergestellt.« Das war ein folgenschwerer Irrtum. Am 13. Januar wurde er von Hustenanfällen und steigendem Fieber geplagt. Er bat Charlotte mit ein paar Zeilen, möglichst schnell nach Hause zu kommen. Währenddessen stieg das Fieber weiter, der Kranke spuckte mit Eiter vermischtes Blut, litt unter Magenkrämpfen und Atemnot. Die Behandlung mit Aderlässen, Blutegeln, Zugpflastern, Brech- und Abführmitteln konnte die Krankheit nicht heilen; im Gegenteil, sie schwächte den Patienten so sehr, dass er in Ohnmacht fiel, wenn er sich im Bett erheben wollte.

Es dauerte Wochen, bis Schiller, der von Charlotte, seiner Schwägerin Caroline und seiner Schwiegermutter gepflegt wurde, wieder

Carl August, Herzog von Sachsen-Weimar-Eisenach

auf die Beine kam. An Arbeit war in dieser Zeit nicht zu denken.
Am 2. März bat er den Herzog, ihn von seinen Vorlesungspflichten
zu befreien. Carl August stimmte zu und war auch bereit, Schiller
für dieses Jahr 250 Taler zu gewähren, was allerdings nicht aus-
reichte, um die nun ausbleibenden Kolleggelder zu kompensieren.
Doch über »das verfluchte Geld« machte sich Schiller wenig Gedanken. Ihn beschäftigte anderes: »So gerne wünschte ich das noch
zu erreichen, wozu eine dunkle Ahndung von Kräften mich zuweilen ermuntert … Wenigstens fühle ich, daß ich auf dem Wege dazu
bin, und daß, wenn mein böses Schicksal mich jetzt schon abgerufen

hätte, der Nachruf der Welt mir sehr unrecht getan haben könnte. Ich gestehe, daß der Gedanke daran mich in den kritischen Augenblicken meiner Krankheit peinigte, und daß es mir künftig eine große Angelegenheit sein wird, den Weg zu jenem Ziel zu beschleunigen.«

Schiller hoffte also, möglichst bald wieder arbeiten und seine Aufgabe als Dichter erfüllen zu können, obwohl er nach wie vor Schmerzen in der Brust hatte. Aus Rudolstadt, wohin er mit Charlotte zur Erholung gefahren war, schrieb er am 10. April an Körner: »Ich mag es hier niemand sagen, was ich von diesem Umstand denke, aber mir ist, als ob ich diese Beschwerden behalten müßte.«

Vielleicht erinnerte er sich in jenen Tagen an seine zweite Dissertation *Über den Unterschied der entzündlichen und faulen Fieber*. Es klingt wie ein Tragödienstoff, dass der 20-jährige Carlsschüler Schiller den Verlauf der Krankheit sehr genau beschrieben hat, an der er mit 45 Jahren sterben musste. Besonders gefährlich sei das entzündliche Fieber, weil Eiter in den Brustraum eindringen könne. Geschehe das, führe es zu »einer tödlichen Brustfellerkrankung; die von Blut und Schleim verstopfte Lunge, unfähig diese Säfte auszuscheiden, wird den Menschen durch den Erstickungstod oder den Tod an Brand umbringen«.

Vermutlich hoffte Schiller wie jeder Kranke, bei ihm werde es schon nicht ganz so schlimm kommen. Und tatsächlich besserte sich sein Zustand in Rudolstadt von Tag zu Tag – bis am 8. Mai der dritte Anfall kam. Stundenlange Krämpfe, Atemnot bis an die Grenze zum Ersticken, fallender Puls, Fieberfrost und Bewusstseinsstörungen ließen das Schlimmste befürchten. Schiller war bereit, sich von seiner Familie und seinen Freunden zu verabschieden. Das Gerücht von seinem Tod verbreitete sich, und am 8. Juni 1791 meldete die *Oberdeutsche Allgemeine Literaturzeitung*: »Jena. Der Liebling der deutschen Musen, Herr Hofrat Schiller, ist hier gestorben.«

Nein, noch war es nicht so weit. Schiller erholte sich wieder und hatte noch 14 Jahre, die er am Tod entlang lebte.

Was macht den Mensch zum Menschen?

Schillers Arzt Dr. Stark riet dringend zu einer Kur im böhmischen Karlsbad. Begleitet von seiner Frau, seiner Schwägerin und einem jungen Assistenzarzt, verbrachte Schiller von Juli bis August 1791 vier Wochen in dem bekannten Kurort. Daran schloss sich bis Anfang Oktober eine Nachkur in Erfurt an. Da es noch keine Krankenkassen gab, musste Schiller alles selbst bezahlen. Nach seinen eigenen Berechnungen hat ihn die Krankheit allein 1791 rund 1400 Taler gekostet. Das entsprach etwa seinem Einkommen von drei Jahren – wenn er gesund war und seinen Verpflichtungen nachkommen konnte. Wie es nach diesem Krisenjahr in der Schiller'schen Haushaltskasse aussah, kann man sich vorstellen. Für ihn waren Geldsorgen zwar nichts Neues, aber jetzt war er verheiratet und für seine Charlotte verantwortlich. Deswegen machte ihm »das verdammte Geld« erneut Kummer, was bei seinem labilen Zustand gefährlich werden konnte.

In dieser schwierigen Phase kam wieder einmal völlig unerwartet Hilfe. Wie schrieb Schiller? »Was ich Gutes haben mag, ist durch einige wenige vortreffliche Menschen in mir gepflanzt worden, ein günstiges Schicksal führte mir dieselben in den entscheidenden Perioden meines Lebens entgegen, meine Bekanntschaften sind auch die Geschichte meines Lebens.«

Diesmal kam das »günstige Schicksal« in Gestalt von drei sehr unterschiedlichen Männern aus dem »hohen Norden«: dem jungen dänischen Dichter Jens Baggesen, dem dänischen Finanzminister Graf Schimmelmann und dem 26-jährigen dänischen Erbprinzen Friedrich Christian. Alle drei verehrten den deutschen Dichter. Der Erbprinz und der Dichter hätten sich beinahe in Karlsbad getroffen; Schiller traf am Abend des 10. Juli ein, Friedrich Christian reiste am Morgen des 11. Juli ab und machte auf dem Heimweg Station in Jena. Dort erfuhr er von Schillers schwerer Erkrankung, seiner schwierigen finanziellen Lage und war empört: »Das Über-

Friedrich Christian von Schleswig-Holstein-Sonderburg-Augustenburg

maß von Arbeit hat ihn geschwächt, und diese ubermäßige Arbeit ist notwendig, damit er das Leben seiner Familie bestreiten kann. Ohne sie würde er Hungers sterben, im eigensten Sinne des Worts – und so etwas kommt vor im Zeitalter der Aufklärung.«

Zurück in Kopenhagen dachten der dänische Erbprinz, der dänische Finanzminister und der dänische Dichter über Möglichkeiten nach, wie sie dem deutschen Dichter helfen könnten. Am 27. November 1791 schrieben Erstere gemeinsam folgenden Brief:

Zwey Freunde, durch Weltbürgersinn miteinander verbunden, erlassen dieses Schreiben an Sie, edler Mann! Beide sind Ihnen unbekannt, aber beide verehren und lieben Sie. Beide bewundern den hohen Flug Ihres Genius, der verschiedene Ihrer neuern Werke zu den erhabensten unter allen menschlichen Zwecken stempeln konnte …

Ihre durch allzuhäufige Anstrengung und Arbeit zerrüttete Gesundheit, bedarf, so sagt man uns, für einige Zeit eine große Ruhe, wenn Sie wiederhergestellt und die Ihrem Leben drohende Gefahr abgewendet werden soll.

Allein, Ihre Verhältnisse, Ihre Glücksumstände verhindern Sie, sich dieser Ruhe zu überlassen. Wollten Sie uns wohl die Freude gönnen, Ihnen den Genuß derselben zu erleichtern? Wir bieten Ihnen zu dem Ende auf drey Jahre ein jährliches Geschenk von tausend Thalern an.

Wir kennen keinen Stolz als nur den, Menschen zu seyn, Bürger in der großen Republik, deren Grenzen mehr als das Leben einzelner Generationen, mehr als die Grenzen eines Erdballs umfassen. Sie haben hier nur Menschen, Ihre Brüder vor sich, nicht eitle Große.

Nehmen Sie dieses Angebot an, edler Mann! Der Anblick unserer Titel bewege Sie nicht es abzulehnen. Wir wissen diese zu schätzen. Wir kennen keinen Stolz als nur *den*, Menschen zu seyn.

Gut möglich, dass Schiller nach der Lektüre dieses Briefes seine Frau gerufen und gesagt hat: Lotte, kneif mich bitte, damit ich spüre, ob ich wach bin oder träume.

Beide dürften den Brief aus Dänemark wie ein Geschenk des Himmels betrachtet haben, der Schillers Leben verlängern und verbessern konnte. Ob er auch ohne dieses Geschenk seine »klassischen Werke« geschaffen hätte, vermag niemand zu sagen; Zweifel sind jedenfalls angebracht.

Nachdem sich Schiller von dem freudigen Schreck erholt hatte, schrieb er – nein, nicht an die neuen Gönner in Dänemark, sondern an seinen alten Freund Körner: »Ich muß Dir unverzüglich schreiben, ich muß Dir meine Freude mitteilen, lieber Körner, das, wonach ich mich schon so lange ich lebe aufs feurigste gesehnt habe, wird jetzt erfüllt. Ich bin auf lange, vielleicht auf immer meine

Sorgen los; ich habe die längst gewünschte Unabhängigkeit meines Geistes …

Wie mir jetzt zu Mute ist, kannst Du denken. Ich habe die nahe Aussicht, mich ganz zu arrangieren, meine Schulden zu tilgen und, unabhängig von Nahrungssorgen, ganz den Entwürfen meines Geistes zu leben. Ich habe endlich einmal Muße zu lernen und zu sammeln, und für die Ewigkeit zu arbeiten.«

Erst ein paar Tage später folgten zwei lange Briefe nach Dänemark. In einem schrieb er unter anderem:

Zu einer Zeit, wo die Überreste einer angreifenden Krankheit meine Seele umwölkten und mich mit einer finstern, traurigen Zukunft schreckten, reichen Sie mir wie zwei schützende Genien die Hand aus den Wolken. Das großmütige Anerbieten, das Sie mir tun, erfüllt, ja übertrifft meine kühnsten Wünsche. Die Art, mit der Sie es tun, befreit mich von der Furcht, mich Ihrer Güte unwert zu zeigen, indem ich diesen Beweis davon annehme. Erröten müßte ich, wenn ich bei einem solchen Anerbieten an etwas anderes denken könnte, als an die schöne Humanität, aus der es entspringt, und an die moralische Absicht, zu der es dienen soll. Rein und edel, wie Sie *geben*, glaube ich *empfangen* zu können. Ihr Zweck dabei ist, das Gute zu befördern; könnte ich über etwas Beschämung fühlen, so wäre es darüber, daß Sie sich in dem Werkzeug dazu geirrt hätten. Aber der Beweggrund, aus dem ich mir erlaube, es anzunehmen, rechtfertigt mich vor mir selbst und läßt mich, selbst in den Fesseln der höchsten Verpflichtung, mit völliger Freiheit des Gefühls vor Ihnen erscheinen. Nicht an Sie, sondern an die Menschheit habe ich meine Schuld abzutragen.

Zum ersten Mal, seit Körner ihm für ein Jahr das Leben finanziert hatte, fühlte sich Schiller frei, musste nicht möglichst schnell möglichst viel schreiben, um genug Geld zu verdienen. Endlich konnte er das tun, was er schon lange wollte: Kant studieren.

Nachdem ihm Charlotte und seine Schwägerin schon während der Krankenzeit einiges von dem Königsberger Philosophen vorgelesen hatten, vertiefte sich Schiller nun in die *Kritik der reinen Vernunft*. Am 1. Januar 1792 schrieb er an Körner: »Ich treibe jetzt mit großem Eifer Kantische Philosophie und gäbe viel darum, wenn ich jeden Abend mit Dir darüber verplaudern könnte. Mein Entschluß ist unwiderruflich gefaßt, sie nicht eher zu verlassen, bis ich sie ergründet habe, wenn mich dieses auch drei Jahre kosten könnte.«

Zwischendurch übersetzte er Verse aus Vergils *Aeneis* und schrieb einige Beiträge für die *Neue Thalia*. Doch sobald er sich zuviel zumutete, wehrte sich sein kranker Körper; gleich zu Beginn des neuen Jahres überlebte er den nächsten Anfall nur mit Mühe. Damit war endgültig klar, dass Schiller unbedingt kürzer treten musste, wenn er überhaupt noch einmal auf die Beine kommen wollte.

Im April wagte er mit seiner Lotte die mehrfach aufgeschobene Reise nach Dresden. Sie verbrachten vier Wochen bei Körners und Schiller empfand die Zeit als »geistige Badekur«. Zurück in Jena begann er langsam wieder zu arbeiten, vor allem am *Dreißigjährigen Krieg* – obwohl er dazu wenig Lust verspürte. »Ich bin jetzt voll Ungeduld, etwas Poetisches vor die Hand zu nehmen, besonders juckt mir die Feder nach dem *Wallenstein*.«

Zu dieser Ungeduld hatten die Gespräche mit Körner beigetragen; dem hatten »die historischen Abwege« des Freundes nie gefallen, sie waren ihm »zu prosaisch«. Deswegen freute er sich, dass Schiller endlich wieder poetisch werden wollte. Doch an ein großes Werk war allenfalls zu denken.

Mitte September kam Schillers Mutter mit der 15-jährigen Nanette für vier Wochen zu Besuch nach Jena. Zehn Jahre waren vergangen, seit sie sich zuletzt gesehen hatten. Die Mutter war stolz auf ihren berühmten und besorgt um ihren kränkelnden Sohn. Vermutlich hat das Wiedersehen mit der Mutter in Schiller den Wunsch bestärkt, seine schwäbische Heimat zu besuchen.

Zuvor beendete er mit einem »Notschluß« den *Dreißigjährigen Krieg* und schrieb an Körner: »Jetzt bin ich frei und will es für immer bleiben. Keine Arbeit mehr, die mir ein anderer auferlegt oder die einen anderen Ursprung hat als Liebhaberei und Neigung.«

Ab November hielt er eine Vorlesung über »Ästhetik«, wegen seiner angegriffenen Gesundheit jedoch nur vor wenigen Studenten in seiner Wohnung.

Die Beschäftigung mit Kants Philosophie führte noch im Jahr 1793 zu den Schriften *Über Anmut und Würde*, die von Kant sehr gelobt, von Goethe sehr kritisiert wurde, und *Über das Erhabene.*

Hier ist nicht der Ort, die überaus komplizierten Gedanken »des großen Weltweisen«, wie Schiller Kant nannte, und die kaum weniger komplizierten Gedanken seines »Schülers« darzustellen; deshalb nur wenige Sätze, die zeigen sollen, wie Schiller um »Anmut und Würde« gerungen hat.

Für ihn besteht der Mensch aus zwei Naturen: Materie und Geist, Sinnlichkeit und Vernunft. »Das höchste Ideal, wonach wir ringen«, ist, diese beiden Naturen zu einer harmonischen Ganzheit zu verbinden. »Nun geht es aber bekanntermaßen nicht immer an, beiden Herren zu dienen, und wenn auch (ein fast unmöglicher Fall) die Pflicht mit dem Bedürfnisse nie in Streit geraten sollte; so geht doch die Naturnotwendigkeit keinen Vertrag mit dem Menschen ein, und weder seine Kraft noch seine Geschicklichkeit kann ihn gegen die Tücke der Verhängnisse sicherstellen. Wohl ihm also, wenn er gelernt hat, zu ertragen, was er nicht ändern kann, und preiszugeben mit Würde, was er nicht retten kann!«

Wie das konkret aussehen sollte, schilderte Schiller am Beispiel eines Kranken, der stark autobiografische Züge trägt:

Gesetzt, wir erblicken an einem Menschen Zeichen des qualvollsten Affekts aus der Klasse jener ersten ganz unwillkürlichen Bewegungen. Aber indem seine Adern auflaufen, seine Muskel krampfhaft angespannt werden, seine Stimme erstickt, seine Brust emporgetrieben, sein Unterleib einwärts gepreßt ist, sind seine willkürlichen Bewegungen sanft, seine Gesichtszüge frei, und es ist heiter um Aug und Stirne. Wäre der Mensch bloß ein Sinnenwesen, so würden alle seine Züge, da sie dieselbe gemeinschaftliche Quelle hätten, miteinander übereinstimmend sein und also in dem gegenwärtigen Fall alle ohne Unterschied Leiden ausdrücken müssen. Da aber Züge der Ruhe unter die Züge des Schmerzens gemischt sind, einerlei Ursache aber nicht entgegengesetzte Wirkungen haben kann, so beweist dieser Widerspruch der Züge das Dasein und den Einfluß einer Kraft, die von dem Leiden unabhängig und den Eindrücken überlegen ist, unter denen wir das Sinnliche erliegen sehen. Und auf diese Art nun wird die *Ruhe* im *Leiden*, als worin die Würde eigentlich besteht, obgleich nur mittelbar durch einen Vernunftschluß, Darstellung der Intelligenz im Menschen und Ausdruck seiner moralischen Freiheit.

Nach diesen Sätzen wundert man sich weniger, wenn man in Berichten vieler Zeitgenossen liest, sie hätten Schiller zwar sehr oft krank, aber nie klagend und nur selten leidend gesehen. Das hatte mit seiner Vorstellung von der Würde des Menschen zu tun.

Um würdevoll leben zu können, bedürfen der einzelne Mensch und die Menschheit nach Schiller der Erziehung. Wie er sich die vorstellte, erläuterte er in einer Serie von philosophischen Briefen *Über die ästhetische Erziehung des Menschen*, die er dem dänischen Erbprinzen als Dank für dessen Unterstützung schrieb.

In den ersten Briefen äußerte er sich auch zur Französischen Revolution, die er 1789 freudig begrüßt hatte. Im September 1792 hatte ihm der französische Nationalkonvent sogar den Ehrentitel eines »Citoyen français« verliehen. Das hinderte Schiller allerdings nicht daran, den weiteren Verlauf der Revolution skeptisch zu betrachten.

Erwartungsvoll sind die Blicke des Philosophen wie des Weltmanns auf den politischen Schauplatz geheftet, wo jetzt, wie man glaubt, das große Schicksal der Menschheit verhandelt wird. Verrät es nicht eine tadelnswerte Gleichgültigkeit gegen das Wohl der Gesellschaft, dieses allgemeine Gespräch nicht zu teilen? So nahe dieser große Rechtshandel, seines Inhalts und seiner Folgen wegen, jeden, der sich Mensch nennt, angeht, so sehr muß er, seiner Verhandlungsart wegen, jeden Selbstdenker insbesondere interessieren. Eine Frage, welche sonst nur durch das blinde Recht des Stärkern beantwortet wurde, ist nun, wie es scheint, vor dem Richterstuhl reiner Vernunft anhängig gemacht.

In der ersten Fassung dieser Briefe hieß es dann:

Wäre das Faktum wahr, – wäre der außerordentliche Fall wirklich eingetreten, daß die politische Gesetzgebung der Vernunft übertragen, der Mensch als Selbstzweck respektiert und behandelt, das Gesetz auf den Thron erhoben und wahre Freiheit zur Grundlage des Staatsgebäudes gemacht worden, so wollte ich auf ewig von den Musen Abschied nehmen und dem herrlichsten aller Kunstwerke, der Monarchie der Vernunft, alle meine Tätigkeit widmen. Aber dieses Faktum ist es eben, was ich zu bezweifeln wage …

Der Versuch des französischen Volks, sich in seine heiligen Menschenrechte einzusetzen und eine politische Freiheit zu erringen, hat bloß das Unvermögen und die Unwürdigkeit desselben an den Tag gebracht, und nicht nur dieses unglückliche Volk, sondern mit ihm auch einen beträchtlichen Teil Europas und ein ganzes Jahrhundert in Barbarei und Knechtschaft zurückgeschleudert. Der Moment war der günstigste, aber er fand eine verderbte Generation, die ihn nicht wert war, und weder zu würdigen noch zu benutzen wußte. Der Gebrauch, den sie von diesem großen Geschenk des Zufalls macht und gemacht hat, beweist unwidersprechlich, daß das Menschengeschlecht der vormundschaftlichen Gewalt noch nicht entwachsen ist, daß das liberale Regiment da noch zu frühe kommt, wo man kaum damit fertig wird, sich der brutalen Gewalt der Tierheit zu erwehren, und daß derjenige noch nicht reif ist zur bürgerlichen Freiheit, dem noch so vieles zur menschlichen fehlt.

Gerade der letzte Satz wurde oft kritisiert, denn mit ihm konnten Reaktionäre und Revolutionäre zu allen Zeiten gut argumentieren: die Menschen seien noch nicht reif für die Republik, für die parlamentarische Demokratie, für den Sozialismus oder für was auch immer.

Für Schiller waren seine Zeitgenossen noch nicht reif für die bürgerlichen Freiheiten, aber er wollte sie deswegen nicht in Unfreiheit halten; im Gegenteil, sie sollten endlich frei und damit im eigentlichen Sinn erst Menschen werden. Dazu reichte allerdings nicht die einseitige »Aufklärung des Verstandes, deren sich die verfeinerten Stände nicht ganz zu Unrecht rühmen«. Erziehung müsse vor allem »das Wahre und Schöne« vermitteln und so zur Charakterbildung beitragen.

Alle Verbesserung im Politischen soll von der Veredlung des Charakters ausgehen – aber wie kann sich unter den Einflüssen einer barbarischen Staatsverfassung der Charakter veredeln? Man müßte also zu diesem Zwecke ein Werkzeug aufsuchen, welches der Staat nicht hergibt, und Quellen dazu eröffnen, die sich bei aller politischen Verderbnis rein und lauter erhalten.

Jetzt bin ich an dem Punkt angelangt, zu welchem alle meine bisherigen Betrachtungen hingestrebt haben. Dieses Werkzeug ist die schöne Kunst, diese Quellen öffnen sich in ihren unsterblichen Mustern.

Wer die politischen Verhältnisse dauerhaft und auf humane Weise ändern will, muss laut Schiller also zuerst den Menschen mithilfe der Kunst bilden und ändern.

Zurück in die Heimat

Im Frühjahr 1793 begann Charlotte zu kränkeln; sie litt unter Krämpfen und ihr war häufig schlecht. Schillers glaubten, ein »Tapetenwechsel« würde beiden gut tun. Also zogen sie Anfang April von ihrer Stadtwohnung in ein Gartenhäuschen im Grünen, wo sie auf mehr Ruhe hofften. Doch Charlottes Zustand besserte sich nicht. Dass der Grund für ihr Kränkeln ein erfreulicher sein könnte, kam dem Ehepaar anscheinend nicht in den Sinn. Selbst das Ausbleiben ihrer Periode brachte weder Charlotte noch ihren Mann, der ja ein studierter Mediziner war, auf die Idee, es könnte sich um eine Schwangerschaft handeln. Auch der Hausarzt war sich unerklärlich lange nicht sicher. Am 1. Juli schrieb Schiller in einem Brief an Körner von »Umständen die vermuten lassen, daß sie schwanger ist, obgleich wieder andere Zeichen fehlen. Schon vor etwa 7 Wochen hat Stark den Ausspruch getan, sie sey guter Hoffnung, nachher wurde er wieder irre, und jetzt spricht er wieder davon«.

Zwei Tage später folgte der nächste Brief, in dem es hieß, nunmehr sei »entschieden, daß meine Frau sich schon im siebenten Monat der Schwangerschaft befindet und also gegen Ausgang Septembers spätestens ihre Entbindung zu erwarten hat«.

Für die schwangere Charlotte wäre umsorgte Ruhe im neuen Heim nun besonders wichtig gewesen. Doch die Nachricht, dass er bald Vater würde, weckte in Schiller ungeahnte patriotische Gefühle. »Die Liebe zum Vaterlande ist sehr lebhaft in mir geworden, und der Schwabe, den ich ganz abgelegt zu haben glaubte, regt sich mächtig. Ich bin aber auch elf Jahre davon getrennt gewesen, und Thüringen ist das Land nicht, worin man Schwaben vergessen kann.«

Er freute sich sehr auf die alte Heimat, wollte mit seinem Vater dessen 70. Geburtstag feiern und die Freunde von früher wieder sehen. Vor allem reise er jedoch nach Schwaben, schrieb er am

5. Juni an Göschen, »um einem Sohn oder Mädchen das auf dem Weg ist ein beßres Vaterland zu verschaffen, als Thüringen ist«. Das waren erstaunliche Worte aus der Feder eines Mannes, der aus eben diesem Vaterland elf Jahre zuvor geflohen war.

Am 2. August machten sie sich auf die vor allem für Charlotte beschwerliche Reise, die sechs Tage dauerte. Wohnen wollten sie vorsichtshalber in der freien Reichsstadt Heilbronn, außerhalb des Machtbereichs von Herzog Carl Eugen. Schon einen Tag nach der Ankunft kam Schillers Vater zu Besuch, und beide freuten sich sehr aneinander. Schillers 27-jährige Schwester Louise begleitete den Vater und blieb vorläufig in Heilbronn, um den Haushalt des Bruders und der Schwägerin zu führen.

Ende August bat Schiller den Herzog schriftlich um die Erlaubnis, in Ludwigsburg wohnen zu dürfen, erhielt jedoch keine Antwort; Carl Eugen hatte beschlossen, den früheren Deserteur zu ignorieren. Also drohte wohl keine Gefahr.

Am 8. September bezogen Schillers eine Wohnung in Ludwigsburg, am 14. brachte Charlotte einen gesunden Sohn zur Welt, den sie auf den Namen Karl Friedrich Ludwig taufen ließen. Die Taufe wurde als großes Familienfest gefeiert, ebenso der 70. Geburtstag von Schillers Vater.

Im Kreise seiner Familie fühlte sich der Dichter wohl, dagegen war er von den meisten Jugendfreunden enttäuscht. »Von meinen alten Bekannten sehe ich viele, aber nur die wenigsten interessieren mich«, schrieb er an Körner. »Manche, die ich als helle aufstrebende Köpfe verließ, sind materiell geworden und *verbauert*.« Mit ihnen konnte Schiller nichts mehr anfangen.

Zum wichtigsten Gesprächspartner in diesen Monaten wurde einer seiner engsten Jugendfreunde, der Arzt Wilhelm von Hoven, der Charlotte bei der schwierigen Geburt betreut hatte. Von ihm stammt folgende Notiz über Schiller: »Er war ein ganz anderer Mann geworden; sein jugendliches Feuer war gemildert, er hatte weit mehr Anstand in seinem Betragen, an die Stelle seiner ehemaligen Nachlässigkeit in seinem Anzug war eine anständige Eleganz

Friedrich Schiller,
Marmor-Büste von Johann Heinrich Dannecker, 1794

getreten, und seine hagere Gestalt, sein blasses kränkliches Aussehen vollendeten das Interesse seines Anblicks bei mir und allen, die ihn näher gekannt hatten.«

Außer von Hoven erwähnte Schiller in dem Brief an Körner noch den Bildhauer Dannecker, dem er später für eine Büste Modell saß. »Er hat in Rom, wo er viele Jahre lebte, seinen Geschmack sehr gut gebildet, hat sehr schöne Ideen und führt sie geistreich aus. Die Abhängigkeit von dem Herzog, der sie immer mit Arbeit drückt, schadet den hiesigen jungen Künstlern sehr.«

Dieser Herzog ließ Schiller nicht los. Und dass er ausgerechnet starb, als der ehemalige Eleve und Regimentsmedicus nach elf Jahren zum ersten Mal wieder in seiner Nähe war, hat beinahe etwas Theatralisches. Dazu passte auch, dass Schiller gesehen hat, wie der Sarg mit dem Leichnam des Herzogs im Fackelschein nach Ludwigsburg überführt wurde. Was mag er da wohl gedacht und gefühlt haben? Später sind ihm dazu einige edel klingende Worte in den Mund gelegt worden; ob er die gesagt hat, ist sehr fraglich. Sicher ist allerdings, was er an Körner geschrieben hat: »Dieser Tod des alten Herodes hat weder auf mich noch auf meine Familie Einfluß, außer daß es allen Menschen, die unmittelbar mit dem Herrn zu tun hatten, wie mein Vater, sehr wohl ist, jetzt einen *Menschen* vor sich zu haben. Das ist der neue Herzog in jeder guten und auch in jeder schlimmen Bedeutung des Wortes.«

»Alter Herodes«! Man darf annehmen, dass ein Meister des Wortes diese Formulierung sehr bewusst gewählt hat. Ähnlich dem biblischen Knabenmörder sah Schiller in Herzog Carl Eugen also einen Mann, der die Söhne seines Landes verfolgte und ihnen an Leib und Seele tödliche Verletzungen zufügte. Versöhnlich hörte sich das nicht an; trotzdem strickten Freunde und Verwandte an der Legende, Schiller habe dem toten Herzog verziehen. Als Dichter hätte Schiller das vermutlich getan, um Größe zu demonstrieren; im wirklichen Leben zeigte er diese Größe nicht, weil er kein Übermensch, sondern ein Mensch mit Stärken und Schwächen war.

Einige Tage nach dem Tod des Herzogs besuchte Schiller die Hohe Carlsschule, wo er im Speisesaal von 400 begeisterten Eleven begrüßt wurde. »Mit Huld und sichtbarer Rührung« nahm der ehemalige Eleve die Hochrufe entgegen. Danach ging er durch die Räume und stand im Schlafsaal lange vor seinem alten Bett, in dem er heimlich die ersten Skizzen für *Die Räuber* entworfen hatte.

Anfang März des folgenden Jahres fuhr Schiller für drei Tage nach Tübingen. Dort war sein ehemaliger Lehrer Abel Philosophieprofessor am berühmten Stift. Bei diesem Aufenthalt kam es zur ersten Begegnung mit Johann Friedrich Cotta. Der engagierte junge Verleger wollte Schiller unbedingt als Autor gewinnen und machte ihm ein großzügiges Honorarangebot. Aus Rücksicht auf seinen Freund und Verleger Göschen zögerte Schiller noch, aber der Kontakt war geknüpft.

Acht Wochen später trafen sie sich in Stuttgart erneut. Bei dieser zweiten Begegnung sprachen sie nicht nur über Bücher, sondern auch über Journale, Zeitschriften und Zeitungen. Dem weit gereisten Cotta schwebte eine politische Zeitung vor, deren Redaktion Schiller leiten sollte; doch der träumte immer noch von einer regelmäßig erscheinenden literarischen Zeitschrift. Cottas Idee führte zur *Allgemeinen Europäischen Staatenzeitung*, aus der später eine der wichtigsten deutschen Zeitungen, die *Augsburger Allgemeine* wurde; aus Schillers Traum wurden *Die Horen*, eine literarische Monatsschrift, wie es sie in dieser Qualität in Deutschland noch nicht gegeben hatte.

Die Begegnungen mit Cotta gehörten also zu den folgenreichsten während Schillers Zeit in Schwaben. Ansonsten hielt der Besuch in der alten Heimat nicht das, was sich »der verlorene Sohn« davon versprochen hatte. Die Hoffnung, das mildere Klima im Neckartal könne seine Leiden lindern, erfüllte sich nicht. Dass er hier »zugleich die Freuden des Sohnes und des Vaters genießen« konnte, war ihm zwar wichtig, aber auf Dauer nicht genug. Hinzu kam, dass sich Charlotte mit den Schwaben und mehr noch mit den Schwäbinnen schwer tat. »Hier im Lande möchte ich der Menschen wegen doch nicht wohnen«, schrieb sie. »Es gibt noch gar wenig Kultur unter dem beßern Teil der Gesellschaft, die Männer sind meist materielle Wesen, und von den Frauen darf man gar nicht sprechen, die sind so borniert als sie bei uns vor 50 Jahren waren, und ihre häuslichen Tugenden sind doch auch so groß nicht.« Die mit ihren Hausfrauenkünsten auftrumpfenden Schwäbinnen, allen voran Schillers Mutter, gingen der geborenen von Lengefeld auf die Nerven.

Hatte Schiller zu Beginn der Reise noch mit dem Gedanken gespielt, für immer in der alten Heimat zu bleiben, war davon jetzt keine Rede mehr. Am 6. Mai 1794 verließ er mit Frau und Sohn sein Vaterland zum zweiten Mal und ahnte wohl, dass er nicht mehr zurückkommen würde.

Zwei, die sich respektieren

Marktplatz in Jena

Am 14. Mai 1794 traf Familie Schiller wieder in Jena ein und bezog eine Wohnung am Marktplatz. Ganz in der Nähe wohnte Wilhelm von Humboldt, der mit seiner Familie nach Jena gezogen war, »um Schiller nahe zu sein«, wie er selber schrieb. Er war der Sohn einer wohlhabenden und gebildeten märkischen Adelsfamilie, reformierte später das preußische Schulwesen und gründete die Berliner Universität. Schiller schätzte den damals 27-jährigen Gelehrten sehr, wie er am 18. Mai an Körner schrieb: »Humboldt ist mir eine unendlich angenehme und nützliche Bekanntschaft; denn im Gespräch mit ihm entwickeln sich alle meine Ideen glücklicher und schneller. Es ist eine Totalität in seinem Wesen, die man äußerst selten sieht, und die ich außer ihm nur in Dir gefunden habe.« Die beiden trafen sich regelmäßig, »täglich zweimal, vorzüglich aber des Abends allein und meistenteils bis tief in die Nacht hinein«, notierte Humboldt.

In diesen Tagen kam auch der 32 Jahre alte Kantschüler Johann Gottlieb Fichte nach Jena, um Philosophie zu lehren. Schon vier

Wochen später erfuhr Körner: »Fichte ist eine äußerst interessante Bekanntschaft, aber mehr durch seinen Gehalt als durch seine Form. Von ihm hat die Philosophie noch große Dinge zu erwarten.«

Sowohl Humboldt als auch Fichte gewann Schiller rasch für sein *Horen*-Projekt. Sie entwarfen ein Schreiben, mit dem wichtige Denker und Dichter zur Mitarbeit aufgefordert werden sollten. Schiller war überzeugt, dass die *Horen* nur Erfolg haben würden, wenn Goethe dafür gewonnen werden konnte. Trotz der gegenseitigen Abneigung schrieb er um der Sache willen einen Brief an den »Weimarer Riesen« – und was für einen!

Jena. 13. Juni 1794

Hochwohlgeborner Herr,
hochzuverehrender Herr Geheimer Rat.
Beiliegendes Blatt enthält den Wunsch einer Sie unbegrenzt hochschätzenden Gesellschaft, die Zeitschrift, von der die Rede ist, mit Ihren Beiträgen zu beehren, über deren Rang und Wert nur *eine* Stimme unter uns sein kann. Der Entschluß Euer Hochwohlgeboren, diese Unternehmung durch Ihren Beitritt zu unterstützen, wird für den glücklichen Erfolg derselben entscheidend sein, und mit größter Bereitwilligkeit unterwerfen wir uns allen Bedingungen, unter welchen Sie uns denselben zusagen wollen …

Hochachtungsvoll verharre ich
Euer Hochwohlgeboren
gehorsamster Diener und aufrichtigster
Verehrer.
F. Schiller.

Die Antwort des »Riesen« dürfte Schiller überrascht haben:

Ew. Wohlgeb.
eröffnen mir eine doppelt angenehme Aussicht, sowohl auf die Zeitschrift, welche Sie herauszugeben gedenken, als auf die Teilnahme, zu der Sie mich einladen. Ich werde mit Freuden und von ganzem Herzen von der Gesellschaft seyn.

Was könnte die Ursache für den Sinneswandel bei Goethe gewesen sein? Einen Hinweis darauf lieferte er einige Tage später, als er sagte, dass er durch den Umgang mit Schiller »manches Gute hoffe«. Goethe hatte in den letzten Jahren kein größeres Werk veröffentlicht, es schien fast so, als sei seine poetische Kraft erlahmt. Vielleicht erwartete er sich von dem Austausch mit einem überaus aktiven Geist neue Anstöße. Die Bereitschaft, bei den *Horen* mitzuarbeiten, war also keine Herablassung, sondern ein Auf-den-anderen-Zugehen – nachdem dieser andere den ersten Schritt getan hatte.

Vor diesem Hintergrund muss man sehen, was Goethe später ein »glückliches Ereignis« nannte: Vom 20. bis 23. Juli 1794 nahmen beide als Ehrenmitglieder der »Naturforschenden Gesellschaft« an einer Tagung in Jena teil. Nach der ersten Sitzung verließen sie »zufällig« (wirklich?) nebeneinander das Haus, begannen ein Gespräch über Goethes Naturverständnis, das sie dann in Schillers Wohnung fortsetzten. Der von Naturbeobachtungen und Erfahrungen ausgehende Goethe und der von philosophischen Theorien und Ideen ausgehende Schiller konnten sich zwar nicht einigen, »der erste Schritt war jedoch getan«, stellte Goethe fest. Den zweiten bereitete Schiller sogleich geschickt vor: Die Humboldts luden Goethe am 22. Juli zum Abendessen ein – aber natürlich nicht nur ihn, sondern auch Schiller und seine Frau, die Goethe »von ihrer Kindheit auf zu lieben und zu schätzen gewohnt war«.

Sechs Wochen später berichtete Schiller seinem Freund Körner über die ersten ausführlichen Gespräche: »Ein jeder konnte dem andern etwas geben, was ihm fehlte, und etwas dafür empfangen. Seit dieser Zeit haben diese ausgestreuten Ideen bei Goethe Wurzel gefaßt, und er fühlt jetzt ein Bedürfnis, sich an mich anzuschließen und den Weg, den er bisher allein und ohne Aufmunterung betrat, in Gemeinschaft mit mir fortzusetzen.«

Über Dritte erfuhr Schiller Goethes Urteil: »Er habe lange nicht solchen geistigen Genuß gehabt, als bei Dir in Jena.«

Um in Goethes Nähe zu sein und seine Anerkennung zu gewinnen, war Schiller sieben Jahre zuvor nach Weimar gekommen, jetzt war er am Ziel. Doch er lehnte sich nicht zufrieden zurück, das war nicht seine Art. Mit seinem überaus klugen »Geburtstagsbrief« vom 23. August 1794 machte er gleich den nächsten Schritt in Richtung Partnerschaft.

Man brachte mir gestern die angenehme Nachricht, daß Sie von Ihrer Reise wieder zurückgekommen seien. Wir haben also wieder Hoffnung, Sie vielleicht bald einmal bei uns zu sehen, welches ich an meinem Teil herzlich wünsche. Die neulichen Unterhaltungen mit Ihnen haben meine ganze Ideenmasse in Bewegung gebracht, denn sie betrafen einen Gegenstand, der mich seit etlichen Jahren lebhaft beschäftigt. Über so manches, worüber ich mit mir selbst nicht recht einig werden konnte, hat die Anschauung Ihres Geistes (denn so muß ich den Totaleindruck Ihrer Ideen auf mich nennen) ein unerwartetes Licht in mir angesteckt. Mir fehlte das Objekt, der Körper, zu mehreren spekulativischen Ideen, und Sie brachten mich auf die Spur davon. Ihr beobachtender Blick, der so still und rein auf den Dingen ruht, setzt Sie nie in Gefahr, auf den Abweg zu geraten, in den sowohl die Spekulation als die willkürliche und bloß sich selbst gehorchende Einbildungskraft sich so leicht verirrt. In Ihrer richtigen Intuition liegt alles und weit vollständiger, was die Analysis mühsam sucht, und nur weil es als ein Ganzes in Ihnen liegt, ist Ihnen Ihr eigener Reichtum verborgen; denn leider wissen wir nur das, was wir scheiden. Geister Ihrer Art wissen daher selten, wie weit sie gedrungen sind und wie wenig Ursache sie haben, von der Philosophie zu borgen, die nur von Ihnen lernen kann. Diese kann bloß zergliedern, was ihr gegeben wird, aber das Geben selbst ist nicht die Sache des Analytikers, sondern des Genies, welches unter dem dunkeln, aber sichern Einfluß reiner Vernunft nach objektiven Gesetzen verbindet.
　　Lange schon habe ich, obgleich aus ziemlicher Ferne, dem Gang Ihres Geistes zugesehen und den Weg, den Sie sich vorgezeichnet haben, mit immer erneuerter Bewunderung bemerkt. Sie suchen das Notwendige der Natur, aber Sie suchen es auf dem schwe-

resten Wege, vor welchem jede schwächere Kraft sich wohl hüten wird. Sie nehmen die ganze Natur zusammen, um über das Einzelne Licht zu bekommen, in der Allheit ihrer Erscheinungsarten suchen Sie den Erklärungsgrund für das Individuum auf. Von der einfachen Organisation steigen Sie Schritt vor Schritt zu den mehr verwickelten hinauf, um endlich die verwickeltste von allen, den Menschen, genetisch aus den Materialien des ganzen Naturgebäudes zu erbauen. Dadurch, daß Sie ihn der Natur gleichsam nacherschaffen, suchen Sie in seine verborgene Technik einzudringen. Eine große und wahrhaft heldenmäßige Idee, die zur Genüge zeigt, wie sehr Ihr Geist das reiche Ganze seiner Vorstellungen in einer schönen Einheit zusammenhält. Sie können niemals gehofft haben, daß Ihr Leben zu einem solchen Ziele zureichen werde, aber einen solchen Weg auch nur einzuschlagen, ist mehr wert, als jeden andern zu endigen – und Sie haben gewählt, wie Achill in der »Ilias« zwischen Phtia und der Unsterblichkeit. Wären Sie als ein Grieche, ja nur als ein Italiener geboren worden und hätte schon von der Wiege an eine auserlesene Natur und eine idealisierende Kunst Sie umgeben, so wäre Ihr Weg unendlich verkürzt, vielleicht ganz überflüssig gemacht worden. Schon in die erste Anschauung der Dinge hätten Sie dann die Form des Notwendigen aufgenommen, und mit Ihren ersten Erfahrungen hätte sich der große Stil in Ihnen entwickelt. Nun, da Sie ein Deutscher geboren sind, da Ihr griechischer Geist in diese nordische Schöpfung geworfen wurde, so blieb Ihnen keine andere Wahl, als entweder selbst zum nordischen Künstler zu werden oder Ihrer Imagination das, was ihr die Wirklichkeit vorenthielt, durch Nachhülfe der Denkkraft zu ersetzen und so gleichsam von innen heraus und auf einem rationalen Wege ein Griechenland zu gebären. In derjenigen Lebensepoche, wo die Seele sich aus der äußern Welt ihre innere bildet, von mangelhaften Gestalten umringt, hatten Sie schon eine wilde und nordische Natur in sich aufgenommen, als Ihr siegendes, seinem Material überlegenes Genie diesen Mangel von innen entdeckte und von außen her durch die Bekanntschaft mit der griechischen

Natur davon vergewissert wurde. Jetzt mußten Sie die alte, Ihrer Einbildungskraft schon aufgedrungene schlechtere Natur nach dem besseren Muster, das Ihr bildender Geist sich erschuf, korrigieren, und das kann nun freilich nicht anders als nach leitenden Begriffen vonstatten gehen. Aber diese logische Richtung, welche der Geist bei der Reflexion zu nehmen genötigt ist, verträgt sich nicht wohl mit der ästhetischen, durch welche allein er bildet. Sie hatten also eine Arbeit mehr, denn so wie Sie von der Anschauung zur Abstraktion übergingen, so mußten Sie nun rückwärts Begriffe wieder in Intuitionen umsetzen und Gedanken in Gefühle verwandeln, weil nur durch diese das Genie hervorbringen kann.

So ungefähr beurteile ich den Gang Ihres Geistes, und ob ich recht habe, werden Sie selbst am besten wissen. Was Sie aber schwerlich wissen können (weil das Genie sich immer selbst das größte Geheimnis ist), ist die schöne Übereinstimmung Ihres philosophischen Instinktes mit den reinsten Resultanten der spekulierenden Vernunft. Beim ersten Anblicke zwar scheint es, als könnte es keine größern Opposita geben als den spekulativen Geist, der von der Einheit, und den intuitiven, der von der Mannigfaltigkeit ausgeht. Sucht aber der erste mit keuschem und treuem Sinn die Erfahrung und sucht der letzte mit selbsttätiger freier Denkkraft das Gesetz, so kann es gar nicht fehlen, daß nicht beide einander auf halbem Wege begegnen werden. Zwar hat der intuitive Geist nur mit Individuen und der spekulative nur mit Gattungen zu tun. Ist aber der intuitive genialisch und sucht er in dem empirischen den Charakter der Notwendigkeit auf, so wird er zwar immer Individuen, aber mit dem Charakter der Gattung erzeugen; und ist der spekulative Geist genialisch und verliert er, indem er sich darüber erhebt, die Erfahrung nicht, so wird er zwar immer nur Gattungen, aber mit der Möglichkeit des Lebens und mit gegründeter Beziehung auf wirkliche Objekte erzeugen.

Aber ich bemerke, daß ich anstatt eines Briefes eine Abhandlung zu schreiben im Begriff bin – verzeihen Sie es dem lebhaften

Interesse, womit dieser Gegenstand mich erfüllt hat; und sollten Sie Ihr Bild in diesem Spiegel nicht erkennen, so bitte ich sehr, fliehen Sie ihn darum nicht.

Ihr gehorsamster Diener

F. Schiller.

Goethe ergriff die ausgestreckte Hand, indem er umgehend antwortete: »Zu meinem Geburtstage, der mir diese Woche erscheint, hätte mir kein angenehmer Geschenk werden können, als Ihr Brief, in welchem Sie mit freundschaftlicher Hand die Summe meiner Existenz ziehen und mich durch Ihre Teilnahme zu einem emsigern und lebhafteren Gebrauch meiner Kräfte aufmuntern.

Reiner Genuß und wahrer Nutzen kann nur wechselseitig sein, und ich freue mich, Ihnen gelegentlich zu entwickeln: was mir Ihre Unterhaltung gewährt hat, wie ich von jenen Tagen an auch eine Epoche rechne, und wie zufrieden ich bin, ohne sonderliche Aufmunterung, auf meinem Wege fortgegangen zu sein, da es nun scheint, als wenn wir, nach einem so unvermuteten Begegnen, miteinander fortwandern müßten.«

Wieder vier Tage später lieferte Schiller als eine Art Ergänzung des »Geburtstagsbriefs« ein detailliertes Selbstbildnis.

Jena, 31. August 1794

… Unsre späte, aber mir manche schöne Hoffnung erweckende Bekanntschaft ist mir abermals ein Beweis, wieviel besser man oft tut, den Zufall machen zu lassen, als ihm durch zu viele Geschäftigkeit vorzugreifen. Wie lebhaft auch immer mein Verlangen war, in ein näheres Verhältnis zu Ihnen zu treten, als zwischen dem Geist des Schriftstellers und seinem aufmerksamsten Leser möglich ist, so begreife ich doch nunmehr vollkommen, daß die so sehr verschiedenen Bahnen, auf denen Sie und ich wandelten, uns nicht wohl früher als gerade jetzt mit Nutzen zusammenführen konnten. Nun kann ich aber hoffen, daß wir, soviel von dem Wege noch übrig sein mag, in Gemeinschaft durchwandeln werden, und mit um so größerm Gewinn, da die letzten Gefährten auf einer langen Reise sich immer am meisten zu sagen haben.

Erwarten Sie bei mir keinen großen materialen Reichtum von Ideen; dies ist es, was ich bei Ihnen finden werde. Mein Bedürfnis und Streben ist, aus wenigem viel zu machen, und wenn Sie meine Armut an allem, was man erworbene Erkenntnis nennt, einmal näher kennen sollten, so finden Sie vielleicht, daß es mir in manchen Stücken damit mag gelungen sein. Weil mein Gedankenkreis kleiner ist, so durchlaufe ich ihn eben darum schneller und öfter und kann ebendarum meine kleine Barschaft besser nutzen und eine Mannigfaltigkeit, die dem Inhalte fehlt, durch die Form erzeugen. Sie bestreben sich, Ihre große Ideenwelt zu simplifizieren, ich suche Varietät für meine kleine Besitzungen. Sie haben ein Königreich zu regieren, ich nur eine etwas zahlreiche Familie von Begriffen, die ich herzlich gern zu einer kleinen Welt erweitern möchte.

Ihr Geist wirkt in einem außerordentlichen Grade intuitiv, und alle Ihre denkenden Kräfte scheinen auf die Imagination als ihre gemeinschaftliche Repräsentantin gleichsam kompromittiert zu haben. Im Grund ist dies das Höchste, was der Mensch aus sich machen kann, sobald es ihm gelingt, seine Anschauung zu generalisieren und seine Empfindung gesetzgebend zu machen. Darnach streben Sie, und in wie hohem Grade haben Sie es schon erreicht! *Mein* Verstand wirkt eigentlich mehr symbolisierend, und so schwebe ich als eine Zwitterart zwischen dem Begriff und der Anschauung, zwischen der Regel und der Empfindung, zwischen dem technischen Kopf und dem Genie. Dies ist es, was mir, besonders in frühern Jahren, sowohl auf dem Felde der Spekulation als der Dichtkunst ein ziemlich linkisches Ansehen gegeben; denn gewöhnlich übereilte mich der Poet, wo ich philosophieren sollte, und der philosophische Geist, wo ich dichten wollte. Noch jetzt begegnet es mir häufig genug, daß die Einbildungskraft meine Abstraktionen und der kalte Verstand meine Dichtung stört. Kann ich dieser beiden Kräfte insoweit Meister werden, daß ich einer jeden durch meine Freiheit ihre Grenzen bestimmen kann, so erwartet mich noch ein schönes Los; leider aber, nachdem ich meine moralischen Kräfte recht zu kennen und zu gebrauchen angefangen, droht eine Krankheit meine physischen zu untergraben. Eine große und allgemeine Geistesrevolution werde ich schwerlich Zeit haben in mir zu vollenden, aber ich werde tun, was ich kann; und wenn endlich das Gebäude zusammenfällt, so habe ich doch vielleicht das Erhaltungswerte aus dem Brande geflüchtet.

Sie wollten, daß ich von mir selbst reden sollte, und ich machte von dieser Erlaubnis Gebrauch. Mit Vertrauen lege ich Ihnen diese Geständnisse hin, und ich darf hoffen, daß Sie sie mit Liebe aufnehmen.

der Ihrige
Schiller.

Nun ging es Schlag auf Schlag: Goethe lud Schiller zu sich nach Weimar ein, und das gleich für 14 Tage! »Wir besprächen uns in bequemen Stunden, sähen Freunde, die uns am ähnlichsten gesinnt wären, und würden nicht ohne Nutzen scheiden. Sie sollten ganz nach Ihrer Art und Weise leben und sich wie zu Hause möglichst einrichten.«

Schiller nahm die Einladung »mit Freuden« an, wies jedoch darauf hin, dass die Krankheit seinen Lebensrhythmus bestimme. Er bat Goethe, »daß Sie in keinem einzigen Stück Ihrer häuslichen Ordnung auf mich rechnen mögen, denn leider nötigen mich meine Krämpfe gewöhnlich, den ganzen Morgen dem Schlaf zu widmen, weil sie mir des Nachts keine Ruhe lassen, und überhaupt wird es mir nie so gut, auch den Tag über auf eine *bestimmte* Stunde sicher zählen zu dürfen«.

Diese Zeilen dürfte Goethe nicht gefallen haben, denn Unordnung war ihm zuwider, von Krankheiten wollte er nichts sehen und hören. Dass er Schiller trotzdem in sein Haus bat, zeigt mehr als viele Worte, wie sehr er sich von dessen Geist angezogen fühlte.

Vom 14. September an lebten die beiden zwei Wochen unter

einem Dach und nutzten die Zeit zu langen Gesprächen, wobei sie einander erste Einblicke in ihre Pläne gewährten.

Diesen Gesprächen folgten weitere, und wenn sich die beiden nicht redend austauschen konnten, taten sie es schreibend – in mehr als tausend Briefen!

Ihre Beziehung wird bis heute – je nach Sichtweise – Zweckbündnis, Arbeitsgemeinschaft, Partnerschaft oder Freundschaft genannt. Der Goethe-Biograph Friedenthal schreibt dazu: »Es ist kein ›Hand-in-Hand‹ geworden, eher eine Art Waffenstillstand zwischen zwei großen Mächten, die sich aufs höchste respektieren und über die Demarkationslinien hinweg miteinander verkehren, und wie ein Notenaustausch wirken viele ihrer Briefe.«

Der Germanist Peter-André Alt kommt in seiner Schiller-Biographie zu folgendem Schluss: »In die private Freundschaft bleiben stets strategische Gesichtspunkte einbezogen – das Wissen, dass es der Hilfe des Partners bedurfte …

Die Verbindung künstlerisch-praktischer und persönlicher Antriebe begründet das Geheimnis einer Konjunktion der Interessen, die Epoche gemacht hat.«

Die Beziehung der beiden größten deutschen Dichter war weder ein Zweckbündnis noch eine innige Freundschaft – sie war von all dem Genannten etwas und konnte vielleicht nur deswegen bis zum Tod Schillers dauern.

Beide lernten sich immer mehr schätzen und tolerierten wechselseitig die teilweise sehr unterschiedlichen Vorstellungen vom Dichten und Leben. Das war die Basis für ihren intellektuellen Austausch, der beide zu neuen Werken ansporrnte und zu dem führte, was man später die »Weimarer Klassik« nannte. Ob sie diese Werke ohne einander geschaffen hätten, darf zumindest gefragt werden.

Ein sonderbares Leben

Am 15. Januar 1795 erschien bei Cotta das erste Heft der *Horen*, von dem 1000 Exemplare verkauft wurden. Das war ein schöner Erfolg, doch Schiller wollte mehr und arbeitete entsprechend fleißig daran. Er führte die gesamte Korrespondenz, suchte und fand Rezensenten, warb neue Käufer, redigierte Beiträge und schrieb selbst welche, kümmerte sich ums Layout und überwachte sogar den Druck. Am 30. Januar schrieb er an Cotta: »Fürchten Sie nicht, daß ich durch NebenUnternehmungen den *Horen* Abbruch tun werde. Vom ganzen Jahre ist alle meine Zeit biß auf etwa 6 Wochen Ihnen gewidmet.«

Während er mit ganzer Kraft für die *Horen* arbeitete, kam aus dem Vaterland, genauer aus der Universität Tübingen, ein Ruf: Schiller sollte dort ordentlicher Professor für höhere Philologie und Ästhetik werden. Der Gerufene lehnte ab, weil seine Krankheit ihm regelmäßige Vorlesungen verbiete. Doch in Tübingen gab man nicht so schnell auf, man wollte den »größten Sohn des Landes« unbedingt haben. Er brauche überhaupt keine Vorlesungen zu halten, könne selbst entscheiden, ob, wann und wie er mit den Studierenden arbeiten wolle, und das bei vollem Gehalt. Das war natürlich ein verlockendes Angebot und Schiller machte sich »einige ernsthafte Überlegungen«, wie er Goethe wissen ließ. Ob er tatsächlich in Erwägung zog, dem Ruf zu folgen, darf bezweifelt werden. Aber als kluger Kopf und Familienvater nutzte er das Tübinger Angebot taktisch geschickt, um bei Herzog Carl August bessere Bedingungen auszuhandeln. Für den Fall, »daß zunehmende Kränklichkeit an schriftstellerischen Arbeiten mich verhindern sollten«, bat er, »mein Gehalt zu verdoppeln« – und hatte Erfolg!

Diese kleine Episode zeigt einmal mehr, dass Schiller nicht in höheren poetischen Sphären schwebte; ihm war nichts Menschliches fremd.

Dank Schillers Engagement konnte der Absatz der *Horen* ver-

Schiller, die Brüder Humboldt und Goethe in Jena

doppelt werden, doch nach einem Jahr wurde ihm die Arbeit zu viel. Hinzu kam, dass er mit der Abhandlung »Über naive und sentimentalische Dichtung«, die in den *Horen* abgedruckt wurde, seine »philosophische Bude schließen« wolle, wie er Goethe mitteilte. »Da ich auf lange Zeit von der Theorie Abschied genommen und meinen Anteil an den *Horen* auf das Minimum zu reduzieren entschloßen bin, so lebe ich jetzt und die nächsten Monate in einer angenehmen Freiheit, die nicht ganz leer an produktiver Tätigkeit ist«, schrieb er am 18. Januar 1796 an Körner.

Der Erfolg der anspruchsvollen *Horen* war nicht von Dauer. Die Kritik an ihnen wurde lauter und deutlicher. Das ärgerte Schiller, aber mehr noch Goethe. Er wollte es den »Kleingeistern« heimzahlen und schlug dem Kollegen vor, für sie *Xenien* (= Gastgeschenke) in humoristisch-satirischer Form zu schreiben. Hier ein paar Beispiele dieser einzigen gemeinsamen Arbeit der beiden:

An einen gewissen moralischen Dichter
Ja, der Mensch ist ein ärmlicher Wicht, ich weiß – doch das
wollt ich
Eben vergessen und kam, ach wie gereut michs, zu dir.

Der Schulmeister zu Breslau
In langweiligen Versen und abgeschmackten Gedanken
Lehrt ein Präzeptor uns hier, wie man gefällt und verführt.

Das Desideratum
Hättest du Phantasie und Witz und Empfindung und Urteil,
Wahrlich, dir fehlte nicht viel, Wieland und Lessing zu sein!

H. S.
Auf das empfindsame Volk habe ich nie was gehalten, es werden,
Kommt die Gelegenheit, nur schlechte Gesellen daraus.

An Schwätzer und Schmierer
Treibet das Handwerk nur fort, wir könnens euch freilich nicht
legen,
Aber ruhig, das glaubt, treibt ihr es künftig nicht mehr.

Die bornierten Köpfe
Etwas nützet ihr doch: die Vernunft vergißt des Verstandes
Schranken so gern, und *die* stellet ihr redlich uns dar.

Goethe und Schiller im Gespräch

Philosophische Querköpfe

»Querkopf!« schreiet ergrimmt in unsere Wälder Herr Nickel,
»Leerkopf!« schallt es darauf lustig zum Walde heraus.

Und das von den beiden größten Dichtern unseres Landes! Sie
sollen laut gelacht haben, wenn sie solche Xenien für gelungen
hielten. Dabei sind diese gemeinsamen Werke eher zum Weinen

als zum Lachen. An ihnen wird deutlich, wozu auch große Geister fähig sind, wenn so profane Dinge wie verletzter Stolz und Rachegelüste die Feder führen. Nicht zu Unrecht wurden Schiller und Goethe dafür scharf kritisiert und gar als »Sudelköche in Jena und Weimar« bezeichnet. Selbst Kant äußerte sich und sprach von einem »unwürdigen Benehmen«; auch Schillers dänische Gönner reagierten »ganz grimmig«, worauf er ihnen schrieb: »Solche Waffen braucht man nur einmal, um sie dann auf immer niederzulegen.«

Ohnehin hatte Schiller im Jahr 1796 genug andere Sorgen. Die Familie war mal wieder umgezogen und musste sich in der neuen Wohnung einleben. Das fiel Schiller umso schwerer, als er durch immer wiederkehrende Krämpfe so geschwächt war, dass er das Haus nicht verlassen konnte. »Schiller lebt ein sonderbares Leben«, schrieb ein Beobachter. »Ganz abgesondert von aller Gesellschaft lebt er in seiner eigenen Welt. Er kommt oft in mehreren Monaten nicht aus dem Zimmer, natürlich macht ihm nun die bloße Luft einen unangenehmen Eindruck …

Sein niedlicher wilder Junge macht seine einzige Unterhaltung mit der Welt, und grade war auch die Vaterliebe das einzige Band, welches ihn von der Austerität und dem menschenfeindlichen Wesen eines Einsiedlers bewahren konnte.

Seine Frau, die, ohne den Ersatz zu finden, den ihm sein spekulatives Leben gibt, die Einsamkeit mit ihm teilt, erscheint mir in der Tat ehrwürdig, denn man sieht auch keinen Schatten von Unzufriedenheit an ihr. Sollte sie aber in der Länge einmal das Bedürfnis eines anderen männlichen Umgangs fühlen, wer könnte sie verdammen?«

Das Leben an der Seite dieses Mannes war in der Tat sehr schwer, doch Charlotte hielt zu ihm – und überraschte ihn mit der Nachricht, dass sie ihr zweites Kind erwartete.

»Meine Frau ist zwar nicht krank, aber die Schwangerschaft setzt ihr doch sehr zu. Wenn nur alles gut vorüber geht. Ich bin seit einiger Zeit in meiner Familie sehr unglücklich, und es kostete mir oft,

Euch diesen Eindruck zu verbergen«, schrieb er am 23. Mai an Körner. Mit seiner Familie meinte er hier die Eltern und Schwestern in Stuttgart. Was er von dort hörte, bereitete ihm große Sorgen: Die Franzosen standen im Land, Schillers jüngste Schwester Nanette hatte sich an einem epedemischen Fieber angesteckt und starb. Auch der Vater und Schwester Louise erkrankten an dem Fieber. Am liebsten wäre Schiller nach Stuttgart gefahren, doch das ließen seine schwangere Frau und sein eigener Gesundheitszustand nicht zu. Deswegen bat er Christophine zu fahren, die Kranken zu pflegen und der Mutter beizustehen.

Am 11. Juli brachte Charlotte den Sohn Ernst Friedrich Wilhelm zur Welt. Zwei Stunden nach der Geburt schrieb Schiller an Goethe: »Meine Wünsche sind in jeder Hinsicht erfüllt, denn es ist ein Junge ... Jetzt also kann ich meine kleine Familie anfangen zu zählen.«

Doch die Freude über den zweiten Sohn wurde durch traurige Berichte aus Stuttgart gedämpft: Christophine schilderte in einem Brief, wie französische Soldaten in das Elternhaus eindrangen, die Frauen bedrängten und die Schubladen ausräumten, während der Vater im Bett lag und sich nicht rühren konnte. Sein Zustand verschlechterte sich von Tag zu Tag und am 7. September starb er.

Jena, 19. September 1796

Liebste Mutter,

herzlich betrübt ergreife ich die Feder, mit Ihnen und den lieben Schwestern den schweren Verlust zu beweinen, den wir zusammen erlitten haben. Zwar gehofft habe ich schon eine Zeitlang nichts mehr, aber wenn das Unvermeidliche wirklich eingetreten ist, so ist es immer ein erschütternder Schlag. Daran zu denken, daß etwas, das uns so teuer war und woran wir mit den Empfindungen der frühen Kindheit gehangen und auch im späten Alter mit Lieb geheftet waren, daß so etwas aus der Welt ist, daß wir mit allem unsern Bestreben es nicht mehr zurückbringen können, daran zu denken, ist mir etwas Schreckliches. Und wenn man erst wie Sie, teureste, liebste Mutter, Freude und Schmerz mit dem verlornen Freund und Gatten so lange, so viele Jahre geteilt hat, so ist die Trennung um so schmerzlicher.

Ich will Sie und die lieben Schwestern nicht trösten. Ihr fühlt alle mit mir, wie viel wir verloren haben, aber Ihr fühlt auch, daß der Tod allein dieses lange Leiden endigen konnte. Unserm teuren Vater ist wohl, und wir alle müssen und werden ihm folgen. Nie wird sein Bild aus unserm Herzen erlöschen, und der Schmerz um ihn soll uns nur noch enger untereinander vereinigen.

Sie, teure Mutter, müssen sich Ihr Schicksal jetzt ganz selbst wählen, und in Ihrer Wahl soll keine Sorge Sie leiten. Fragen Sie sich selbst, wo Sie am liebsten leben, hier bei mir oder bei Christophinen oder im Vaterland mit der Luise. Wohin Ihre Wahl fällt, da wollen wir Mittel dazu schaffen.

Alles, was Sie zu einem gemächlichen Leben brauchen, muß Ihnen werden, beste Mutter, und es ist nun hinfort *meine* Sache, daß keine Sorge Sie mehr drückt. Nach soviel schwerem Leiden muß der Abend Ihres Lebens heiter oder doch ruhig sein, und ich hoffe, Sie sollen im Schoße Ihrer Kinder und Enkel noch manchen frohen Tag genießen.

Die Mutter blieb im Vaterland. Ihre Tochter Louise wurde wieder gesund, heiratete und nahm sie bei sich in Leonberg auf. Einem Besucher, der Medizin studierte, sagte sie: »Zu der Wahl Ihres künftigen Berufes wünsche ich Ihnen Glück, und Ihrer Frau Mutter bessere Früchte, als es der Fall bei meinem Sohn für mich war, denn eben diese Wahl ist es, die meinen Fritz von mir trennte.«

Schillers Mutter hat nie verwunden, dass ihr Fritz nicht Pfarrer geworden und im Land geblieben war (obwohl er das ursprünglich ja selbst gewollt hatte), sondern die Heimat verlassen und ein Leben geführt hat, das ihr völlig fremd war und so gut wie gar keine Teilnahme erlaubte.

Ein Wettstreit

Nachdem Schiller seine »philosophische Bude« geschlossen hatte, schrieb er zum ersten Mal seit sieben Jahren wieder Gedichte. Mit »Die Ideale« zog er eine Bilanz seines bisherigen Lebens und Schaffens:

> Erloschen sind die heitern Sonnen,
> Die meiner Jugend Pfad erhellt,
> Die Ideale sind zerronnen,
> Die einst das trunkne Herz geschwellt,
> Er ist dahin, der süße Glaube
> An Wesen, die mein Traum gebar,
> Der rauhen Wirklichkeit zum Raube,
> Was einst so schön, so göttlich war.
>
> Wie einst mit flehendem Verlangen
> Pygmalion den Stein umschloß,
> Bis in des Marmors kalte Wangen
> Empfindung glühend sich ergoß,
> So schlang ich mich mit Liebesarmen
> Um die Natur, mit Jugendlust,
> Bis sie zu atmen, zu erwarmen
> Begann an meiner Dichterbrust,
>
> Und, teilend meine Flammentriebe,
> Die Stumme eine Sprache fand,
> Mir wiedergab den Kuß der Liebe
> Und meines Herzens Klang verstand;
> Da lebte mir der Baum, die Rose,
> Mir sang der Quellen Silberfall,
> Es fühlte selbst das Seelenlose
> Von meines Lebens Widerhall.

Es dehnte mit allmächtgem Streben
Die enge Brust ein kreisend All,
Herauszutreten in das Leben
In Tat und Wort, in Bild und Schall.
Wie groß war diese Welt gestaltet,
Solang die Knospe sie noch barg,
Wie wenig, ach! hat sich entfaltet,
Dies wenige, wie klein und karg.

Wie sprang, von kühnem Mut beflügelt,
Beglückt in seines Traumes Wahn,
Von keiner Sorge noch gezügelt,
Der Jüngling in des Lebens Bahn.
Bis an des Äthers bleichste Sterne
Erhob ihn der Entwürfe Flug,
Nichts war so hoch und nichts so ferne,
Wohin ihr Flügel ihn nicht trug.

Wie leicht ward er dahingetragen,
Was war dem Glücklichen zu schwer!
Wie tanzte vor des Lebens Wagen
Die luftige Begleitung her!
Die Liebe mit dem süßen Lohne,
Das Glück mit seinem goldnen Kranz,
Der Ruhm mit seiner Sternenkrone,
Die Wahrheit in der Sonne Glanz!

Doch, ach! schon auf des Weges Mitte
Verloren die Begleiter sich,
Sie wandten treulos ihre Schritte,
Und einer nach dem andern wich.
Leichtfüßig war das Glück entflogen,
Des Wissens Durst blieb ungestillt,
Des Zweifels finstre Wetter zogen
Sich um der Wahrheit Sonnenbild.

Ich sah des Ruhmes heilge Kränze
Auf der gemeinen Stirn entweiht,
Ach, allzuschnell nach kurzem Lenze,
Entfloh die schöne Liebeszeit.
Und immer stiller wards und immer
Verlaßner auf dem rauhen Steg,
Kaum warf noch einen bleichen Schimmer
Die Hoffnung auf den finstern Weg.

Von all dem rauschenden Geleite,
Wer harrte liebend bei mir aus?
Wer steht mir tröstend noch zur Seite
Und folgt mir bis zum finstern Haus?
Du, die du alle Wunden heilest,
Der Freundschaft leise, zarte Hand,
Des Lebens Bürden liebend teilest,
Du, die ich frühe sucht' und fand,

Die neue Lust an der Lyrik mündete schließlich in das so genannte »Balladenjahr« 1797. Schiller und Goethe diskutierten erneut über lyrische, epische und dramatische Dichtkunst, deren Merkmale und Möglichkeiten. Weil die Ballade von allem etwas hat, nannte Goethe sie das »Ur-Ei« der Poesie. Dieses »Ur-Ei« reizte beide und es kam zu einer Art Wettstreit, dem wir jene Balladen zu verdanken haben, die wesentlich zu Schillers Popularität im 19. und 20. Jahrhundert beitrugen. Generationen von Schülern mussten die wichtigsten auswendig lernen und aufsagen können.

Schiller baute seine Balladen wie verknappte Dramen auf und formulierte mit ihnen modellhaft, wie er sich menschliches Handeln vorstellte. In ihnen sah er ein geeignetes Mittel zum Zweck, und der Zweck war, seine Ideen unter den Menschen zu verbreiten. Die Personen in seinen Balladen seien »nur um der Idee willen da«, erläuterte er Körner.

Der Taucher

»Wer wagt es, Rittersmann oder Knapp,
Zu tauchen in diesen Schlund?
Einen goldnen Becher werf ich hinab,
Verschlungen schon hat ihn der schwarze Mund.
Wer mir den Becher kann wieder zeigen,
Er mag ihn behalten, er ist sein eigen.«

Der König spricht es und wirft von der Höh
Der Klippe, die schroff und steil
Hinaushängt in die unendliche See,
Den Becher in der Charybde Geheul.
»Wer ist der Beherzte, ich frage wieder,
Zu tauchen in diese Tiefe nieder?«

Und die Ritter, die Knappen um ihn her
Vernehmens und schweigen still,
Sehen hinab in das wilde Meer,
Und keiner den Becher gewinnen will.
Und der König zum drittenmal wieder fraget:
»Ist keiner, der sich hinunterwaget?«

Doch alles noch stumm bleibt wie zuvor,
Und ein Edelknecht, sanft und keck,
Tritt aus der Knappen zagendem Chor,
Und den Gürtel wirft er, den Mantel weg,
Und alle die Männer umher und Frauen
Auf den herrlichen Jüngling verwundert schauen.

Und wie er tritt an des Felsen Hang
Und blickt in den Schlund hinab,
Die Wasser, die sie hinunterschlang,
Die Charybde jetzt brüllend wiedergab,

Und wie mit des fernen Donners Getose
Entstürzen sie schäumend dem finstern Schoße.

Und es wallet und siedet und brauset und zischt,
Wie wenn Wasser mit Feuer sich mengt,
Bis zum Himmel spritzet der dampfende Gischt,
Und Flut auf Flut sich ohn Ende drängt,
Und will sich nimmer erschöpfen und leeren,
Als wollte das Meer noch ein Meer gebären.

Doch endlich, da legt sich die wilde Gewalt,
Und schwarz aus dem weißen Schaum
Klafft hinunter ein gähnender Spalt,
Grundlos, als gings in den Höllenraum,
Und reißend sieht man die brandenden Wogen
Hinab in den strudelnden Trichter gezogen.

Jetzt schnell, eh die Brandung wiederkehrt,
Der Jüngling sich Gott befiehlt,
Und – ein Schrei des Entsetzens wird rings gehört,
Und schon hat ihn der Wirbel hinweggespült,
Und geheimnisvoll über dem kühnen Schwimmer
Schließt sich der Rachen, er zeigt sich nimmer.

Und stille wirds über dem Wasserschlund,
In der Tiefe nur brauset es hohl,
Und bebend hört man von Mund zu Mund:
»Hochherziger Jüngling, fahre wohl!«
Und hohler und hohler hört mans heulen,
Und es harrt noch mit bangem, mit schrecklichem Weilen.

Und warfst du die Krone selber hinein
Und sprächst: Wer mir bringet die Kron,
Er soll sie tragen und König sein,

Mich gelüstete nicht nach dem teuren Lohn.
Was die heulende Tiefe da unten verhehle,
Das erzählt keine lebende glückliche Seele.

Wohl manches Fahrzeug, vom Strudel gefaßt,
Schoß gäh in die Tiefe hinab,
Doch zerschmettert nur rangen sich Kiel und Mast
Hervor aus dem alles verschlingenden Grab –
Und heller und heller wie Sturmes Sausen
Hört mans näher und immer näher brausen.

Und es wallet und siedet und brauset und zischt,
Wie wenn Wasser mit Feuer sich mengt,
Bis zum Himmel spritzet der dampfende Gischt,
Und Well auf Well sich ohn Ende drängt,
Und wie mit des fernen Donners Getose
Entstürzt es brüllend dem finstern Schoße.

Und sieh! aus dem finster flutenden Schoß
Da hebet sichs schwanenweiß,
Und ein Arm und ein glänzender Nacken wird bloß,
Und es rudert mit Kraft und mit emsigem Fleiß,
Und er ists, und hoch in seiner Linken
Schwingt er den Becher mit freudigem Winken.

Und atmete lang und atmete tief
Und begrüßte das himmlische Licht.
Mit Frohlocken es einer dem andern rief:
»Er lebt! Er ist da! Es behielt ihn nicht.
Aus dem Grab, aus der strudelnden Wasserhöhle
Hat der Brave gerettet die lebende Seele.«

Und er kommt, es umringt ihn die jubelnde Schar,
Zu des Königs Füßen er sinkt,

Den Becher reicht er ihm kniend dar,
Und der König der lieblichen Tochter winkt,
Die füllt ihn mit funkelndem Wein bis zum Rande,
Und der Jüngling sich also zum König wandte:

»Lang lebe der König! Es freue sich,
Wer da atmet im rosigten Licht!
Da unten aber ists fürchterlich,
Und der Mensch versuche die Götter nicht
Und begehre nimmer und nimmer zu schauen,
Was sie gnädig bedecken mit Nacht und Grauen.

Es riß mich hinunter blitzesschnell,
Da stürzt' mir aus felsigtem Schacht
Wildflutend entgegen ein reißender Quell,
Mich packte des Doppelstroms wütende Macht,
Und wie einen Kreisel mit schwindelndem Drehen
Trieb michs um, ich konnte nicht widerstehen.

Da zeigte mir Gott, zu dem ich rief
In der höchsten schrecklichen Not,
Aus der Tiefe ragend ein Felsenriff,
Das erfaßt' ich behend und entrann dem Tod,
Und da hing auch der Becher an spitzen Korallen,
Sonst wär er ins Bodenlose gefallen.

Denn unter mir lags noch, bergetief,
In purpurner Finsternis da,
Und obs hier dem Ohre gleich ewig schlief,
Das Auge mit Schaudern hinuntersah,
Wie's von Salamandern und Molchen und Drachen
Sich regt' in dem furchtbaren Höllenrachen.

Schwarz wimmelten da, in grausem Gemisch,
Zu scheußlichen Klumpen geballt,
Der stachligte Roche, der Klippenfisch,
Des Hammers greuliche Ungestalt,
Und dräuend wies mir die grimmigen Zähne
Der entsetzliche Hai, des Meeres Hyäne.

Und da hing ich und wars mir mit Grausen bewußt,
Von der menschlichen Hülfe so weit,
Unter Larven die einzige fühlende Brust,
Allein in der gräßlichen Einsamkeit,
Tief unter dem Schall der menschlichen Rede
Bei den Ungeheuern der traurigen Öde.

Und schaudernd dacht ichs, da krochs heran,
Regte hundert Gelenke zugleich,
Will schnappen nach mir; in des Schreckens Wahn
Laß ich los der Koralle umklammerten Zweig,
Gleich faßt mich der Strudel mit rasendem Toben,
Doch es war mir zum Heil, er riß mich nach oben.«

Der König darob sich verwundert schier
Und spricht: »Der Becher ist dein,
Und diesen Ring noch bestimm ich dir,
Geschmückt mit dem köstlichsten Edelgestein,
Versuchst dus noch einmal und bringst mir Kunde,
Was du sahst auf des Meeres tiefunterstem Grunde?«

Das hörte die Tochter mit weichem Gefühl,
Und mit schmeichelndem Munde sie fleht:
»Laßt, Vater, genug sein das grausame Spiel,
Er hat Euch bestanden, was keiner besteht,
Und könnt Ihr des Herzens Gelüsten nicht zähmen,
So mögen die Ritter den Knappen beschämen.«

Drauf der König greift nach dem Becher schnell,
In den Strudel ihn schleudert hinein:
»Und schaffst du den Becher mir wieder zur Stell,
So sollst du der trefflichste Ritter mir sein
Und sollst sie als Ehgemahl heut noch umarmen,
Die jetzt für dich bittet mit zartem Erbarmen.«

Da ergreifts ihm die Seele mit Himmelsgewalt,
Und es blitzt aus den Augen ihm kühn,
Und er siehet erröten die schöne Gestalt
Und sieht sie erbleichen und sinken hin,
Da treibts ihn, den köstlichen Preis zu erwerben,
Und stürzt hinunter auf Leben und Sterben.

Wohl hört man die Brandung, wohl kehrt sie zurück,
Sie verkündigt der donnernde Schall,
Da bückt sichs hinunter mit liebendem Blick,
Es kommen, es kommen die Wasser all,
Sie rauschen herauf, sie rauschen nieder,
Den Jüngling bringt keines wieder.

Als »kleines Nachstück« zum »Taucher« schrieb Schiller »Der Handschuh«.

Vor seinem Löwengarten,
Das Kampfspiel zu erwarten,
Saß König Franz,
Und um ihn die Großen der Krone,
Und rings auf hohem Balkone
Die Damen in schönem Kranz.

Und wie er winkt mit dem Finger,
Auf tut sich der weite Zwinger,
Und hinein mit bedächtigem Schritt

Ein Löwe tritt,
Und sieht sich stumm
Rings um,
Mit langem Gähnen,
Und schüttelt die Mähnen,
Und streckt die Glieder,
Und legt sich nieder.

Und der König winkt wieder,
Da öffnet sich behend
Ein zweites Tor,
Daraus rennt
Mit wildem Sprunge
Ein Tiger hervor,
Wie der den Löwen erschaut,
Brüllt er laut,
Schlägt mit dem Schweif
Einen furchtbaren Reif,
Und recket die Zunge,
Und im Kreise scheu
Umgeht er den Leu
Grimmig schnurrend,
Drauf streckt er sich murrend
Zur Seite nieder.

Und der König winkt wieder,
Da speit das doppelt geöffnete Haus
Zwei Leoparden auf einmal aus,
Die stürzen mit mutiger Kampfbegier
Auf das Tigertier,
Das packt sie mit seinen grimmigen Tatzen,
Und der Leu mit Gebrüll
Richtet sich auf, da wirds still,
Und herum im Kreis,

Von Mordsucht heiß,
Lagern die greulichen Katzen.

Da fällt von des Altans Rand
Ein Handschuh von schöner Hand
Zwischen den Tiger und den Leun
Mitten hinein.

Und zu Ritter Delorges spottenderweis
Wendet sich Fräulein Kunigund:
»Herr Ritter, ist Eure Lieb so heiß,
Wie Ihr mirs schwört zu jeder Stund,
Ei, so hebt mir den Handschuh auf.«

Und der Ritter in schnellem Lauf
Steigt hinab in den furchtbarn Zwinger
Mit festem Schritte,
Und aus der Ungeheuer Mitte
Nimmt er den Handschuh mit keckem Finger.

Und mit Erstaunen und mit Grauen
Sehens die Ritter und Edelfrauen,
Und gelassen bringt er den Handschuh zurück,
Da schallt ihm sein Lob aus jedem Munde,
Aber mit zärtlichem Liebesblick –
Er verheißt ihm sein nahes Glück –
Empfängt ihn Fräulein Kunigunde.
Und er wirft ihr den Handschuh ins Gesicht:
»Den Dank, Dame, begehr ich nicht«,
Und verläßt sie zur selben Stunde.

Der König und Kunigunde handeln nicht nur verantwortungs-, sondern auch würdelos. Es ist unter der Würde eines Menschen, zur
Befriedigung niederer Gelüste andere Menschen in lebensgefähr-

liche Situationen zu bringen. Dennoch gibt es einen großen Unterschied: Der König zwingt den Knappen nicht, dieser stürzt sich freiwillig in die Fluten. Beim ersten Sprung tut er das noch als reiner, naiver Jüngling und wird mit Gottes Hilfe gerettet. Hätte er aus dieser extremen Erfahrung die richtigen Lehren gezogen, wäre er dadurch zum Mann, zum Ritter geworden – und kein zweites Mal gesprungen. Doch er hat die Reifeprüfung nicht bestanden, fordert die Natur aus egoistischen Interessen noch einmal heraus und bezahlt dafür mit dem Leben.

Als Kunigunde ihren Handschuh zwischen die Raubtiere fallen lässt, ist ihr bewusst, dass Ritter Delorges hinunter muss, wenn er sein Gesicht und seine Ehre nicht verlieren will. Doch er geht nicht aus egoistischen Interessen in den Raubtierzwinger, sondern um Kunigunde und der ganzen feinen Gesellschaft die Unmenschlichkeit ihres Tuns vorzuführen. Dass er sich davon abwendet, hebt den Ritter auf eine höhere Stufe des Menschseins.

Was macht den Mensch zum Menschen? Darüber hat Schiller schon als Carlsschüler nachgedacht und in seiner Dissertation *Versuch über den Zusammenhang der tierischen Natur des Menschen mit seiner geistigen* geschrieben; darum ging es in seinen wichtigsten philosophischen Schriften; das war sein Thema, auch in den Balladen.

Ein letztes Beispiel dafür ist »Die Bürgschaft«.

> Zu Dionys, dem Tyrannen, schlich
> Damon, den Dolch im Gewande;
> Ihn schlugen die Häscher in Bande.
> »Was wolltest du mit dem Dolche, sprich!«
> Entgegnet ihm finster der Wüterich.
> »Die Stadt vom Tyrannen befreien!«
> »Das sollst du am Kreuze bereuen.«
>
> »Ich bin«, spricht jener, »zu sterben bereit
> Und bitte nicht um mein Leben,

Doch willst du Gnade mir geben,
Ich flehe dich um drei Tage Zeit,
Bis ich die Schwester dem Gatten gefreit,
Ich lasse den Freund dir als Bürgen,
Ihn magst du, entrinn ich, erwürgen.«

Da lächelt der König mit arger List
Und spricht nach kurzem Bedenken:
»Drei Tage will ich dir schenken.
Doch wisse! Wenn sie verstrichen, die Frist,
Eh du zurück mir gegeben bist,
So muß er statt deiner erblassen,
Doch dir ist die Strafe erlassen.«

Der tyrannische König verhält sich noch unmenschlicher als der König im »Taucher« und Kunigunde. Er bietet Damon die Chance, sein Leben zu retten und dadurch indirekt zum Mörder seines Freundes zu werden. So würde der König an Damons Stelle handeln. Doch Damon denkt und fühlt anders, eben wie ein Mensch. Nachdem er seine Schwester verheiratet hat, macht er sich sofort auf den Rückweg. Aber sintflutartiger Regen lässt Bäche zu gewaltigen Strömen anschwellen und Räuber trachten ihm nach dem Leben. Mit beinahe übermenschlicher Kraft überwindet er alle Schwierigkeiten, verliert jedoch viel Zeit und fürchtet schon, zu spät zu kommen.

Und die Angst beflügelt den eilenden Fuß,
Ihn jagen der Sorge Qualen,
Da schimmern in Abendrots Strahlen
Von ferne die Zinnen von Syrakus,
Und entgegen kommt ihm Philostratus,
Des Hauses redlicher Hüter,
Der erkennet entsetzt den Gebieter:

»Zurück! du rettest den Freund nicht mehr,
So rette das eigene Leben!
Den Tod erleidet er eben.
Von Stunde zu Stunde gewartet' er
Mit hoffender Seele der Wiederkehr,
Ihm konnte den mutigen Glauben
Der Hohn des Tyrannen nicht rauben.«

»Und ist es zu spät, und kann ich ihm nicht
Ein Retter willkommen erscheinen,
So soll mich der Tod ihm vereinen.
Des rühme der blutge Tyrann sich nicht,
Daß der Freund dem Freunde gebrochen die Pflicht,
Er schlachte der Opfer zweie
Und glaube an Liebe und Treue.«

Und die Sonne geht unter, da steht er am Tor
Und sieht das Kreuz schon erhöhet,
Das die Menge gaffend umstehet,
An dem Seile schon zieht man den Freund empor,
Da zertrennt er gewaltig den dichten Chor:
»Mich, Henker!« ruft er, »erwürget!
Da bin ich, für den er gebürget!«

Und Erstaunen ergreifet das Volk umher,
In den Armen liegen sich beide
Und weinen für Schmerzen und Freude.
Da sieht man kein Auge tränenleer,
Und zum Könige bringt man die Wundermär,
Der fühlt ein menschliches Rühren,
Läßt schnell vor den Thron sie führen.

Und blicket sie lange verwundert an.
Drauf spricht er: »Es ist euch gelungen,

Ihr habt das Herz mir bezwungen,
Und die Treue, sie ist doch kein leerer Wahn,
So nehmet auch mich zum Genossen an,
Ich sei, gewährt mir die Bitte,
In eurem Bunde der Dritte.«

Wie hatte Schiller in »Die Ideale« die Frage beantwortet, wer ihm »bis zum finstern Haus« folge:

Du, die du alle Wunden heilest,
Der Freundschaft leise, zarte Hand,
Des Lebens Bürden liebend teilest,
Du, die ich frühe sucht' und fand.

Schiller hatte es im Leben wahrlich nicht leicht. Ohne Freunde hätte er seinen Weg nicht gehen können, wäre vermutlich irgendwo elend zu Grunde gegangen. Freundschaft gehörte zu den beglückendsten Erfahrungen seines Lebens.

Das Ideal der Freundschaft und Treue konnte sogar einen Tyrannen verändern – und mit ihm, so hoffte Schiller, die Leser.

Wallenstein

Wie immer, wenn Schiller mitten in einer Arbeit steckte, beschäftigten ihn schon andere Pläne und ließen ihn ungeduldig werden. So war es auch im Balladenjahr. Der *Wallenstein* rumorte mal wieder in ihm. Seit der Arbeit über den *Dreißigjährigen Krieg* hatte ihn die Figur des Herzogs von Friedland und kaiserlichen Generals Albrecht von Wallenstein nicht mehr losgelassen. Sechs Jahre lang hatte Schiller immer wieder angesetzt, Notizen, Entwürfe und Skizzen gemacht, war vor dem gewaltigen Stoff zurückgeschreckt, weil er befürchtet hatte, die Arbeit könnte über seine Kräfte gehen. Nun machte er also einen neuen Anfang, obwohl »der Stoff, ich darf wohl sagen, im höchsten Grad ungeschmeidig für einen solchen Zweck«, für ein Theaterstück sei. Dabei rang er nicht nur mit dem Stoff, sondern auch mit der Form, wie er Körner im November 1797 mitteilte: »Es ist nun entschieden, daß ich ihn in Jamben mache, ich begreife kaum, wie ich es je anders habe wollen können, es ist unmöglich, ein Gedicht in Prosa zu schreiben. Alles was ich schon gemacht, muß anders werden, und ist es zum Teil schon. Es hat in der neuen Gestalt ein ganz anderes Ansehen und ist jetzt erst eine Tragödie zu nennen.«

Ein kleines Beispiel soll den Unterschied deutlich machen. Ursprünglich hieß es:

Gut, daß Ihrs seid, daß wir Euch haben! Wußt ichs doch,
Graf Isolan bleibt nicht aus, wenn sein Chef auf ihn gerechnet
hat.

In der neuen Jamben-Form wurde daraus:

Spät kommt Ihr – doch Ihr kommt! Der weite Weg,
Graf Isolan, entschuldigt Euer Säumen.

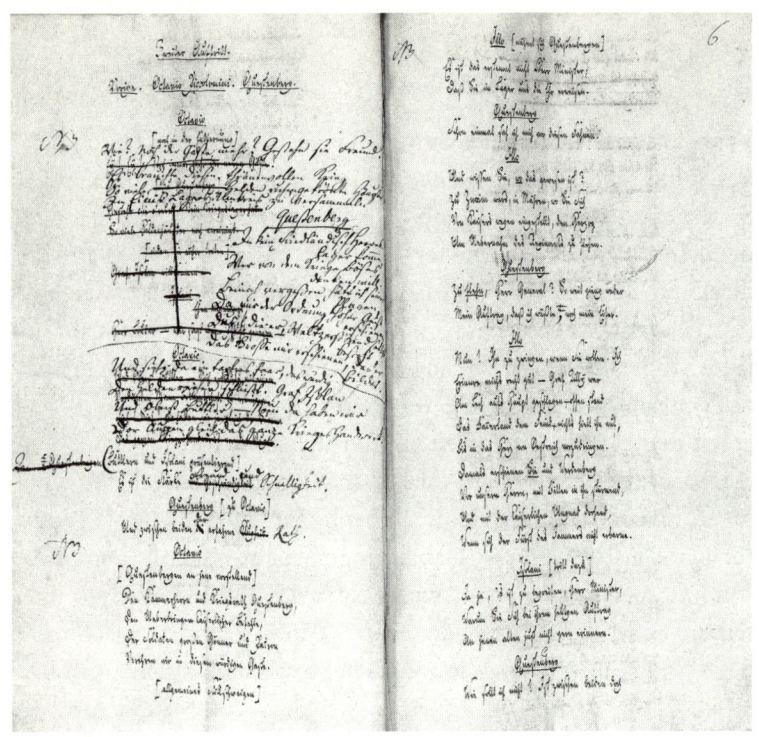

Arbeit am Wallenstein-Text (Handschrift)

Schiller kam gut voran und schrieb zu Beginn des Jahres 1798 dem Verleger Cotta: »Auf den *Wallenstein* dürfen Sie sich freuen, es ist mir in meinem Leben nichts so gut gelungen, und ich hoffe, in dieser Arbeit die Kraft und das Feuer der Jugend mit der Ruhe und Klarheit des reiferen Alters gepaart zu haben.«

Solch gute Phasen waren jeweils nur von kurzer Dauer und wenig später klagte Schiller: »Es ist ein Meer auszutrinken, und ich sehe manchmal das Ende nicht. Hätte ich zehn Wochen ununterbrochener Gesundheit, so wäre ich fertig.« Doch davon konnte keine Rede sein, wie er Körner am 27. April berichtete: »Es hat diesen Winter und Frühling ein rechter Unglücksstern über mir gewaltet, denn seit Oktober bin ich schon das viertemal 14 Tage an einem Katarrhfieber krank und mußte sogar etliche Tage das Bett hüten, es hat mich sehr angegriffen, besonders ist mir der Kopf ganz verwüstet.«

Trotz des »verwüsteten Kopfes« arbeitete er – und wie!

Die größte Schwierigkeit, den Wallenstein-Stoff bühnentauglich zu machen, hatte Schiller schon Ende 1796 Körner geschildert: »Die Base, worauf Wallenstein seine Unternehmung gründet, ist die Armee, mithin für mich eine unendliche Fläche, die ich nicht vors Auge und nur durch unsägliche Kunst vor die Phantasie bringen kann: Ich kann also das Objekt, worauf er ruht, nicht zeigen, und ebenso wenig das, wodurch er fällt; das ist ebenfalls die Stimmung der Armee, der Hof, der Kaiser.«

Dieses Problem löste Schiller schließlich mit einem genialen Kunstgriff.

ERSTER AUFTRITT

Marketenderzelte, davor eine Kram- und Trödelbude. Soldaten von allen Farben und Feldzeichen drängen sich durcheinander, alle Tische sind besetzt. Kroaten und Ulanen an einem Kohlfeuer kochen, Marketenderin schenkt Wein, Soldatenjungen würfeln auf einer Trommel, im Zelt wird gesungen.
Ein Bauer und sein Sohn

Bauerknabe. Vater, es wird nicht gut ablaufen,
  Bleiben wir von dem Soldatenhaufen.
  Sind Euch gar trotzige Kameraden;
  Wenn sie uns nur nichts am Leibe schaden.
Bauer. Ei was! Sie werden uns ja nicht fressen,
  Treiben sies auch ein wenig vermessen.
  Siehst du? sind neue Völker herein,
  Kommen frisch von der Saal und dem Main,
  Bringen Beut mit, die rarsten Sachen!
  Unser ists, wenn wirs nur listig machen.
  Ein Hauptmann, den ein andrer erstach,

Ließ mir ein Paar glückliche Würfel nach.
Die will ich heut einmal probieren,
Ob sie die alte Kraft noch führen.
Mußt dich nur recht erbärmlich stellen,
Sind dir gar lockere, leichte Gesellen.
Lassen sich gerne schön tun und loben,
So wie gewonnen, so ists zerstoben.
Nehmen sie uns das Unsre in Scheffeln,
Müssen wirs wieder bekommen in Löffeln;
Schlagen sie grob mit dem Schwerte drein,
So sind wir pfiffig und treibens fein.

(Im Zelt wird gesungen und gejubelt)

Wie sie juchzen – daß Gott erbarm!
Alles das geht von des Bauern Felle.
Schon acht Monate legt sich der Schwarm
Uns in die Betten und in die Ställe,
Weit herum ist in der ganzen Aue
Keine Feder mehr, keine Klaue,
Daß wir für Hunger und Elend schier
Nagen müssen die eignen Knochen,
Wars doch nicht ärger und krauser hier,
Als der Sachs noch im Lande tät pochen.
Und die nennen sich Kaiserliche!

Bauerknabe. Vater, da kommen ein paar aus der Küche,
Sehen nicht aus, als wär viel zu nehmen.

Bauer. Sind Einheimische, geborne Böhmen,
Von des Terschkas Karabinieren,
Liegen schon lang in diesen Quartieren.
Unter allen die Schlimmsten just,
Spreizen sich, werfen sich in die Brust,
Tun, als wenn sie zu fürnehm wären,
Mit dem Bauer ein Glas zu leeren.
Aber dort seh ich die drei scharfe Schützen
Linker Hand um ein Feuer sitzen.

Sehen mir aus wie Tiroler schier.
Emmerich, komm! An die wollen wir,
Lustige Vögel, die gerne schwatzen,
Tragen sich sauber und führen Batzen.
(Gehen nach den Zelten)

ERSTER AUFZUG. ZWEITER AUFTRITT

Vorige. Wachtmeister. Trompeter. Ulan

Trompeter. Was will der Bauer da? Fort, Halunk!

Bauer. Gnädige Herren, einen Bissen und Trunk,
  Haben heut noch nichts Warmes gegessen.

Trompeter. Ei, das muß immer saufen und fressen.

Ulan *(mit einem Glase)*. Nichts gefrühstückt? Da trink, du Hund!
  (Führt den Bauer nach dem Zelte; jene kommen vorwärts)

Wachtmeister *(zum Trompeter)*.
  Meinst du, man hab uns ohne Grund
  Heute die doppelte Löhnung gegeben,
  Nur daß wir flott und lustig leben?

Trompeter. Die Herzogin kommt ja heute herein
  Mit dem fürstlichen Fräulein –

Wachtmeister. Das ist nur der Schein.
  Die Truppen, die aus fremden Landen
  Sich hier vor Pilsen zusammenfanden,
  Die sollen wir gleich an uns locken
  Mit gutem Schluck und guten Brocken,
  Damit sie sich gleich zufrieden finden,
  Und fester sich mit uns verbinden.

Trompeter. Ja, es ist wieder was im Werke!

Wachtmeister. Die Herren Generäle und Kommendanten –

Trompeter. Es ist gar nicht geheuer, wie ich merke.

Wachtmeister. Die sich so dick hier zusammenfanden –

Trompeter. Sind nicht für die Langeweile herbemüht.

Wachtmeister. Und das Gemunkel, und das Geschicke –

Trompeter. Ja! ja!

Wachtmeister. Und von Wien die alte Perücke,
Die man seit gestern herumgehn sieht,
Mit der guldenen Gnadenkette,
Das hat was zu bedeuten, ich wette.

Trompeter. Wieder so ein Spürhund, gebt nur acht,
Der die Jagd auf den Herzog macht.

Wachtmeister. Merkst du wohl? sie trauen uns nicht,
Fürchten des Friedländers heimlich Gesicht.
Es ist ihnen zu hoch gestiegen,
Möchten ihn gern herunterkriegen.

Trompeter. Aber wir halten ihn aufrecht, wir.
Dächten doch alle wie ich und Ihr!

Wachtmeister. Unser Regiment und die andern vier,
Die der Terschka anführt, des Herzogs Schwager,
Das resolute Korps im Lager,
Sind ihm ergeben und gewogen,
Hat er uns selbst doch herangezogen.
Alle Hauptleute setzt' er ein,
Sind alle mit Leib und Leben sein.

Nach und nach kommen weitere Personen dazu. Durch ihre Berichte und Erzählungen entsteht vor dem geistigen Auge der Zuschauer langsam ein Bild vom Krieg und den Hauptakteuren. Die Gegensätze zwischen Kaiser Ferdinand II. und Wallenstein werden deutlich; ebenso, dass es unter den Soldaten und Offizieren zwei Gruppen gibt: die Kaisertreuen und die große Mehrheit der Wallenstein-Anhänger, die ihn als Feldherrn verehren und bewundern.

Die Soldaten – und die Zuschauer – ahnen, dass sich über ihm etwas zusammenbraut, weil er dem Kaiser in Wien zu mächtig geworden ist. Ein Soldat erzählt, er habe mit eigenen Ohren gehört, dass der Kaiser von Wallensteins Armee acht Regimenter abziehen und an verschiedene Kriegsschauplätze schicken wolle. Damit wäre der mächtige und überaus ehrgeizige Feldherr empfindlich geschwächt.

Das Besondere an *Wallensteins Lager* ist, dass die Hauptperson überhaupt nicht auftritt und trotzdem ständig präsent zu sein scheint – eine Meisterleistung Schillers.

Die Uraufführung dieses ersten Teils der *Wallenstein-Trilogie* fand auf ausdrücklichen Wunsch Goethes zur feierlichen Eröffnung des umgebauten Weimarer Hoftheaters statt. In einem Brief an Körner hieß es dazu: »Das Vorspiel ist nun in Weimar gegeben. Die Schauspieler sind freilich mittelmäßig genug; aber sie taten, was sie konnten und man muß zufrieden sein … das Publikum ergötzte sich. Übrigens ist es ergangen, wie wir erwarteten. Die große Masse staunte und gaffte das neue dramatische Monstrum an, einzelne wurden wunderbar ergriffen.«

Insgesamt gesehen konnte man also von einer gelungenen Premiere sprechen, und die musste natürlich gefeiert werden. Nach ein paar Gläsern Wein hat der Dichter dann Stellen aus seinem Werk rezitiert. Die Anwesenden schmunzelten über den nach wie vor starken schwäbischen Akzent. Aber der gehörte eben zu Schiller, der nie verleugnen konnte und nie verleugnen wollte, woher er stammte.

Schon wenige Tage später war er wieder in Jena, um den zweiten Teil, *Die Piccolomini*, fertig und bühnentauglich zu machen, wobei ihn Goethe mit vielen Hinweisen und Ratschlägen unterstützte. Das Stück sollte zum Geburtstag der Herzogin am 30. Januar aufgeführt werden, was Schiller freute, aber auch gewaltig unter Druck setzte. Er klagte, dass er selbst den Heiligen Abend nicht in Ruhe mit seiner Familie verbringen konnte und sich ohnehin viel zu wenig um seine Söhne kümmern könne.

Kaum war der Text fertig, fuhr Schiller mit seiner Familie nach Weimar, wo sie fünf Wochen im Schloss wohnten. Das sollte für Charlotte und die beiden sehr lebhaften Jungen wenigstens ein kleiner Ersatz sein. Doch Schiller hatte auch in Weimar wenig Zeit für seine Söhne. Tagsüber leitete er zusammen mit Goethe die Proben, die Abende verbrachten er und Charlotte oft in geselligen Runden.

Wer zur Weimarer High Society gehörte oder sich selbst dazu zählte, wollte die Fortsetzung von *Wallenstein* sehen. Es gab regelrechte Streitigkeiten um die knappen Plätze und einige Professorenfamilien sollen sich dabei auf ewig verfeindet haben.

Die Arbeit am Text und bei den Proben zahlte sich aus, die Zuschauer waren begeistert. »Durch eine solche Aufführung lernt man erst sein eigenes Stück kennen; es erscheint veredelt durch die Darstellung, es ist, so ausgesprochen, besser, als ich es schrieb«, sagte Schiller sichtlich zufrieden.

ERSTER AUFZUG. DRITTER AUFTRITT

Questenberg *(voll Unruh auf und ab gehend).*
Nein! das ist schlimmer, o! viel schlimmer, Freund!
Als wirs in Wien uns hatten träumen lassen.
Wir sahens nur mit Höflingsaugen an,
Die von dem Glanz des Throns geblendet waren;
Den Feldherrn hatten wir noch nicht gesehn,
Den allvermögenden, in seinem Lager.
Hier ists ganz anders!
Hier ist kein Kaiser mehr. Der Fürst ist Kaiser!
Der Gang, den ich an Ihrer Seite jetzt
Durchs Lager tat, schlägt meine Hoffnung nieder.
Octavio. Sie sehn nun selbst, welch ein gefährlich Amt
Es ist, das Sie vom Hof mir überbrachten –
Wie mißlich die Person, die ich hier spiele.
Der leiseste Verdacht des Generals,
Er würde Freiheit mir und Leben kosten,
Und sein verwegenes Beginnen nur
Beschleunigen.
Questenberg. Wo war die Überlegung,
Als wir dem Rasenden das Schwert vertraut,
Und solche Macht gelegt in solche Hand!
Zu stark für dieses schlimmverwahrte Herz

War *die* Versuchung! Hätte sie doch selbst
Dem bessern Mann gefährlich werden müssen!
Er wird sich weigern, sag ich Ihnen,
Der kaiserlichen Ordre zu gehorchen. –
Er kanns und wirds. – Sein unbestrafter Trotz
Wird unsre Ohnmacht schimpflich offenbaren.

Octavio. Und glauben Sie, daß er Gemahlin, Tochter
Umsonst hieher ins Lager kommen ließ,
Gerade jetzt, da wir zum Krieg uns rüsten?
Daß er die letzten Pfänder seiner Treu
Aus Kaisers Landen führt, das deutet uns
Auf einen nahen Ausbruch der Empörung.

Questenberg. Weh uns! und wie dem Ungewitter stehn,
Das drohend uns umzieht von allen Enden?
Der Reichsfeind an den Grenzen, Meister schon
Vom Donaustrom, stets weiter um sich greifend –
Im innern Land des Aufruhrs Feuerglocke –
Der Bauer in Waffen – alle Stände schwürig –
Und die Armee, von der wir Hülf erwarten,
Verführt, verwildert, aller Zucht entwohnt –
Vom Staat, von ihrem Kaiser losgerissen,
Vom Schwindelnden die schwindelnde geführt,
Ein furchtbar Werkzeug, dem verwegensten
Der Menschen blind gehorchend hingegeben –

Octavio. Verzagen wir auch nicht zu früh, mein Freund!
Stets ist die Sprache kecker als die Tat,
Und mancher, der in blindem Eifer jetzt
Zu jedem Äußersten entschlossen scheint,
Findet unerwartet in der Brust ein Herz,
Spricht man des Frevels wahren Namen aus.
Zudem – ganz unverteidigt sind wir nicht.
Graf Altringer und Gallas, wissen Sie,
Erhalten in der Pflicht ihr kleines Heer –
Verstärken es noch täglich. – Überraschen

Kann er uns nicht, Sie wissen, daß ich ihn
Mit meinen Horchern rings umgeben habe;
Vom kleinsten Schritt erhalt ich Wissenschaft
Sogleich – ja, mir entdeckts sein eigner Mund.
(…)

VIERTER AUFTRITT

Octavio *(zu Max)*.
Er kommt vom Hofe, wo man mit dem Herzog
Nicht ganz so wohl zufrieden ist als hier.

Max. Was gibts aufs neu denn an ihm auszustellen?
Daß er für sich allein beschließt, was er
Allein versteht? Wohl! daran tut er recht,
Und wirds dabei auch sein Verbleiben haben. –
Er ist nun einmal nicht gemacht, nach andern
Geschmeidig sich zu fügen und zu wenden,
Es geht ihm wider die Natur, er kanns nicht.
Geworden ist ihm eine Herrscherseele,
Und ist gestellt auf einen Herrscherplatz.
Wohl uns, daß es so ist! Es können sich
Nur wenige regieren, den Verstand
Verständig brauchen – Wohl dem Ganzen, findet
Sich einmal einer, der ein Mittelpunkt
Für viele tausend wird, ein Halt; – sich hinstellt
Wie eine feste Säul, an die man sich
Mit Lust mag schließen und mit Zuversicht.
So einer ist der Wallenstein, und taugte
Dem Hof ein andrer besser – der Armee
Frommt nur ein solcher.

Questenberg.   Der Armee! Jawohl!

Max. Und eine Lust ists, wie er alles weckt
Und stärkt und neu belebt um sich herum,
Wie jede Kraft sich ausspricht, jede Gabe
Gleich deutlicher sich wird in seiner Nähe!

Jedwedem zieht er seine Kraft hervor,
Die eigentümliche, und zieht sie groß,
Läßt jeden ganz das bleiben, was er ist,
Er wacht nur drüber, daß ers immer sei
Am rechten Ort; so weiß er aller Menschen
Vermögen zu dem seinigen zu machen.

Questenberg. Wer spricht ihm ab, daß er die Menschen kenne,
Sie zu gebrauchen wisse! Überm Herrscher
Vergißt er nur den Diener ganz und gar,
Als wär mit seiner Würd er schon geboren.

Max. Ist ers denn nicht? Mit jeder Kraft dazu
Ist ers, und mit der Kraft noch obendrein,
Buchstäblich zu vollstrecken die Natur,
Dem Herrschtalent den Herrschplatz zu erobern.

Questenberg. So kommts zuletzt auf seine Großmut an,
Wieviel wir überall noch gelten sollen!
(…)

Max. O schöner Tag! wenn endlich der Soldat
Ins Leben heimkehrt, in die Menschlichkeit,
Zum frohen Zug die Fahnen sich entfalten,
Und heimwärts schlägt der sanfte Friedensmarsch.
Wenn alle Hute sich und Helme schmücken
Mit grünen Maien, dem letzten Raub der Felder!
Der Städte Tore gehen auf, von selbst,
Nicht die Petarde braucht sie mehr zu sprengen,
Von Menschen sind die Wälle rings erfüllt,
Von friedlichen, die in die Lüfte grüßen, –
Hell klingt von allen Türmen das Geläut,
Des blutgen Tages frohe Vesper schlagend.
Aus Dörfern und aus Städten wimmelnd strömt
Ein jauchzend Volk, mit liebend emsiger
Zudringlichkeit des Heeres Fortzug hindernd –
Da schüttelt, froh des noch erlebten Tags,
Dem heimgekehrten Sohn der Greis die Hände.

Ein Fremdling tritt er in sein Eigentum,
Das längstverlaßne, ein, mit breiten Ästen
Deckt ihn der Baum bei seiner Wiederkehr,
Der sich zur Gerte bog, als er gegangen,
Und schamhaft tritt als Jungfrau ihm entgegen,
Die er einst an der Amme Brust verließ.
O! glücklich, wem dann auch sich eine Tür,
Sich zarte Arme sanft umschlingend öffnen –

Questenberg *(gerührt)*. O! daß Sie von so ferner, ferner Zeit,
Und nicht von morgen, nicht von heute sprechen!

Max *(mit Heftigkeit sich zu ihm wendend)*.
Wer sonst ist schuld daran, als ihr in Wien? –
Ich wills nur frei gestehen, Questenberg!
Als ich vorhin Sie stehen sah, es preßte
Der Unmut mir das Innerste zusammen –
Ihr seid es, die den Frieden hindern, ihr!
Der Krieger ists, der ihn erzwingen muß.
Dem Fürsten macht ihr 's Leben sauer, macht
Ihm alle Schritte schwer, ihr schwärzt ihn an –
Warum? Weil an Europas großem Besten
Ihm mehr liegt als an ein paar Hufen Landes,
Die Östreich mehr hat oder weniger –
Ihr macht ihn zum Empörer, und, Gott weiß!
Zu was noch mehr, weil er die Sachsen schont,
Beim Feind Vertrauen zu erwecken sucht,
Das doch der einzge Weg zum Frieden ist;
Denn hört der Krieg im Kriege nicht schon auf,
Woher soll Friede kommen? – Geht nur, geht!
Wie ich das Gute liebe, haß ich euch –
Und hier gelob ichs an, versprützen will ich
Für ihn, für diesen Wallenstein, mein Blut,
Das letzte meines Herzens, tropfenweis, eh daß
Ihr über seinen Fall frohlocken sollt! *(Er geht ab)*

Octavio Piccolomini ist Wallenstein zwar freundschaftlich verbunden, mit seiner Politik aber nicht einverstanden. Er hält treu zum Kaiser und ist insgeheim schon als Wallensteins Nachfolger vorgesehen.

Octavios Sohn Max liebt und verehrt Wallenstein wie einen Vater; außerdem hat er sich in dessen Tochter Thekla verliebt. Ein dramatischer Vater-Sohn-Konflikt bahnt sich an.

Wallenstein spielt mit dem Gedanken, sich mit den feindlichen Schweden zu verbünden, um den Krieg zu beenden, den Kaiser zum Friedenschluss zu zwingen – und König von Böhmen zu werden. Weil er an die Astrologie glaubt, will er warten, bis die Sterne für so einen gewagten Schritt günstig stehen. Die Generäle Illo und Terzky kritisieren sein Zögern und drängen ihn zum Handeln.

Octavio erfährt von Wallensteins Plänen und warnt seinen Sohn Max.

FÜNFTER AUFZUG. ERSTER AUFTRITT

Octavio *(nach einer Pause)*.
    So wisse denn! Man hintergeht dich – spielt
    Aufs schändlichste mit dir und mit uns allen.
    Der Herzog stellt sich an, als wollt er die
    Armee verlassen; und in dieser Stunde
    Wirds eingeleitet, die Armee dem Kaiser
    – Zu stehlen und dem Feinde zuzuführen!
Max. Das Pfaffenmärchen kenn ich, aber nicht
    Aus deinem Mund erwartet ichs zu hören.
Octavio. Der Mund, aus dem dus gegenwärtig hörst,
    Verbürget dir, es sei kein Pfaffenmärchen.
Max. Zu welchem Rasenden macht man den Herzog!
    Er könnte daran denken, dreißigtausend
    Geprüfter Truppen, ehrlicher Soldaten,
    Worunter mehr denn tausend Edelleute,
    Von Eid und Pflicht und Ehre wegzulocken,
    Zu einer Schurkentat sie zu vereinen?

Octavio. So was nichtswürdig Schändliches begehrt
Er keineswegs – Was er von uns will,
Führt einen weit unschuldigeren Namen.
Nichts will er, als dem Reich den Frieden schenken;
Und weil der Kaiser *diesen* Frieden haßt,
So will er ihn – er will ihn dazu *zwingen*!
Zufriedenstellen will er alle Teile,
Und zum Ersatz für seine Mühe Böhmen,
Das er schon innehat, für sich behalten.
(...)

Max. Es kann nicht sein! kann *nicht* sein! *kann* nicht sein!
Siehst du, daß es nicht kann! Du hättest ihm
Notwendig deinen Abscheu ja gezeigt,
Er hätt sich weisen lassen, oder du
– Du stündest nicht mehr lebend mir zur Seite!

Octavio. Wohl hab ich mein Bedenken ihm geäußert,
Hab dringend, hab mit Ernst ihn abgemahnt,
– Doch meinen Abscheu, meine innerste
Gesinnung hab ich tief versteckt.

Max.   Du wärst
So falsch gewesen? Das sieht meinem Vater
Nicht gleich! Ich glaubte deinen Worten nicht,
Da du von *ihm* mir Böses sagtest; kanns
Noch wenger jetzt, da du dich selbst verleumdest.

Octavio. Ich drängte mich nicht selbst in sein Geheimnis.

Max. Aufrichtigkeit verdiente sein Vertraun.

Octavio. Nicht würdig war er meiner Wahrheit mehr.

Max. Noch minder würdig deiner war Betrug.

Octavio. Mein bester Sohn! Es ist nicht immer möglich,
Im Leben sich so kinderrein zu halten,
Wie's uns die Stimme lehrt im Innersten.
In steter Notwehr gegen arge List
Bleibt auch das redliche Gemüt nicht wahr –
Das eben ist der Fluch der bösen Tat,

Daß sie, fortzeugend, immer Böses muß gebären.
Ich klügle nicht, ich tue meine Pflicht,
Der Kaiser schreibt mir mein Betragen vor.
Wohl wär es besser, überall dem Herzen
Zu folgen, doch darüber würde man
Sich manchen guten Zweck versagen müssen.
Hier gilts, mein Sohn, dem Kaiser wohl zu dienen,
Das Herz mag dazu sprechen, was es will.

Max. Ich soll dich heut nicht fassen, nicht verstehn.
Der Fürst, sagst du, entdeckte redlich dir sein Herz
Zu einem bösen Zweck, und *du* willst ihn
Zu einem guten Zweck betrogen haben!
Hör auf! ich bitte dich – du raubst den Freund
Mir nicht – Laß mich den Vater nicht verlieren!

Ein Vierteljahr später folgte der letzte Teil der Trilogie unter dem Titel *Wallenstein* (später *Wallensteins Tod*). Das Publikum war gespannt, wie Schiller die in den ersten beiden Teilen angelegten Handlungsstränge weiterführen und die Konflikte lösen würde.

Zu Beginn befragen Wallenstein und sein Astrologe Seni erneut die Sterne. Da kommt General Terzky mit der Nachricht, dass ihre Pläne entdeckt seien. Noch glaubt sich der Feldherr mächtig genug, entscheiden zu können, was er tun und lassen will. Es folgt sein großer Monolog.

ERSTER AUFZUG. VIERTER AUFTRITT

Wallenstein *(mit sich selbst redend)*.
Wärs möglich? Könnt ich nicht mehr, wie ich wollte?
Nicht mehr zurück, wie mirs beliebt? Ich müßte
Die Tat *vollbringen*, weil ich sie *gedacht*,
Nicht die Versuchung von mir wies – das Herz
Genährt mit diesem Traum, auf ungewisse
Erfüllung hin die Mittel mir gespart,

Die Wege bloß mir offen hab gehalten? –
Beim großen Gott des Himmels! Es war nicht
Mein Ernst, beschloßne Sache war es nie.
In dem Gedanken bloß gefiel ich mir;
Die Freiheit reizte mich und das Vermögen.
Wars unrecht, an dem Gaukelbilde mich
Der königlichen Hoffnung zu ergötzen?
Blieb in der Brust mir nicht der Wille frei,
Und sah ich nicht den guten Weg zur Seite,
Der mir die Rückkehr offen stets bewahrte?
Wohin denn seh ich plötzlich mich geführt?
Bahnlos liegts hinter mir, und eine Mauer
Aus meinen eignen Werken baut sich auf,
Die mir die Umkehr türmend hemmt! –
                (Er bleibt tiefsinnig stehen)
Strafbar erschein ich, und ich kann die Schuld,
Wie ichs versuchen mag! nicht von mir wälzen;
Denn mich verklagt der Doppelsinn des Lebens,
Und – selbst der frommen Quelle reine Tat
Wird der Verdacht, schlimmdeutend, mir vergiften.
War ich, wofür ich gelte, der Verräter,
Ich hätte mir den guten Schein gespart,
Die Hülle hätt ich dicht um mich gezogen,
Dem Unmut Summe nie geliehn. Der Unschuld,
Des unverführten Willens mir bewußt,
Gab ich der Laune Raum, der Leidenschaft –
Kühn war das Wort, weil es die Tat nicht war.
Jetzt werden sie, was planlos ist geschehn,
Weitsehend, planvoll mir zusammenknüpfen,
Und was der Zorn, und was der frohe Mut
Mich sprechen ließ im Überfluß des Herzens,
Zu künstlichem Gewebe mir vereinen,
Und eine Klage furchtbar draus bereiten,
Dagegen ich verstummen muß. So hab ich

Mit eignem Netz verderblich mich umstrickt,
Und nur Gewalttat kann es reißend lösen.
                    (Wiederum still stehend)
Wie anders! da des Mutes freier Trieb
Zur kühnen Tat mich zog, die rauh gebietend
Die Not jetzt, die Erhaltung von mir heischt.
Ernst ist der Anblick der Notwendigkeit.
Nicht ohne Schauder greift des Menschen Hand
In des Geschicks geheimnisvolle Urne.
In meiner Brust war meine Tat noch mein:
Einmal entlassen aus dem sichern Winkel
Des Herzens, ihrem mütterlichen Boden,
Hinausgegeben in des Lebens Fremde,
Gehört sie jenen tückschen Mächten an,
Die keines Menschen Kunst vertraulich macht.
*(Er macht heftige Schritte durchs Zimmer, dann bleibt er wieder
sinnend stehen)* Und was ist dein Beginnen? Hast du dirs
Auch redlich selbst bekannt? Du willst die Macht,
Die ruhig, sicher thronende erschüttern,
Die in verjährt geheiligtem Besitz,
In der Gewohnheit festgegründet ruht,
Die an der Völker frommem Kinderglauben
Mit tausend zähen Wurzeln sich befestigt.
Das wird kein Kampf der Kraft sein mit der Kraft,
Den fürcht ich nicht. Mit jedem Gegner wag ichs,
Den ich kann sehen und ins Auge fassen,
Der, selbst voll Mut, auch mir den Mut entflammt.
Ein unsichtbarer Feind ists, den ich fürchte,
Der in der Menschen Brust mir widersteht,
Durch feige Furcht allein mir fürchterlich –
Nicht was lebendig, kraftvoll sich verkündigt,
Ist das gefährlich Furchtbare. Das ganz
Gemeine ists, das ewig Gestrige,
Was immer war und immer wiederkehrt,

Und morgen gilt, weils heute hat gegolten!
Denn aus Gemeinem ist der Mensch gemacht,
Und die Gewohnheit nennt er seine Amme.
Weh dem, der an den würdig alten Hausrat
Ihm rührt, das teure Erbstück seiner Ahnen!
Das *Jahr* übt eine heiligende Kraft,
Was grau für Alter ist, das ist ihm göttlich.
Sei im Besitze und du wohnst im Recht,
Und heilig wirds die Menge dir bewahren.
            (Zu dem Pagen, der hereintritt)
Der schwedsche Oberst? Ist ers? Nun, er komme.
        (Page geht. Wallenstein hat den Blick nachdenkend
                auf die Türe geheftet)
Noch ist sie rein – noch! Das Verbrechen kam
Nicht über diese Schwelle noch – So schmal ist
Die Grenze, die zwei Lebenspfade scheidet!

Schweren Herzens entschließt sich Wallenstein zum Bündnis mit
Schweden, weil er keinen anderen Weg mehr sieht. Das sagt er
Octavio, dem er blind vertraut. Dem gelingt es, mehrere schwan-
kende Generäle auf seine Seite zu ziehen.

Wallenstein weiht auch Max ein und sagt:

Wallenstein. Du mußt Partei ergreifen in dem Krieg,
    Der zwischen deinem Freund und deinem Kaiser
    Sich jetzt entzündet.

Max ist bereit, seinem Feldherrn in allem zu folgen:

Max. Nur – zum *Verräter* werde nicht! Das Wort
    Ist ausgesprochen. Zum Verräter nicht!
    Das ist kein überschrittnes Maß! Kein Fehler,
    Wohin der Mut verirrt in seiner Kraft.
    O! das ist ganz was anders – das ist schwarz,
    Schwarz, wie die Hölle!

»Es ist zu spät«, antwortet Wallenstein.

Für den idealistischen Max bricht endgültig seine Welt zusammen; er beklagt »der Väter Doppelschuld und Freveltat«, sieht sich von beiden hintergangen.

Octavio versucht noch einmal, seinen Sohn für sich zu gewinnen.

ZWEITER AUFZUG. SIEBENTER AUFTRITT

Octavio.   Du folgst mir doch bald nach?

Max *(ohne ihn anzusehen).*   Ich dir?

   Dein Weg ist krumm, er ist der meine nicht.

       (Octavio laßt seine Hand los, fährt zurück)

   O! wärst du wahr gewesen und gerade,

   Nie kam es dahin, alles stünde anders!

   Er hätte nicht das Schreckliche getan,

   Die Guten hätten Kraft bei ihm behalten,

   Nicht in der Schlechten Garn wär er gefallen.

   Warum so heimlich, hinterlistig laurend,

   Gleich einem Dieb und Diebeshelfer schleichen?

   Unselge Falschheit! Mutter alles Bösen!

   Du jammerbringende, verderbest uns!

   Wahrhaftigkeit, die reine, hätt uns alle,

   Die welterhaltende, gerettet. Vater!

   Ich kann dich nicht entschuldigen, ich kanns nicht.

   Der Herzog hat mich hintergangen, schrecklich,

   Du aber hast viel besser nicht gehandelt.

Octavio. Mein Sohn, ach! ich verzeihe deinem Schmerz.

Max *(steht auf, betrachtet ihn mit zweifelhaften Blicken).*

   Wärs möglich? Vater? Vater? Hättest dus

   Mit Vorbedacht bis dahin treiben wollen?

   Du steigst durch seinen Fall. Octavio,

   Das will mir nicht gefallen.

Octavio.   Gott im Himmel!

Max. Weh mir! Ich habe die Natur verändert,
Wie kommt der Argwohn in die freie Seele?
Vertrauen, Glaube, Hoffnung ist dahin,
Denn alles log mir, was ich hochgeachtet!
Nein! Nein! Nicht alles! Sie ja lebt mir noch,
Und sie ist wahr und lauter wie der Himmel.
Betrug ist überall und Heuchelschein,
Und Mord und Gift und Meineid und Verrat,
Der einzig reine Ort ist unsre Liebe,
Der unentweihte in der Menschlichkeit.

Max folgt weder seinem Vater noch seinem Feldherrn, sondern – nach einem Gespräch mit Thekla – seinem Gewissen und dem kaiserlichen Treueid. Er zieht in die Schlacht gegen die Schweden und sucht den Tod.

Ohne ihn will auch Thekla nicht mehr leben.

VIERTER AUFZUG. ZWÖLFTER AUFTRITT

Thekla. – Nein! Auch für mich ward jener Lorbeerkranz,
Der deine Totenbahre schmückt, gewunden.
Was ist das Leben ohne Liebesglanz?
Ich werf es hin, da sein Gehalt verschwunden.
Ja, da ich dich, den Liebenden gefunden,
Da *war* das Leben etwas. Glänzend lag
Vor mir der neue goldne Tag!
Mir träumte von zwei himmelschönen Stunden.

Du standest an dem Eingang in die Welt,
Die ich betrat mit klösterlichem Zagen,
Sie war von tausend Sonnen aufgehellt,
Ein guter Engel schienst du hingestellt,
Mich aus der Kindheit fabelhaften Tagen
Schnell auf des Lebens Gipfel hinzutragen,

Mein erst Empfinden war des Himmels Glück,
In dein *Herz* fiel mein erster Blick!
    (Sie sinkt hier in Nachdenken, und fährt dann mit
      Zeichen des Grauens auf)
– Da kommt das Schicksal – Roh und kalt
Faßt es des Freundes zärtliche Gestalt
Und wirft ihn unter den Hufschlag seiner Pferde –
– Das ist das Los des Schönen auf der Erde!

Inzwischen hat Wallenstein erkannt, dass Octavio ihn getäuscht
hat.

DRITTER AUFZUG. NEUNTER AUFTRITT

Wallenstein. Das war kein Heldenstück, Octavio!
Nicht deine Klugheit siegte über meine,
Dein schlechtes Herz hat über mein gerades
Den schändlichen Triumph davongetragen.
Kein Schild fing deinen Mordstreich auf, du führtest
Ihn ruchlos auf die unbeschützte Brust,
Ein Kind nur bin ich gegen solche Waffen.

Da kommt die Nachricht von Max' Tod und macht Wallenstein
seine zunehmende Vereinsamung schmerzlich bewusst:

FÜNFTER AUFZUG. DRITTER AUFTRITT

Wallenstein. Doch fühl ichs wohl, was ich in ihm verlor.
Die Blume ist hinweg aus meinem Leben,
Und kalt und farblos seh ichs vor mir liegen.
Denn *er* stand neben mir, wie meine Jugend,
Er machte mir das Wirkliche zum Traum,
Um die gemeine Deutlichkeit der Dinge
Den goldnen Duft der Morgenröte webend –
Im Feuer seines liebenden Gefühls

Erhoben sich, mir selber zum Erstaunen,
Des Lebens flach alltägliche Gestalten.
– Was ich mir ferner auch erstreben mag,
Das Schöne ist doch weg, das kommt nicht wieder,
Denn über alles Glück geht doch der Freund,
Ders fühlend erst erschafft, ders teilend mehrt.

In Eger, wohin Wallenstein mit den ihm verbleibenden Truppen gezogen ist, wird er von dem rachsüchtigen General Buttler und seinen Helfern ermordet. Wenig später trifft Octavio ein und bringt die Begnadigung Wallensteins durch den Kaiser. Als er sieht, was geschehen ist, sagt er: »Ich bin an dieser ungeheuren Tat nicht schuldig.«

Buttler entgegnet ihm: »Eure Hand ist rein. Ihr habt die meinige dazu gebraucht.«

Der Versuch Octavios, seine Hände in Unschuld zu waschen, misslingt.

In die Schlussszene platzt ein Kurier aus Wien und bringt »Dem *Fürsten* Piccolomini« einen Brief. Das ist der letzte Satz des Stückes und deutet zumindest ein Motiv für Octavios Handeln an: in den Fürstenstand erhoben zu werden.

»Es schluchzte alles im Theater; selbst die Schauspieler mußten weinen, und bei den Proben, ehe sie sich mehr daran gewöhnten, konnten sie vor Weinen kaum fortsprechen … Mich selbst hat die Vorstellung so gerührt, daß ich mich nicht zu fassen wußte; ob ich gleich Alles kannte und Schiller es mir mehr wie einmal gelesen hatte, so war der Effekt derselbe, als ob ich es zuerst dargestellt sähe«, schrieb Charlotte ihrer Schwägerin Christophine.

Der Herzog gratulierte dem Dichter und äußerte den Wunsch, er möge doch wieder nach Weimar ziehen.

Mit der *Wallenstein-Trilogie* hat sich Schiller den Ruf erarbeitet, ein großer Dramatiker zu sein. Der alte Goethe sagte einmal: »Schillers *Wallenstein* ist so groß, daß in seiner Art zum zweitenmale nicht etwas Ähnliches vorhanden ist.«

Neue Pläne, neue Rückschläge

Man sollte meinen, Schiller hätte sich nach so einer gewaltigen Arbeit eine Pause gegönnt, doch davon kann keine Rede sein. Kaum zurück in Jena schrieb er am 26. April 1799 an Goethe: »Indessen habe ich mich an eine Regierungsgeschichte der Königin Elisabeth gemacht und den Prozeß der Maria Stuart zu studieren angefangen. Ein paar tragische Hauptmotive haben sich mir gleich dargeboten und mir großen Glauben an diesen Stoff gegeben, der unstreitig sehr viele dankbare Seiten hat.«

Da war sie also wieder, die Maria Stuart, mit der er sich schon 1783 während seines Bauerbacher Asyls erstmals beschäftigt hatte. Damals hatte er sich noch nicht zugetraut, den Stoff angemessen auf die Bühne zu bringen; nun, nachdem er den komplexeren Wallenstein-Stoff gemeistert hatte, schreckte ihn die Maria Stuart nicht mehr.

Während der Arbeit an dem neuen Drama reifte in Schiller ein Entschluss, den er Körner am 9. August 1799 mitteilte: »Weil ich mich für die nächsten 6 Jahre ausschließlich an das Dramatische halten werde, so kann ich es nicht umgehen, den Winter in Weimar zuzubringen, um die Anschauung des Theaters zu haben. Dadurch wird meine Arbeit um vieles erleichtert werden ...«

Sechs Jahre! Warum er wohl gerade sechs Jahre nannte? Das ist schon eigenartig, wenn man weiß, was folgte: Als er diesen Satz schrieb, hatte er auf den Tag genau noch fünf Jahre und neun Monate zu leben.

»... Ich werde meinem Herzog zu Leibe rücken, daß er mir Zulage gibt, um eine doppelte Wohnung und Einrichtung und den teurern Aufenthalt in Weimar mir zu erleichtern.«

Carl August verdoppelte Schillers jährliches Gehalt auf 400 Taler und gewährte ihm außerdem »4 Mess Brennholz in natura«.

»Es ist freilich noch ein kleiner Teil dessen, was unsere Wirtschaft jährlich braucht, indessen ist es doch eine große Erleichterung, und das übrige kann ich durch meinen Fleiß, der mir wohl bezahlt wird, recht gut verdienen«, schrieb Schiller seiner Mutter.

Der Umzug nach Weimar wurde aufgeschoben, weil Charlotte zum dritten Mal schwanger war. Anfang September gelang es ihr, ihren Mann zu einer Arbeitspause und zu einem Besuch bei ihrer Mutter in Rudolstadt zu bewegen, um ein wenig auszuspannen.

Nach zehn Tagen fuhren sie wieder nach Hause, wo Charlotte am 11. Oktober 1799 von einem Mädchen entbunden wurde. Es war wieder eine schwere Geburt, bei der sie viel Blut verlor. Die Tochter Caroline Louise Friederike sei »stark und gesund«, teilte Schiller Goethe mit. »Meine Frau befindet sich für die Umstände recht leidlich.«

Zehn Tage nach der Geburt verschlimmerte sich Charlottes Zustand dramatisch. Am 25. Oktober schrieb Schiller an Goethe, seine Frau leide unter einem »Nervenfieber, das uns sehr in Angst setzt. Sie hat zwar für die große Erschöpfung die sie ausgestanden noch viel Kräfte, aber sie phantasiert schon seit drei Tagen, hat diese ganze Zeit über keinen Schlaf und das Fieber ist oft sehr stark …

Meine Frau kann nie allein bleiben und will niemand um sich leiden als mich und meine Schwiegermutter. Ihre Phantasien gehen mir durchs Herz und unterhalten eine ewige Unruhe.«

Was mag Charlotte in ihren Fieberphantasien wohl gesagt, welche Einblicke in ihr Innerstes gegeben haben, dass sie ihrem Mann »durchs Herz« gingen und ihn in eine »ewige Unruhe« versetzten? Vielleicht wurde ihm in diesen Tagen und Nächten am Krankenbett erst richtig bewusst, wie wichtig Charlotte für ihn war. Sie liebte ihn, bewunderte ihn auch, sie umsorgte ihn und lernte mit seiner Krankheit, seinen Launen und Gewohnheiten und seinem nicht gerade familienfreundlichen Lebensrhythmus zu leben. Als sie von ihrem Schwager Reinwald dafür einmal gelobt wurde, wiegelte sie ab: »Es ist kein so großes Verdienst, sich Schillers Launen gut zu fügen. Erstlich hat er doch im Ganzen nicht so viele, dann ersetzen auch wieder seine heiteren freien Momente die trüben leichter. Auch habe ich mir so viel Philosophie zu eigen gemacht, als ich brauche, um die Menschen zu beobachten, und um gerade nicht in allen Momenten das von ihnen zu erwarten, was sie in andern leisten können.«

Charlotte nahm sich immer zurück, orientierte sich an den Befindlichkeiten und Bedürfnissen ihres Mannes, die die Organisation des Alltags sehr schwierig machten. Das ging über ihre Kräfte und führte in die Krankheit, von der man heute weiß, dass es sich um eine schwere Depression mit körperlichen Symptomen handelte.

Nachdem Charlotte schon öfter an Schillers Bett gewacht hatte, saß er nun an ihrem und hatte Angst um sie.

Die nächste Stufe der Krankheit war, dass Charlotte niemanden mehr erkannte und nicht mehr sprach. »Eine hartnäckige Stumpfheit, Gleichgültigkeit und Abwesenheit des Geistes ist das Symptom, das uns am meisten quält und ängstigt, Gott weiß, wohin all dies noch führen wird«, schrieb Schiller am 4. November an Goethe.

Ende November war dann das Schlimmste überwunden; Charlotte kam langsam wieder auf die Beine und schon Anfang Dezember begann der Umzug nach Weimar. Die geschwächte Charlotte wohnte bei Frau von Stein, bis die neue Wohnung eingerichtet war.

»Alle Erinnerungen an die letzten acht Wochen mögen in dem Jenaer Tal zurückbleiben, wir wollen hier ein neues heitres Leben anfangen«, schrieb Schiller seiner Charlotte.

Doch das neue Leben unterschied sich kaum vom alten; zwar gab es mehr gesellschaftliche Verpflichtungen als in Jena und der Kontakt zu Goethe wurde enger, ansonsten war das Leben jedoch geprägt von Krankheit und Arbeit.

Kaum war Charlotte wieder gesund, erkrankte Schiller am Nervenfieber, das ihm sechs Wochen arg zusetzte. Nachdem er wieder bei Kräften war, bot ihm der Herzog die Möglichkeit, auf dem Jagdschloss Ettersburg in Ruhe zu arbeiten. Schiller nahm das Angebot an und vollendete bis Mitte Mai »in poetischer Einsamkeit« das Trauerspiel *Maria Stuart*.

Maria Stuart ist wie *Wallenstein* ein historisches Drama, und Schiller hatte die Quellen gründlich studiert. Doch mehr als bei *Wallenstein* galt für ihn nun, was er schon 1788 geschrieben hatte: »Die Geschichte ist überhaupt nur ein Magazin für meine Phantasie, und die Gegenstände müssen es sich gefallen lassen, was sie unter meinen Händen werden.«

So machte er die beiden Hauptpersonen Maria und Elisabeth 20 Jahre jünger, damit die erotische Komponente, die er für die Handlung brauchte, glaubwürdiger wurde. Ebenso erfand er Personen wie den Mortimer und wichtige Begegnungen, von denen die Quellen nichts berichteten.

Die schottische Königin Maria Stuart wird beschuldigt, ihren Mann ermordet zu haben. Sie flieht nach England, wo sie bei Königin Elisabeth Schutz sucht. Die unterstellt Maria, sie wolle den englischen Thron an sich reißen, und lässt sie einsperren. In einem Prozess mit bestochenen Zeugen wird Maria zum Tod verurteilt.

Mortimer, der Maria glühend verehrt, will sie retten. Es gelingt ihm, Lord Leicester, einen ehemaligen Liebhaber Marias und jetzigen Günstling Elisabeths, für seinen Plan zu gewinnen, Elisabeth zu einem Gnadenakt zu bewegen. Zu diesem Zweck arrangiert Leicester eine »zufällige« Begegnung der beiden Königinnen, die den Höhepunkt des Stückes bildet.

DRITTER AUFZUG. VIERTER AUFTRITT

Elisabeth. Wer ist die Lady?
　　　　　(Ein allgemeines Schweigen)
Leicester. – Du bist zu Fotheringhay, Königin.
Elisabeth *(stellt sich überrascht und erstaunt, einen finstern Blick auf Leicester richtend).*

Wer hat mir das getan? Lord Leicester!
Leicester. Es ist geschehen, Königin – Und nun
　　Der Himmel deinen Schritt hieher gelenkt,
　　So laß die Großmut und das Mitleid siegen.

Shrewsbury. Laß dich erbitten, königliche Frau,
Dein Aug auf die Unglückliche zu richten,
Die hier vergeht vor deinem Anblick.
*(Maria rafft sich zusammen und will auf die Elisabeth zugehen,
steht aber auf halbem Weg schaudernd still, ihre Gebärden
drücken den heftigsten Kampf aus)*
Elisabeth. Wie, Mylords?
Wer war es denn, der eine Tiefgebeugte
Mir angekündigt? Eine Stolze find ich,
Vom Unglück keineswegs geschmeidigt.
Maria. Seis!
Ich will mich auch noch diesem unterwerfen.
Fahr hin, ohnmächtger Stolz der edeln Seele!
Ich will vergessen, wer ich bin, und was
Ich litt, ich will vor ihr mich niederwerfen,
Die mich in diese Schmach herunterstieß.
(Sie wendet sich gegen die Königin)
Der Himmel hat für Euch entschieden, Schwester!
Gekrönt vom Sieg ist Euer glücklich Haupt,
Die *Gottheit* bet ich an, die Euch erhöhte!
(Sie fällt vor ihr nieder)
Doch seid auch *Ihr* nun edelmütig, Schwester!
Laßt mich nicht schmachvoll liegen, Eure Hand
Streckt aus, reicht mir die königliche Rechte,
Mich zu erheben von dem tiefen Fall.
Elisabeth *(zurücktretend).* Ihr seid an Eurem Platz,
Lady Maria!
Und dankend preis ich meines Gottes Gnade,
Der nicht gewollt, daß ich zu Euren Füßen
So liegen sollte, wie Ihr jetzt zu meinen.
Maria *(mit steigendem Affekt).*
Denkt an den Wechsel alles Menschlichen!
Es leben Götter, die den Hochmut rächen!
Verehret, fürchtet sie, die schrecklichen,

Die mich zu Euren Füßen niederstürzen –
Um dieser fremden Zeugen willen, ehrt
In mir Euch selbst, entweihet, schändet nicht
Das Blut der Tudor, das in meinen Adern
Wie in den Euren fließt – O Gott im Himmel!
Steht nicht da, schroff und unzugänglich, wie
Die Felsenklippe, die der Strandende
Vergeblich ringend zu erfassen strebt.
Mein Alles hängt, mein Leben, mein Geschick,
An meiner Worte, meiner Tränen Kraft,
Löst *mir* das Herz, daß ich das Eure rühre!
Wenn Ihr mich anschaut mit dem Eisesblick,
Schließt sich das Herz mir schaudernd zu, der Strom
Der Tränen stockt, und kaltes Grausen fesselt
Die Flehensworte mir im Busen an.

Elisabeth *(kalt und streng)*.
Was habt Ihr mir zu sagen, Lady Stuart?
Ihr habt mich sprechen wollen. Ich vergesse
Die Königin, die schwerbeleidigte,
Die fromme Pflicht der Schwester zu erfüllen,
Und meines Anblicks Trost gewähr ich Euch.
Dem Trieb der Großmut folg ich, setze mich
Gerechtem Tadel aus, daß ich so weit
Heruntersteige – denn Ihr wißt,
Daß Ihr mich habt ermorden lassen wollen.

Maria. Womit soll ich den Anfang machen, wie
Die Worte klüglich stellen, daß sie Euch
Das Herz ergreifen, aber nicht verletzen!
O Gott, gib meiner Rede Kraft, und nimm
Ihr jeden Stachel, der verwunden könnte!
Kann ich doch für mich selbst nicht sprechen, ohne Euch
Schwer zu verklagen, und das will ich nicht.
– Ihr habt an mir gehandelt, wie nicht recht ist,
Denn ich bin eine Königin wie Ihr,

Und Ihr habt als Gefangne mich gehalten,
Ich kam zu Euch als eine Bittende,
Und Ihr, des Gastrechts heilige Gesetze,
Der Völker heilig Recht in mir verhöhnend,
Schloßt mich in Kerkermauern ein, die Freunde,
Die Diener werden grausam mir entrissen,
Unwürdgem Mangel werd ich preisgegeben,
Man stellt mich vor ein schimpfliches Gericht –
Nichts mehr davon! Ein ewiges Vergessen
Bedecke, was ich Grausames erlitt.
– Seht! Ich will alles eine Schickung nennen,
Ihr seid nicht schuldig, *ich* bin auch nicht schuldig,
Ein böser Geist stieg aus dem Abgrund auf,
Den Haß in unsern Herzen zu entzünden,
Der unsre zarte Jugend schon entzweit.
Er wuchs mit uns, und böse Menschen fachten
Der unglückselgen Flamme Atem zu.
Wahnsinnge Eiferer bewaffneten
Mit Schwert und Dolch die unberufne Hand –
Das ist das Fluchgeschick der Könige,
Daß sie, entzweit, die Welt in Haß zerreißen,
Und jeder Zwietracht Furien entfesseln.
– Jetzt ist kein fremder Mund mehr zwischen uns,
    (*nähert sich ihr zutraulich und mit schmeichelndem Ton*)
Wir stehn einander selbst nun gegenüber.
Jetzt, Schwester, redet! Nennt mir meine Schuld,
Ich will Euch völliges Genügen leisten.
Ach, daß Ihr damals mir Gehör geschenkt,
Als ich so dringend Euer Auge suchte!
Es wäre nie so weit gekommen, nicht
An diesem traurgen Ort geschähe jetzt
Die unglückselig traurige Begegnung.
Elisabeth. Mein guter Stern bewahrte mich davor,
    Die Natter an den Busen mir zu legen.

– Nicht die Geschicke, Euer schwarzes Herz
Klagt an, die wilde Ehrsucht Eures Hauses. (…)

Maria.   Regiert in Frieden!
Jedwedem Anspruch auf dies Reich entsag ich.
Ach, meines Geistes Schwingen sind gelähmt,
Nicht Größe lockt mich mehr – Ihr habts erreicht,
Ich bin nur noch der Schatten der Maria.
Gebrochen ist in langer Kerkerschmach
Der edle Mut – Ihr habt das Äußerste an mir
Getan, habt mich zerstört in meiner Blüte!
– Jetzt macht ein Ende, Schwester. Sprecht es aus,
Das Wort, um dessentwillen Ihr gekommen,
Denn nimmer will ich glauben, daß Ihr kamt,
Um Euer Opfer grausam zu verhöhnen.
Sprecht dieses Wort aus. Sagt mir: »Ihr seid frei,
Maria! Meine Macht habt Ihr gefühlt,
Jetzt lernet meinen Edelmut verehren.«
Sagts, und ich will mein Leben, meine Freiheit
Als ein Geschenk aus Eurer Hand empfangen.
– Ein Wort macht alles ungeschehn. Ich warte
Darauf. O laßt michs nicht zu lang erharren!
Weh Euch, wenn Ihr mit diesem Wort nicht endet!
Denn wenn Ihr jetzt nicht segenbringend, herrlich,
Wie eine Gottheit von mir scheidet – Schwester!
Nicht um dies ganze reiche Eiland, nicht
Um alle Länder, die das Meer umfaßt,
Möchte ich vor Euch so stehn, wie Ihr vor mir!

Elisabeth. Bekennt Ihr endlich Euch für überwunden?
Ists aus mit Euren Ränken? Ist kein Mörder
Mehr unterwegs? Will kein Abenteurer
Für Euch die traurge Ritterschaft mehr wagen?
– Ja, es ist aus, Lady Maria. Ihr verführt
Mir keinen mehr. Die Welt hat andre Sorgen.
Es lüstet keine, Euer – vierter Mann

Zu werden, denn Ihr tötet Eure Freier
Wie Eure Männer!

Maria (*auffahrend*).   Schwester! Schwester!
O Gott! Gott! Gib mir Mäßigung!

Elisabeth (*sieht sie lange mit einem Blick stolzer Verachtung an*).
Das also sind die Reizungen, Lord Leicester,
Die ungestraft kein Mann erblickt, daneben
Kein andres Weib sich wagen darf zu stellen!
Fürwahr! Der Ruhm war wohlfeil zu erlangen,
Es kostet nichts, die *allgemeine* Schönheit
Zu sein, als die *gemeine* sein für alle!

Maria. Das ist zuviel!

Elisabeth (*höhnisch lachend*). Jetzt zeigt Ihr Euer wahres
Gesicht, bis jetzt wars nur die Larve.

Maria (*vor Zorn glühend, doch mit einer edeln Würde*).
Ich habe menschlich, jugendlich gefehlt,
Die Macht verführte mich, ich hab es nicht
Verheimlicht und verborgen, falschen Schein
Hab ich verschmäht, mit königlichem Freimut.
Das Ärgste weiß die Welt von mir und ich
Kann sagen, ich bin besser als mein Ruf.
Weh Euch, wenn sie von Euern Taten einst
Den Ehrenmantel zieht, womit Ihr gleißend
Die wilde Glut verstohlner Lüste deckt.
Nicht Ehrbarkeit habt Ihr von Eurer Mutter
Geerbt, man weiß, um welcher Tugend willen
Anna Boleyn das Schafott bestiegen. (…)
Der Thron von England ist durch einen Bastard
Entweiht, der Briten edelherzig Volk
Durch eine listge Gauklerin betrogen.
– Regierte Recht, so läget *Ihr* vor mir
Im Staube jetzt, denn *ich* bin Euer König.
>   (*Elisabeth geht schnell ab, die Lords folgen ihr
>   in der höchsten Bestürzung*)

Maria hat ihrem Herzen Luft gemacht und zugleich eine königliche Größe gezeigt. Mortimer bringt das begeistert zum Ausdruck:

SECHSTER AUFTRITT

Mortimer. Du hast gesiegt! Du tratst sie in den Staub,
Du warst die Königin, *sie* der Verbrecher.
Ich bin entzückt von deinem Mut, ich bete
Dich an wie eine Göttin groß und herrlich
Erscheinst du mir in diesem Augenblick.

Elisabeth hat zwar die Macht, Maria physisch zu vernichten, aber sie hat keine Macht über deren Geist und ihre Würde. Angesichts des Todes erreicht Maria die Harmonie von äußerer und innerer Schönheit, wird zur »schönen Seele«.

FÜNFTER AUFZUG. SECHSTER AUFTRITT

Maria *(mit ruhiger Hoheit im ganzen Kreise herumsehend).*
Was klagt ihr? Warum weint ihr? Freuen solltet
Ihr euch mit mir, daß meiner Leiden Ziel
Nun endlich naht, daß meine Bande fallen,
Mein Kerker aufgeht, und die frohe Seele sich
Auf Engelsflügeln schwingt zur ewgen Freiheit.
Da, als ich in die Macht der stolzen Feindin
Gegeben war, Unwürdiges erduldend,
Was einer freien großen Königin
Nicht ziemt, da war es Zeit, um mich zu weinen!
– Wohltätig, heilend, nahet mir der Tod,
Der ernste Freund! Mit seinen schwarzen Flügeln
Bedeckt er meine Schmach – den Menschen adelt,
Den tiefstgesunkenen, das letzte Schicksal.
Die Krone fühl ich wieder auf dem Haupt,
Den würdgen Stolz in meiner edeln Seele!

Sie beichtet ihre Sünden, erhält die Kommunion und kann nun »frei und freudig« vor »den höchsten Richter« treten.

Auf dem Weg zum Schafott sieht sie Graf Leicester.

NEUNTER AUFTRITT

(Bei diesem Anblick zittert Maria, die Knie versagen ihr, sie ist im Begriff hinzusinken, da ergreift sie Graf Leicester, und empfängt sie in seinen Armen. Sie sieht ihn eine Zeitlang ernst und schweigend an, er kann ihren Blick nicht aushalten, endlich spricht sie)

Maria. Ihr haltet Wort, Graf Leicester – Ihr verspracht
Mir Euren *Arm*, aus diesem Kerker mich
Zu führen, und Ihr leiht mir ihn jetzt!
   (Er steht wie vernichtet. Sie fährt mit sanfter Stimme fort)
Ja, Leicester, und nicht bloß
Die Freiheit wollt ich Eurer Hand verdanken.
Ihr solltet mir die Freiheit *teuer* machen,
An Eurer Hand, beglückt durch Eure Liebe,
Wollt ich des neuen Lebens mich erfreun.
Jetzt, da ich auf dem Weg bin, von der Welt
Zu scheiden, und ein selger Geist zu werden,
Den keine irdsche Neigung mehr versucht,
Jetzt, Leicester, darf ich ohne Schamerröten
Euch die besiegte Schwachheit eingestehn –
Lebt wohl, und wenn Ihr könnt, so lebt beglückt!
Ihr durftet werben um zwei Königinnen,
Ein zärtlich liebend Herz habt Ihr verschmäht,
Verraten, um ein stolzes zu gewinnen,
Kniet zu den Füßen der Elisabeth!
Mög Euer Lohn nicht Eure Strafe werden!
Lebt wohl! – Jetzt hab ich nichts mehr auf der Erden!

Nach der Hinrichtung widerrufen die Zeugen, die im Prozess gegen Maria ausgesagt haben. Elisabeth weist die Verantwortung für das Todesurteil von sich und schiebt die Schuld auf ihre Untergebenen.

LETZTER AUFTRITT

Shrewsbury. Verbanne deine treusten Freunde nicht,
Wirf sie *nicht* ins Gefängnis, die für dich
Gehandelt haben, die jetzt für dich schweigen.
– Mir aber, große Königin, erlaube,
Daß ich das Siegel, das du mir zwölf Jahre
Vertraut, zurück in deine Hände gebe.
Elisabeth *(betroffen)*.
Nein, Shrewsbury! Ihr werdet mich jetzt nicht
Verlassen, jetzt –
Shrewsbury. Verzeih, ich bin zu alt,
Und diese grade Hand, sie ist zu starr,
Um deine neuen Taten zu versiegeln.
Elisabeth. Verlassen wollte mich der Mann, der mir
Das Leben rettete?
Shrewsbury. Ich habe wenig
Getan – Ich habe deinen edlern Teil
Nicht retten können. Lebe, herrsche glücklich!
Die Gegnerin ist tot. Du hast von nun an
Nichts mehr zu fürchten, brauchst nichts mehr zu achten.
(Geht ab)
Elisabeth *(zum Grafen Kent, der hereintritt)*.
Graf Leicester komme her!
Kent. Der Lord läßt sich
Entschuldigen, er ist zu Schiff nach Frankreich.
(Sie bezwingt sich und steht mit ruhiger Fassung da.
Der Vorhang fällt)

Das verdammte Geld

»Ich habe mich schon lange vor dem Augenblick gefürchtet, den ich sosehr wünschte, meines Werks los zu sein; und in der Tat befinde ich mich bei meiner jetzigen Freiheit schlimmer als in der bisherigen Sklaverei. Die Masse, die mich bisher anzog und festhielt, ist nun auf einmal weg, und mir dünkt, als wenn ich besinnungslos im luftleeren Raume hinge. Zugleich ist mir, als wenn es absolut unmöglich wäre, daß ich wieder etwas hervorbringen könnte; ich werde nicht eher ruhig sein, bis ich meine Gedanken wieder auf einen bestimmten Stoff mit Hoffnung und Neigung gerichtet sehe. Habe ich wieder eine Bestimmung, so werde ich diese Unruhe los sein.«

Diese Sätze hat Schiller am 19. März 1799 an Goethe geschrieben, nachdem der *Wallenstein* fertig war. So ähnlich äußerte er sich nach jeder größeren Arbeit. Kaum war die Uraufführung von *Maria Stuart* am 14. Juni 1800 mit großem Erfolg über die Bühne gegangen, schrieb Schiller an Körner: »Mit meiner Gesundheit ging es in den letzten zwei Monaten sehr gut; ich habe mir viel Bewegung gemacht, lebe jetzt viel in der Luft, man sieht mich wieder auf der Straße und an öffentlichen Orten, und ich komme mir selbst sehr verändert vor. Dies ist zum Teil das Werk meiner Tätigkeit; denn ich befinde mich nie besser, als wenn mein Interesse an einer Arbeit recht lebendig ist. Ich habe auch deswegen schon zu einer neuen Anstalt gemacht.«

Für diesen Drang, ja Zwang zur Arbeit gab es mehrere Ursachen. Schiller fühlte sich am wohlsten, wenn er etwas schreiben konnte, das ihn forderte, bei dem er seine Fähigkeiten ausprobieren und beweisen konnte. Außerdem war er überzeugt, dass er die ihm – von wem auch immer – gestellte Aufgabe erfüllen musste: das Werk, das in ihm war, die »Idee von Schiller«, zu vollenden. Gleichzeitig ahnte er, dass er dafür nicht mehr allzu viel Zeit haben würde. Deswegen stellte er immer wieder Rechnungen an: »Ich

Schiller-Büste von Christian Friedrich Tieck

habe zur ›Maria Stuart‹, nach Abrechnung der Zeit, wo ich nicht daran arbeitete, 7 und ½ Monat gebraucht, von dem ersten Gedanken an diesen Stoff an gerechnet; ich kann also hoffen, bei zunehmender Übung und größerer Sicherheit in der Ausführung in einem halben Jahre ein Stück fertigzubringen. So hoffe ich das Versäumte hereinzubringen und, wenn ich das fünfzigste Jahr erreichen kann, noch unter den fruchtbaren Theaterschriftstellern einen Platz zu verdienen.«

Weil er der Meinung war, sich diesen Platz erst noch verdienen zu müssen, stürzte er sich von einem Projekt in nächste, auch wenn das an seinem ohnehin geschwächten Körper zehrte.

Neben den inneren Zwängen gab es auch äußere, die Schiller an die Arbeit trieben. Als Familienvater machte er sich zunehmend Gedanken über die Zukunft seiner Frau und seiner Kinder. »Kann ich nur mein 50. Jahr mit ungehinderten Geisteskräften erreichen, so hoffe ich, so viel zu ersparen, daß meine Kinder unabhängig sind.«

Die meisten Biografen schreiben, Schiller habe seit seiner Jenaer Zeit ordentlich verdient und sei nicht mehr arm gewesen. Nun ist *arm* ein relativer Begriff. Zur finanziellen Lage des erfolgreichen und populären Dichters hier ein Brief an Charlotte, die Ende Juni 1800 ein paar Tage bei ihrer Mutter in Rudolstadt verbrachte: »Kirms [Hofkammerrat und Bühnenleiter in Weimar] hat mir noch kein Geld geschickt und ich bin mit meinen Finanzen sehr auf der Neige. Von Berlin und Leipzig kann ich vor 3 oder 4 Wochen nichts erwarten. Könntest Du etwas mitbringen, so wärs recht gut, es brauchte nicht länger als auf einen Monat sein, und wenn Kirms oder Iffland [Theaterdirektor in Berlin] bald zahlt, so könnte es vielleicht schon in ein paar Tagen zurückgezahlt werden.«

»Das verdammte Geld« war für Schiller also immer noch ein Thema. Zwar stieg sein Einkommen stetig, aber die Ausgaben eben auch. Seinen heimlichen Wunsch, den Wunsch eines jeden waschechten Schwaben, ein eigenes Haus zu besitzen, wagte er angesichts der nicht vorhandenen Rücklagen kaum auszusprechen. Doch seit er sich entschieden hatte, in Weimar »zu leben und zu sterben«, wurde dieser Wunsch drängender, zumal ihm die gemietete Wohnung viel zu laut war.

Also überwand er seine »Scheu vor allem Merkantilischen«, begann zu rechnen und zu planen. So stellte er beispielsweise folgende »Berechnung für Wirtschaftsausgaben im Jahre 1802« zusammen:

Wirtschafts- und Haushaltsgeld	525 Reichstaler
Kleidung, Holz, Steuer und Brandkasse	225 Reichstaler
Wein und Bier	125 Reichstaler
Miete	100 Reichstaler
Löhne und Auslagen für Bedienstete	82 Reichstaler
Zucker, Kaffe und Tee	75 Reichstaler
Postgeld, Papier und Abschreibekosten	50 Reichstaler
Trinkgelder und Ehrenausgaben	50 Reichstaler
Tabak, Barbier, Apotheke	40 Reichstaler
Bäcker	38 Reichstaler
Seife und Wäscherlohn	35 Reichstaler
Lichter	35 Reichstaler
Unterricht der Kinder	20 Reichstaler

Diesen Ausgaben in Höhe von 1525 Talern standen als sichere Einnahmen nur die 400 Taler Gehalt vom Herzog gegenüber. Für den *Wallenstein* und *Maria Stuart* hatte Schiller je 565 Taler erhalten. Durch kleinere Arbeiten zwischendurch verdiente er da und dort ein paar Taler zusätzlich, und die Aufführungen seiner Stücke an verschiedenen Theatern brachten auch etwas Geld ins Haus. Doch letztlich musste Schiller bei diesen Honoraren zwei Stücke pro Jahr schreiben, um die laufenden Ausgaben bestreiten zu können. Und das schien ihm nach seinen großen Erfolgen einfach nicht mehr angemessen. Deshalb bat er seinen Verleger Cotta um mehr Honorar.

»Sie kennen mich genug, um zu wissen, daß Gewinnsucht nicht unter meine Fehler gehört und ebensowenig ist es ein unanständiger Dünkel, wenn ich meine Produkte höher als sonst taxiere.« Da der Absatz seiner Stücke zukünftig wohl steigen werde, schrieb Schiller, seien sie seiner Meinung nach 900 Taler Honorar wert. »Ich begebe mich aber dadurch zugleich jedes Anspruchs an einen weitern Gewinn, der Absatz mag so groß sein, als er will, und der Auflagen so viele, als während drei Jahren davon erfolgen können, und reserviere mir nichts als meine Rechte auf die künftige Sammlung meiner Theaterschriften. Ich führe Ihnen nicht an, daß

Schiller um 1800

andre Schriftsteller, denen ich nicht glaube weichen zu müssen, ebenso vorteilhafte Kontrakte geschlossen oder daß andre Verleger mir dergleichen Erbietungen getan. Dies sind keine Argumente, die zwischen Ihnen und mir gelten. Auch weiß ich aus Erfahrung, wie bereitwillig Sie sind, mich an dem Gewinn bei meinen Schriften Anteil nehmen zu lassen, aber hier kommt es darauf an, daß ich mir von meinem schriftstellerischen Fleiß einen bestimmten Etat gründe, daß ich weiß, woran ich bin, und mich aller merkantilischen Rücksichten, die mir bei meinen Arbeiten nur störend sind, einmal für allemal entschlage.«

Cotta ließ sich nicht lange bitten, und damit war das Thema vom Tisch.

Anfang Februar 1802 schrieb Schiller an Goethe:

Weimar, 11. Februar 1802

Ich habe mich nun zum Ankauf des Hauses von Mellish entschlossen, da er etwas davon herunterläßt. Obgleich ich noch immer nicht wohlfeil kaufe, so muß ich doch zugreifen, um einmal für allemal dieser Sorge überhoben zu sein. Unter diesen Umständen ist es mir aber nun doppelt daran gelegen, meinen kleinen jenaischen Besitz loszuwerden, und ich bitte Sie daher, Götzen diese Angelegenheit aufzutragen. Die Anzeige in das Wochenblatt lege ich bei, wie auch eine kurze Notiz, was für das Gartenhaus jährlich an Steuern etc. erlegt wird. Der Ankauf hat mich 1150 Taler gekostet, und ich habe 500 Taler darein verbaut, wie ich mit den Rechnungen dokumentieren kann. Ich möchte nun freilich nicht gern dabei verlieren und, wo möglich, noch etwas gewinnen. Da ich aber jetzt gern bar Geld hätte, um mein hiesiges Haus bald von aller Hypothek zu befreien, so bin ich mit 1500 Talern als dem *äußersten* Preis für Garten und Gartenhaus zufrieden. Was Götze mir *über* diese Summe verschaffen kann, will ich ihm hoch verinteressieren.

Die Finanzierung des Hauses an der Esplanade (dem heutigen Schillerhaus) gestaltete sich schwierig und Schiller war monatelang mehr mit Merkantilischem als mit Literarischem beschäftigt. Der Kaufpreis betrug 4200 Taler, hinzu kamen weiter 470 Taler für Renovierungen. Von Cotta erbat und erhielt er ein Darlehen von 1500 Talern, Charlottes Mutter lieh ihnen 600 Taler, beides zu den üblichen 4% Zinsen. Dann nahmen sie eine Hypothek in Höhe von 2200 Talern auf. Für das teuer ausgebaute Jenaer Gartenhaus erhielten Schillers

Das Haus, welches Schiller in Weimar bewohnte und seine Familie noch besizt.

Schillers Wohnhaus an der Esplanade in Weimar

zwar nur 1150 Taler, aber wenigstens war die Finanzierung ihres neuen Heims nun gesichert.

So viel zu den finanziellen Verhältnissen des Topstars der deutschen Literatur.

Am 10. April berichtete Schiller nach Hause ins Schwabenland, dass er ein Haus gekauft hatte. »Ach, welche Freude würde es für mich sein, die liebe Mutter und Euch meine Schwestern einmal unter meinem eignen Dach bewirten zu können.«

Dazu kam es nicht, denn seine Mutter starb am 29. April, dem Tag, als Schillers ins eigene Haus einzogen.

»Man kann sich nicht entwehren, von einer solchen Verflechtung der Schicksale schmerzlich angegriffen zu werden«, schrieb er an Goethe.

Schiller wird »von«

Krankheiten, Sorgen um die Familie, Kauf eines Hauses, Tod der Mutter – nichts konnte Schiller lange vom Schreiben abhalten. »Es ist nichts als die Tätigkeit nach einem bestimmten Ziel, was das Leben erträglich macht«, schrieb er an Körner. Allerdings fiel es ihm zunehmend schwerer, sich für einen Stoff zu entscheiden. »In meinen Jahren und auf meiner jetzigen Stufe des Bewußtseins ist die Wahl eines Gegenstandes weit schwerer, der Leichtsinn ist nicht mehr da, womit man sich in der Jugend so schnell entscheiden kann, und die Liebe, ohne welche keine poetische Tätigkeit bestehen kann, ist schwerer zu erregen.«

Am meisten erregt hat ihn schließlich die Geschichte des 17jährigen Bauernmädchens Jeanne d'Arc.

Als die Engländer schon tief in Frankreich und kurz vor der Erstürmung der königliche Residenz in Orleans standen, erschien sie beim König und erklärte, Gott habe sie zur Rettung Frankreichs geschickt. Sie wurde erst belächelt, doch dann schaffte sie es, den Franzosen wieder Mut zu machen und die Kampfmoral der Soldaten zu stärken. »Bevor sie kam, flohen 500 Franzosen vor 200 Engländern; nach ihrer Ankunft vermochten 200 Franzosen 500 Engländer zu schlagen und zu verjagen«, schrieb ein Chronist. Tatsächlich gelang es den Franzosen, die Engländer aus ihrem Land zu vertreiben.

Bei der Bearbeitung des Stoffes entfernte sich Schiller immer weiter von den historischen Fakten. Er änderte nicht nur das familiäre Umfeld von Jeanne, er baute spukhafte Elemente ein, ließ überirdische Mächte und Gestalten in das Geschehen eingreifen. Während die historische Jeanne von den Engländern als Hexe verbrannt wurde, wird Schillers Johanna von ihrem eigenen Vater der Zauberei bezichtigt und landet schließlich in einem Turm, wo sie in Ketten liegt. Als sie von der drohenden Niederlage Frankreichs hört, betet sie zu Gott – zerreißt die Ketten, schnappt sich ein

Schwert und stürmt in die Schlacht. Mit ihr wendet sich das Blatt,
sie führt ihr Volk zum Sieg und wird im Kampf tödlich verwundet.

FÜNFTER AUFZUG. VIERZEHNTER AUFTRITT

Soldaten mit fliegenden Fahnen erfüllen den Hintergrund. Vor ih-
nen der König und der Herzog von Burgund, in den Armen beider
Fürsten liegt Johanna tödlich verwundet, ohne Zeichen
des Lebens. Sie treten langsam vorwärts.
Agnes Sorel stürzt herein

Sorel *(wirft sich an des Königs Brust).*
 Ihr seid befreit – Ihr lebt – Ich hab Euch wieder!
König. Ich bin befreit – Ich bins um diesen Preis!
             (Zeigt auf Johanna)
Sorel. Johanna! Gott! Sie stirbt!
Burgund.   Sie hat geendet!
 Seht einen Engel scheiden! Seht, wie sie daliegt,
 Schmerzlos und ruhig wie ein schlafend Kind!
 Des Himmels Friede spielt um ihre Züge,
 Kein Atem hebt den Busen mehr, doch Leben
 Ist noch zu spüren in der warmen Hand.
König. Sie ist dahin – Sie wird nicht mehr erwachen,
 Ihr Auge wird das Irdsche nicht mehr schauen.
 Schon schwebt sie droben ein verklärter Geist,
 Sieht unsern Schmerz nicht mehr und unsre Reue.
Sorel. Sie schlägt die Augen auf, sie lebt!
Burgund *(erstaunt).*   Kehrt sie
 Uns aus dem Grab zurück? Zwingt sie den Tod?
 Sie richtet sich empor! Sie steht!
Johanna *(steht ganz aufgerichtet und schaut umher).*
                                    Wo bin ich?
Burgund. Bei deinem Volk, Johanna! Bei den Deinen!
König. In deiner Freunde, deines Königs Armen!

Johanna (*nachdem sie ihn lange starr angesehen*).

    Nein, ich bin keine Zauberin! Gewiß

    Ich bins nicht.

König.   Du bist heilig wie die Engel,

    Doch unser Auge war mit Nacht bedeckt.

Johanna (*sieht heiter lächelnd umher*).

    Und ich bin wirklich unter meinem Volk,

    Und bin nicht mehr verachtet und verstoßen?

    Man flucht mir nicht, man sieht mich gütig an?

    – Ja, jetzt erkenn ich deutlich alles wieder!

    Das ist mein König! Das sind Frankreichs Fahnen!

    Doch meine Fahne seh ich nicht – Wo ist sie?

    Nicht ohne meine Fahne darf ich kommen,

    Von meinem Meister ward sie mir vertraut,

    Vor seinem Thron muß ich sie niederlegen,

    Ich darf sie zeigen, denn ich trug sie treu.

König (*mit abgewandtem Gesicht*). Gebt ihr die Fahne!

      (*Man reicht sie ihr. Sie steht ganz frei aufgerichtet, die*

        Fahne in der Hand – Der Himmel ist von einem

          rosigten Schein beleuchtet)

Johanna. Seht ihr den Regenbogen in der Luft?

    Der Himmel öffnet seine goldnen Tore,

    Im Chor der Engel steht sie glänzend da,

    Sie hält den ewgen Sohn an ihrer Brust,

    Die Arme streckt sie lächelnd mir entgegen.

    Wie wird mir – Leichte Wolken heben mich –

    Der schwere Panzer wird zum Flügelkleide.

    Hinauf – hinauf – Die Erde flieht zurück –

    Kurz ist der Schmerz und ewig ist die Freude!

    (*Die Fahne entfällt ihr, sie sinkt tot darauf nieder – Alle stehen*

      lange in sprachloser Rührung – Auf einen leisen Wink des

      Königs werden alle Fahnen sanft auf sie niedergelassen,

          daß sie ganz davon bedeckt wird)

Die Jungfrau von Orleans war kein Geschichtsdrama mehr; Schiller nannte es »Eine romantische Tragödie« und sagte: »Dieses Stück floß *aus dem Herzen*, und *zu den Herzen* sollte es auch sprechen.«

Als er es im April 1801 beendet hatte, folgte zum ersten Mal eine Schreibpause, obwohl er am liebsten gleich mit dem nächsten Stück begonnen hätte. Aber er konnte sich einfach nicht für einen Stoff entscheiden. Außerdem plante er für den Sommer einen Kuraufenthalt an der Ostsee. Doch im Juli wurde Charlotte krank und Schiller verzichtete auf die Kur. Stattdessen reiste die ganze Familie im August zu den Körners und verbrachte im Loschwitzer Weinberg und in Dresden fünf schöne, erholsame Wochen.

Auf der Rückreise besuchten sie in Leipzig eine Aufführung der *Jungfrau von Orleans*. Wie ein Lauffeuer sprach sich beim Publikum herum, dass der Dichter anwesend war. Er wurde mit stürmischem Applaus gefeiert. »Es lebe Schiller! Vivat Schiller!«, riefen die Leute begeistert. Das war Schiller nicht gewohnt, denn im Weimarer Hoftheater durfte nicht laut geklatscht und schon gar nicht gerufen werden. Ein Augenzeuge schrieb, »daß das Publikum diesen Dichter auf eine Weise aufnahm wie noch nie einen, wie meines Wissens auch nie einen Fürsten«.

Als Schiller mit den Seinen das Theater verließ, erwartete ihn eine große Menschenmenge. »Wie nun Schiller vor dem Theater erschien, traten die Versammelten auseinander und ließen den Hochgefeierten in ehrfurchtsvoller Stille, mit entblößten Häuptern durch ihre lange Reihe hindurchschreiten. Hie und da sah man einen Vater, eine Mutter ihre Kinder emporheben und hörte ihnen die Worte zuflüstern: Der ist es!«

Das tat Schiller gut. Ganz besonders freute ihn, dass seine Familie dabei war und diese Huldigung miterlebte. Denn Charlotte und die Kinder hatten immer auf ihn Rücksicht nehmen oder zurückstehen müssen, wenn er arbeitete. Die Anerkennung des Werkes und die Verehrung des Dichters, die in Leipzig zum Ausdruck kam, war eine kleine Entschädigung für die großen Opfer, die alle gebracht hatten.

Eine weitere Entschädigung folgte ein Jahr später. Seit ihrer Heirat war Charlotte keine Adlige mehr und damit gesellschaftlich nur noch eine Person zweiter Klasse. Sie hatte keinen Zutritt zu den Veranstaltungen des Hofes, wenn sie und ihr Mann nicht extra eingeladen wurden. Und manche Festlichkeiten waren den Adligen vorbehalten. So kam es vor, dass Charlottes Schwester Caroline mit ihrem Mann solche Feste besuchte, während Charlotte und ihr Mann draußen bleiben mussten. Er nahm das sehr gelassen, sie aber litt darunter. Um das zu ändern, wollte sich Herzog Carl August an den kaiserlichen Hof in Wien wenden und Schiller in den Adelsstand erheben lassen.

Der Geheime Rat Voigt entwarf ein »Bewerbungsschreiben«, zu dem Schiller ironisch bemerkte: »Auf's schönste danke ich Ihnen, verehrtester Freund! für das brillante diplomatische Testimonium, das Sie mir erteilen. Es ist freilich keine leichte Aufgabe aus meinem Lebenslauf etwas herauszubringen, was sich zu einem Verdienst um Kaiser und Reich qualifizierte, und Sie haben es vortrefflich gemacht sich zuletzt an dem Ast der deutschen Sprache festzuhalten.«

Der positive Bescheid aus Wien kam und machte den geistigen Vater Karl Moors und des Marquis von Posa zum Adligen. Ganz geheuer schien ihm das nicht zu sein, und er versicherte seinen Freunden eifrig, dass er die Sache nicht angeregt und mit dem Verfahren nichts zu tun gehabt habe.

»Sie können übrigens leicht denken, daß mir, für meine eigene Person, die Sache ziemlich gleichgültig ist«, schrieb er an Cotta. Und an Körner: »Für meine Frau hat die Sache einen Vorteil, für meine Kinder kann sie ihn mit der Zukunft erhalten, für mich freilich ist nicht viel gewonnen.« Und etwas später an Wilhelm von Humboldt: »Sie werden gelacht haben, da Sie von unserer Standeserhöhung hörten, es war ein Einfall von unserm Herzog, und da es geschehen ist, so kann ich's um der Lolo und der Kinder willen mir auch gefal-

Adelsdiplom, das die Schillers zu »vons« macht

len lassen. Lolo ist jetzt recht in ihrem Element, da sie mit ihrer Schleppe am Hof herumschwänzelt.«

Charlotte freute sich sehr, dass sie nun wieder eine »von« war, wies allerdings darauf hin, dass auch sie nichts dazu getan habe. »Doch ist mir jeder Beweis einer öffentlichen Achtung, die Schiller widerfährt, erfreulich, weil ich gern sehe, daß man seine Verdienste anerkennt.«

Sie las ihren Kindern den Adelsbrief des Kaisers mehrfach vor; Caroline verstand das alles noch nicht, aber Karl und Ernst waren stolz auf ihren Vater.

Ein Star ohne Allüren

Schiller war inzwischen so populär, dass er schreiben konnte, was er wollte, es wurde begeistert aufgenommen und zumindest ein Anfangserfolg. Das zeigte sich ganz deutlich an der *Braut von Messina*. Bei diesem Stück, schrieb Schiller an Iffland, »habe ich, ich will es Ihnen aufrichtig gestehen, einen kleinen Wettstreit mit den alten Tragikern versucht, wobei ich mehr an mich selbst, als an ein Publikum außer mir dachte«. Er wollte sich beweisen, dass man auch zu Beginn des 19. Jahrhunderts Tragödien schreiben konnte, wie Aischylos, Sophokles und Euripides sie schon rund 2200 Jahre zuvor geschrieben hatten. An ihnen orientierte er sich in Form und Inhalt: Die sizilianischen Brüder Don Cesar und Don Manuel verliebten sich in Beatrice, von der sie nicht wissen, dass sie ihre Schwester ist. Als Cesar sie in den Armen seines Bruders findet, ersticht er ihn. Doch dann erfährt Cesar, dass Beatrice seine Schwester ist und sticht sich wegen der blutschänderischen Liebe selbst den Dolch in die Brust.

Zentrales Element des Stückes ist der Chor, der die Handlung kommentierend und reflektierend begleitet. Er formuliert auch den zum geflügelten Wort gewordenen Schlusssatz:

> Das Leben ist der Güter höchstes *nicht*,
> Der Übel größtes aber ist die *Schuld*.

Zu der Premiere des »Trauerspiels mit Chor« am 19. März 1803 kamen auch viele Jenaer Studenten. Sie brachten »mir nach dem Stück im Schauspielhause ein Vivat, welches man sich sonst hier noch niemals herausnahm«, schrieb Schiller an Körner. Das grenzte schon an Aufruhr, denn im Beisein des Herzogs durften keinem gewöhnlichen Sterblichen ein Vivat gebracht werden, selbst wenn es sich dabei um den ungewöhnlichen Schiller handelte. Der Herzog nahm die Missachtung der Etikette sehr übel und selbst Goethe, der als Bühnenleiter für alles verantwortlich war, hatte »ein paar böse Tage«.

Zur Wirkung des Stückes hieß es in dem Brief: »Über den Chor und das vorwaltend Lyrische in dem Stücke sind die Stimmen natürlich sehr geteilt ... Was mich selbst betrifft, so kann ich wohl sagen, daß ich in der Vorstellung *Der Braut von Messina* zum ersten Mal den Eindruck einer wahren Tragödie bekam. Der Chor hielt das Ganze trefflich zusammen, und ein hoher, furchtbarer Ernst waltete durch die ganze Handlung. Goethen ist es auch so ergangen, er meint, der theatralische Boden wäre durch diese Erscheinung zu etwas Höherem eingeweiht worden.«

Die beiden Großen waren sich also einig, doch die kritischen Stimmen wurden schnell lauter. Der anfängliche Beifall galt mehr dem Dichter als dem Trauerspiel mit Chor, das schon bald »ohne alle Barmherzigkeit verurteilt« wurde. Schiller sah ein, dass »die *Braut von Messina* kein Stück fürs Volk, also auch für die Kasse kein Gewinn ist«. Er zog die Konsequenzen daraus und nahm sich vor, alsbald wieder »ein rechtes Stück für das ganze Publikum« zu schreiben.

Eine kleine Begebenheit aus jenen Tagen soll nicht unerwähnt bleiben, weil sie einiges über den nun 43-jährigen Lieblingsdichter der Deutschen sagt. Am 3. Juli 1803 wurde in Bad Lauchstädt für die Feriengäste von der Weimarer Schauspielgruppe *Die Braut von Messina* gespielt. Schiller reiste mit, um sich das Stück noch einmal anzusehen und um ein paar Tage auszuspannen. Der Weimarer Regisseur Anton Genast notierte: »Seine Ankunft daselbst erweckte ein großes Interesse bei den versammelten Badegästen, denn alt und jung schwärmte noch weit mehr für ihn als für Goethe. Aber *wie anders bewegte sich Schiller in der Gesellschaft Goethe gegenüber*! Die bunte Menge beängstigte ihn förmlich, und Ehrenbezeigungen, die Goethe als etwas Selbstverständliches aufnahm, wurden ihm unheimlich und machten ihn schüchtern; darum suchte er zunächst die einsamen Wege auf, um den ewigen Begrüßungen zu entgehen; aber wenn es hieß: ›Schiller ist dahin ausgegangen‹, wählte man gewiß den Weg, wo man ihm begegnen mußte.

Er ging gewöhnlich gebeugten Hauptes durch die Massen, jedem, der ihn grüßte, freundlich dankend. Wie ganz anders war Goethe unter diesem Publikum, was alljährlich fast dasselbe war, einhergeschritten, stolz wie ein König, mit hocherhobenem Haupt, dasselbe bei einem Gruß nur gnädig neigend.«

Wieder wurde Schiller begeistert gefeiert – nicht nur im Theater, sondern auch noch am Abend in den Straßen. Studenten zogen »vor die Fenster Schillers und brachten ihm ein Halloh mit Gesang und Musik. So viel wir konnten, rückten wir ihm auch auf die Stube, wo sich der von uns tüchtig angelärmte große Dichter so burschikos liebenswürdig benahm, daß einer der Unsrigen ihn keck einlud zu einem Mahle, das der reiche Vater eines Kommilitonen in seinem Gartensaale uns anrichtete. Schiller lehnte zwar die Einladung ab, zögerte indes doch einen Augenblick, so daß, nachdem wir abgezogen waren, ich der Meinung war, eine Deputation an ihn würde nachträglich unsern Wunsch durchsetzen. Im Nu bildete sich die Deputation, die mich zum Sprecher wählte.

Wir fanden den Dichter, wie er eben ins Bett steigen wollte, und was ich ihm nun mit klopfendem Herzen in ängstlicher Verlegenheit gesagt haben mag, müßt ein andrer wissen«, berichtete der Studentensprecher. »Meine Rede hat gewiß nicht so viel geholfen als der tolle Einfall der anderen Kerle, von denen jeder ein Kleidungsstück Schillers ergriff, der Nächststehende auch mir eins über meine in rhetorischer Gebärde ausgestreckten Hände warf, so daß wir alle den Eingeladenen umgaben wie Kammerdiener, bereit, ihn anzuziehen. Das Gelächter Schillers machte uns dreister, und fast willenlos fuhr er in die Kleider.

Mehr gezogen und getragen als gehend brachten wir ihn richtig in den Saal, wo uns überschwengliches Jauchzen empfing. Fast eine Stunde blieb Schiller bei uns, wahrhaftig ein Bursche unter Burschen … Die Vivats, versteht sich, rissen während der Anwesenheit des Dichters gar nicht ab, und er mußte es sich gefallen lassen, sein herrliches Lied *Freude schöner Götterfunken* nicht in vollendeter Harmonie zu hören.«

Am nächsten Morgen ließen sie es sich nicht nehmen, »unsern Abgott nochmals mit Gesang und Musik« zu begrüßen.

Diese amüsante »Bursche unter Burschen«-Geschichte macht deutlich, dass Schiller – im Gegensatz zu Goethe – keinerlei Staralüren hatte.

Eine Grenze hat Tyrannenmacht!

Wie immer beschäftigte sich Schiller mit mehreren Stoffen gleichzeitig. Was jeweils den Ausschlag gab, sich für den einen zu entscheiden und den anderen zurückzustellen, ist schwer zu sagen. Im Fall des *Wilhelm Tell* schrieb Schiller am 16. März 1802 an Cotta: »Ich habe so oft das falsche Gerücht hören müssen, als ob ich einen ›Wilhelm Tell‹ bearbeitete, daß ich endlich auf diesen Gegenstand aufmerksam worden bin und das ›Chronicon Helveticum‹ von Tschudi studierte. Dies hat mich so sehr angezogen, daß ich nun in allem Ernst einen ›Wilhelm Tell‹ zu bearbeiten gedenke.« Er bat Cotta sogleich, ihm Spezialkarten vom Vierwaldstättersee und den umliegenden Kantonen zu besorgen.

Vom Freiheitskampf des Schweizer Volkes hatte ihm Charlotte schon 1789 erzählt, als sie noch von Lengefeld hieß. Zusammen mit Mutter und Schwester hatte sie als junges Mädchen ein Jahr am Genfer See verbracht; seit damals beschäftigte sie sich mit der Schweiz und den Schweizern. Doch es war ihr nicht gelungen, Schiller für den Stoff zu erwärmen.

Im Herbst 1797 war Goethe von einer Reise in die Schweiz zurückgekommen und hatte Schiller von der »reizenden, herrlichen, großartigen Natur« berichtet und von seinem Plan, die Tell-Sage poetisch zu bearbeiten. Schiller hatte die Idee »sehr glücklich« genannt und den Kollegen bestärkt, den Plan zu realisieren. Doch dazu kam es nicht, weil Goethe die Lust an dem Stoff bald verloren und ihn Schiller »gerne und förmlich abgetreten« hatte – wie er später bemerkte.

Im Frühjahr 1803 vertiefte sich Schiller wieder einmal in Bücher und geografische Karten, um Land und Leute vor seinem geistigen Auge entstehen zu lassen. Da er außer ein paar Städten wie Stuttgart, Mannheim, Frankfurt, Leipzig, Dresden, Weimar und Jena nichts von der Welt gesehen hatte, war er auf Informationen, vor allem jedoch auf seine Fantasie angewiesen. »Ich bin genötigt, viel darüber zu lesen, weil das Lokale an diesem Stoffe soviel bedeutet, und ich möchte gern soviel möglich örtliche Motive nehmen. Wenn mir die Götter günstig sind, das auszuführen, was ich im Kopf habe, so soll es ein mächtiges Ding werden, und die Bühnen von Deutschland erschüttern«, schrieb er an Körner.

Zu ihren unterschiedlichen Arbeitsweisen sagte Goethe 15 Jahre nach Schillers Tod in einem Gespräch: »Ich behaupte immer, der Dichter dürfe nicht eher ans Werk gehen, als bis er einen unwiderstehlichen Drang zum Dichten fühle. Und diesen Grundsatz befolge ich auch, ihm verdanke ich mein heiteres Alter. Sie sehen hier sechs verschiedene angefangene Arbeiten; ich gehe an keine, wenn sie mich nicht eben anzieht …

Schiller dagegen wollte das nicht gelten lassen. Er behauptete, der Mensch müsse können, was er wolle, und nach dieser Manier verfuhr er auch. Ich will Ihnen ein Beispiel geben: Schiller stellte sich die Aufgabe, den *Tell* zu schreiben. Er fing damit an, alle Wände seines Zimmers mit so viel Spezialkarten der Schweiz zu bekleben, als er auftreiben konnte. Nun las er Schweizer Reisebeschreibungen bis er mit Wegen und Stegen des Schauplatzes des Schweizer Aufstandes auf das Genaueste bekannt war. Dabei studierte er die Geschichte der Schweiz; und nachdem er alles Material zusammengebracht hatte, setzte er sich über die Arbeit, und buchstäblich genommen stand er nicht eher vom Platze auf, bis der Tell fertig war. Überfiel ihn die Müdigkeit, so legte er den Kopf auf den Arm und schlief. Sobald er wieder erwachte, ließ er sich – nicht wie ihm fälschlich nachgesagt worden, Champagner – sondern starken schwarzen Kaffee bringen, um sich munter zu erhalten. So wurde der Tell in sechs Wochen fertig; er ist aber auch wie aus einem Guß.«

Sechs Wochen war maßlos untertrieben; tatsächlich hat Schiller – ganz abgesehen von den umfangreichen Vorarbeiten – sechs Monate am *Tell* gearbeitet. Wie immer ist Vorsicht geboten, wenn Goethe nach Schillers Tod über ihn und ihr Verhältnis zueinander erzählte.

Schillers Arbeits- und Sterbezimmer

Am 25. August 1803 trug Schiller in seinen Kalender ein: »Diesen Abend an den *Tell* gegangen.«; am 18. Februar 1804 hieß es: »*Tell* geendigt.«

Am 17. März ging das Schauspiel in Weimar zum ersten Mal über die Bühne. Es beginnt mit der Beschreibung eines friedlichen, ländlichen Idylls: grüne Matten, Dörfer und Höfe in hellem Sonnenschein, harmonisches Geläut der Kuhglocken, ein Fischerknabe singt in seinem Kahn. In diese fast paradiesische Welt, in der noch die »uralt fromme Sitte der Väter« gilt, bricht die Politik in Gestalt der habsburgischen Landvögte ein, die das Volk tyrannisieren. Als sie es immer schlimmer treiben, treffen sich Vertreter der drei Urkantone Schwyz, Uri und Unterwalden auf dem Rütli und beraten, was sie tun sollen.

Stauffacher. – Wir haben diesen Boden uns *erschaffen*
    Durch unsrer Hände Fleiß, den alten Wald,
    Der sonst der Bären wilde Wohnung war,
    Zu einem Sitz für Menschen umgewandelt,
    Die Brut des Drachen haben wir getötet,
    Der aus den Sümpfen giftgeschwollen stieg,
    Die Nebeldecke haben wir zerrissen,
    Die ewig grau um diese Wildnis hing,
    Den harten Fels gesprengt, über den Abgrund
    Dem Wandersmann den sichern Steg geleitet,
    Unser ist durch tausendjährigen Besitz
    Der Boden – und der fremde Herrenknecht
    Soll kommen dürfen und uns Ketten schmieden,
    Und Schmach antun auf unsrer eignen Erde?
    Ist keine Hülfe gegen solchen Drang?
        (Eine große Bewegung unter den Landleuten)
    Nein, eine Grenze hat Tyrannenmacht,
    Wenn der Gedrückte nirgends Recht kann finden,
    Wenn unerträglich wird die Last – greift er
    Hinauf getrosten Mutes in den Himmel
    Und holt herunter seine ewgen Rechte,
    Die droben hangen unveräußerlich
    Und unzerbrechlich wie die Sterne selbst –
    Der alte Urstand der Natur kehrt wieder,
    Wo Mensch dem Menschen gegenübersteht –
    Zum letzten Mittel, wenn kein andres mehr
    Verfangen will, ist ihm das Schwert gegeben –
    Der Güter höchstes dürfen wir verteidgen
    Gegen Gewalt – Wir stehn vor unser Land,
    Wir stehn vor unsre Weiber, unsre Kinder!
Alle (an ihre Schwerter schlagend).
    Wir stehn vor unsre Weiber, unsre Kinder!

Als das Morgenrot den neuen Tag ankündigt, nehmen alle ihre Hüte ab und schwören:

Rösselmann. Bei diesem Licht, das uns zuerst begrüßt
Von allen Völkern, die tief unter uns
Schweratmend wohnen in dem Qualm der Städte,
Laßt uns den Eid des neuen Bundes schwören.
– Wir wollen sein ein einzig Volk von Brüdern,
In keiner Not uns trennen und Gefahr.
(Alle sprechen es nach mit erhobenen drei Fingern)
– Wir wollen frei sein, wie die Väter waren,
Eher den Tod, als in der Knechtschaft leben. *(Wie oben)*
– Wir wollen trauen auf den höchsten Gott
Und uns nicht fürchten vor der Macht der Menschen.
(Wie oben. Die Landleute umarmen einander.)

Tell ist auf dem Rütli nicht dabei. Als naiver Naturmensch will er mit seiner Familie in Frieden leben und kümmert sich nicht um politische Dinge. Dennoch hat seine Frau Hedwig Angst um ihn.

DRITTER AUFZUG. ERSTE SZENE

Hedwig. Wo gehst du hin?
Tell. Nach Altorf, zu dem Vater.
Hedwig. Sinnst du auch nichts Gefährliches? Gesteh mirs.
Tell. Wie kommst du darauf, Frau?
Hedwig. Es spinnt sich etwas
Gegen die Vögte – Auf dem Rütli ward
Getagt, ich weiß, und du bist auch im Bunde.
Tell. Ich war nicht mit dabei – doch werd ich mich
Dem Lande nicht entziehen, wenn es ruft.
Hedwig. Sie werden dich hinstellen, wo Gefahr ist,
Das Schwerste wird dein Anteil sein, wie immer.
Tell. Ein jeder wird besteuert nach Vermögen.

Hedwig. Den Unterwaldner hast du auch im Sturme
Über den See geschafft – Ein Wunder war's,
Daß ihr entkommen – Dachtest du denn gar nicht
An Kind und Weib?

Tell. Lieb Weib, ich dacht an euch,
Drum rettet ich den Vater seinen Kindern.

Hedwig. Zu schiffen in dem wütgen See! Das heißt
Nicht Gott vertrauen! Das heißt Gott versuchen.

Tell. Wer gar zuviel bedenkt, wird wenig leisten.

Hedwig. Ja, du bist gut und hilfreich, dienest allen,
Und wenn du selbst in Not kommst, hilft dir keiner.

Tell. Verhüt es Gott, daß ich nicht Hülfe brauche.
(Er nimmt die Armbrust und Pfeile)

Hedwig. Was willst du mit der Armbrust? Laß sie hier.

Tell. Mir fehlt der Arm, wenn mir die Waffe fehlt.
(Die Knaben kommen zurück)

Walter. Vater, wo gehst du hin?

Tell. Nach Altorf, Knabe,
Zum Ehni – Willst du mit?

Walter. Ja freilich will ich.

Hedwig. Der Landvogt ist jetzt dort. Bleib weg von Altorf.

Tell. Er *geht*, noch heute.

Hedwig. Drum laß ihn erst fort sein.
Gemahn ihn nicht an dich, du weißt, er grollt uns.

Tell. Mir soll sein böser Wille nicht viel schaden,
Ich tue recht und scheue keinen Feind.

Hedwig. Die recht tun, eben die haßt er am meisten.

Tell. Weil er nicht an sie kommen kann – Mich wird
Der Ritter wohl in Frieden lassen, mein ich.

Hedwig. So, weißt du das?

Tell. Es ist nicht lange her,
Da ging ich jagen durch die wilden Gründe
Des Schächentals auf menschenleerer Spur,
Und da ich einsam einen Felsensteig

Verfolgte, wo nicht auszuweichen war,
Denn über mir hing schroff die Felswand her,
Und unten rauschte fürchterlich der Schächen,
*(Die Knaben drängen sich rechts und links an ihn und sehen
mit gespannter Neugier an ihm hinauf)*
Da kam der Landvogt gegen mich daher,
Er ganz allein mit mir, der auch allein war,
Bloß Mensch zu Mensch, und neben uns der Abgrund.
Und als der Herre mein ansichtig ward
Und mich erkannte, den er kurz zuvor
Um kleiner Ursach willen schwer gebüßt,
Und sah mich mit dem stattlichen Gewehr
Dahergeschritten kommen, da verblaßt' er,
Die Knie versagten ihm, ich sah es kommen,
Daß er jetzt an die Felswand würde sinken.
– Da jammerte mich sein, ich trat zu ihm
Bescheidentlich und sprach: Ich bins, Herr Landvogt.
Er aber konnte keinen armen Laut
Aus seinem Munde geben – Mit der Hand nur
Winkt' er mir schweigend, meines Wegs zu gehn,
Da ging ich fort und sandt ihm sein Gefolge.

Hedwig. Er hat vor dir gezittert – Wehe dir!
Daß du ihn schwach gesehn, vergibt er nie.

Wie Recht Hedwig hat, zeigt sich in der wohl bekanntesten Szene
der deutschen Literatur: Weil Tell den Hut des Landvogts auf einer
Stange nicht grüßt, verlangt Geßler von ihm, mit der Armbrust
einen Apfel vom Kopf seines Sohnes Walter zu schießen.

DRITTE SZENE

Tell. Herr – Welches Ungeheure sinnet Ihr
Mir an – Ich soll vom Haupte meines Kindes –
– Nein, nein doch, lieber Herr, das kömmt Euch nicht

Zu Sinn – Verhüts der gnädge Gott – das könnt Ihr
Im Ernst von einem Vater nicht begehren!

Gessler. Du wirst den Apfel schießen von dem Kopf
Des Knaben – Ich begehrs und wills.

Tell.   Ich soll
Mit meiner Armbrust auf das liebe Haupt
Des eignen Kindes zielen – Eher sterb ich!

Gessler. Du schießest oder stirbst *mit* deinem Knaben.

Zuerst glauben die Leute noch, Geßler wolle nur seine Macht demonstrieren. Die reichen adligen Berta von Bruneck und Ulrich
von Rudenz bitten Geßler, das Spiel nicht zu weit zu treiben. Tells
Schwiegervater wirft sich vor ihm nieder.

Walter Fürst *(wirft sich vor ihm nieder)*.
Herr Landvogt, wir erkennen Eure Hoheit,
Doch lasset Gnad vor Recht ergehen, nehmt
Die Hälfte meiner Habe, nehmt sie ganz,
Nur dieses Gräßliche erlasset einem Vater!

Walter Tell. Großvater, knie nicht vor dem falschen Mann!
Sagt, wo ich hinstehn soll, ich fürcht mich nicht,
Der Vater trifft den Vogel ja im Flug,
Er wird nicht fehlen auf das Herz des Kindes.

Stauffacher. Herr Landvogt, rührt Euch nicht des Kindes Unschuld?

Rösselmann. O denket, daß ein Gott im Himmel ist,
Dem Ihr müßt Rede stehn für Eure Taten.

Gessler *(zeigt auf den Knaben)*. Man bind' ihn an die
Linde dort!

Walter Tell.   Mich binden!
Nein, ich will nicht gebunden sein. Ich will
Still halten, wie ein Lamm, und auch nicht atmen.
Wenn ihr mich bindet, nein, so kann ichs nicht,
So werd ich toben gegen meine Bande.

Rudolf der Harras. Die Augen nur laß dir verbinden, Knabe.

Walter Tell. Warum die Augen? Denket Ihr, ich fürchte
Den Pfeil von Vaters Hand? Ich will ihn fest
Erwarten, und nicht zucken mit den Wimpern.
– Frisch, Vater, zeigs, daß du ein Schütze bist,
Er glaubt dirs nicht, er denkt uns zu verderben –
Dem Wütrich zum Verdrusse, schieß und triff.
(Er geht an die Linde, man legt ihm den Apfel auf)

Melchthal *(zu den Landleuten).*
Was? Soll der Frevel sich vor unsern Augen
Vollenden? Wozu haben wir geschworen?

Stauffacher. Es ist umsonst. Wir haben keine Waffen,
Ihr seht den Wald von Lanzen um uns her.

Melchthal. O hätten wirs mit frischer Tat vollendet,
Verzeihs Gott denen, die zum Aufschub rieten!

Gessler *(zum Tell).*
Ans Werk! Man führt die Waffen nicht vergebens.
Gefährlich ists, ein Mordgewehr zu tragen,
Und auf den Schützen springt der Pfeil zurück.
Dies stolze Recht, das sich der Bauer nimmt,
Beleidigt den höchsten Herrn des Landes.
Gewaffnet sei niemand, als wer gebietet.
Freuts euch, den Pfeil zu führen und den Bogen,
Wohl, so will *ich* das Ziel euch dazu geben.

Tell *(spannt die Armbrust und legt den Pfeil auf).*
Öffnet die Gasse! Platz!

Stauffacher. Was, Tell? Ihr wolltet – Nimmermehr – Ihr zittert,
Die Hand erbebt Euch, Eure Kniee wanken –

Tell *(läßt die Armbrust sinken).*
Mir schwimmt es vor den Augen!

Weiber.   Gott im Himmel!

Tell *(zum Landvogt).* Erlasset mir den Schuß. Hier ist mein Herz!
(Er reißt die Brust auf)
Ruft Eure Reisigen und stoßt mich nieder.

Gessler. Ich will dein Leben nicht, ich will den Schuß.

– Du kannst ja alles, Tell, an nichts verzagst du,
Das Steuerruder führst du wie den Bogen,
Dich schreckt kein Sturm, wenn es zu retten gilt,
Jetzt, Retter, hilf dir selbst – du rettest alle!

(Tell steht in fürchterlichem Kampf, mit den Händen zuckend und die rollenden Augen bald auf den Landvogt, bald zum Himmel gerichtet. – Plötzlich greift er in seinen Köcher, nimmt einen zweiten Pfeil heraus und steckt ihn in seinen Goller.

Der Landvogt bemerkt alle diese Bewegungen)

Walter Tell *(unter der Linde).*

Vater, schieß zu, ich fürcht mich nicht.

Tell.   Es muß!

(…)

Viele Stimmen.   Der Apfel ist getroffen!

(Walter Fürst schwankt und droht zu sinken, Berta hält ihn)

Gessler *(erstaunt).* Er hat geschossen? Wie? der Rasende!

Berta. Der Knabe lebt! kommt zu Euch, guter Vater!

Walter Tell *(kommt mit dem Apfel gesprungen).*

Vater, hier ist der Apfel – Wußt ichs ja,
Du würdest deinen Knaben nicht verletzen.

(Tell stand mit vorgebognem Leib, als wollt er dem Pfeil folgen dic Armbrust entsinkt seiner Hand – wie er den Knaben kommen sieht, eilt er ihm mit ausgebreiteten Armen entgegen und hebt ihn mit heftiger Inbrunst zu seinem Herzen hinauf, in dieser Stellung sinkt er kraftlos zusammen. Alle stehen gerührt)

Berta. O güt'ger Himmel!

Walter Fürst *(zu Vater und Sohn).* Kinder! meine Kinder!

Stauffacher. Gott sei gelobt!

Leuthold.   Das war ein Schuß! Davon

Wird man noch reden in den spätsten Zeiten.

Rudolf der Harras.

Erzählen wird man von dem Schützen Tell,
Solang die Berge stehn auf ihrem Grunde.

                (Reicht dem Landvogt den Apfel)

Gessler. Bei Gott! der Apfel mitten durchgeschossen!
    Es war ein Meisterschuß, ich muß ihn loben.

Rösselmann. Der Schuß war gut, doch wehe dem, der ihn
    Dazu getrieben, daß er Gott versuchte.

Stauffacher.
    Kommt zu Euch, Tell, steht auf, Ihr habt Euch männlich
    Gelöst, und frei könnt Ihr nach Hause gehen.

Rösselmann.
    Kommt, kommt und bringt der Mutter ihren Sohn.
                (Sie wollen ihn wegführen)

Gessler. Tell, höre!

Tell *(kommt zurück)*. Was befehlt Ihr, Herr?

Gessler.   Du stecktest
    Noch einen zweiten Pfeil zu dir – Ja, ja,
    Ich sah es wohl – Was meintest du damit?

Tell *(verlegen)*. Herr, das ist also bräuchlich bei den Schützen.

Gessler. Nein, Tell, die Antwort laß ich dir nicht gelten,
    Es wird was anders wohl bedeutet haben.
    Sag mir die Wahrheit frisch und fröhlich, Tell,
    Was es auch sei, dein Leben sichr' ich dir.
    Wozu der zweite Pfeil?

Tell.   Wohlan, o Herr,
    Weil Ihr mich meines Lebens habt gesichert,
    So will ich Euch die Wahrheit gründlich sagen.
      *(Er zieht den Pfeil aus dem Goller und sieht den Landvogt
              mit einem furchtbaren Blick an)*
    Mit diesem zweiten Pfeil durchschoß ich – Euch,
    Wenn ich mein liebes Kind getroffen hätte,
    Und Eurer – wahrlich! hätt ich nicht gefehlt.

Gessler. Wohl, Tell! Des Lebens hab ich dich gesichert,
    Ich gab mein Ritterwort, das will ich halten –
    Doch weil ich deinen bösen Sinn erkannt,
    Will ich dich führen lassen und verwahren,
    Wo weder Mond noch Sonne dich bescheint,

Damit ich sicher sei vor deinen Pfeilen.
Ergreift ihn, Knechte! Bindet ihn! *(Tell wird gebunden)*
Stauffacher.   Wie, Herr?
So könntet Ihr an einem Manne handeln,
An dem sich Gottes Hand sichtbar verkündigt?
Gessler. Laß sehn, ob sie ihn zweimal retten wird.
– Man bring ihn auf mein Schiff, ich folge nach
Sogleich, ich selbst will ihn nach Küßnacht führen.

Auf der Fahrt über den See bricht ein gewaltiger Sturm los. In höchster Not bittet Geßler Tell, das Schiff zu steuern und sie zu retten. Dabei gelingt es Tell, an Land zu springen und zu fliehen. Er beschließt, den Tyrannen zu töten und lauert ihm in der hohlen Gasse, die nach Küßnacht führt, auf.

In einem inneren Monolog nennt er seine Motive:

VIERTER AUFZUG. DRITTE SZENE

Tell. Ich lebte still und harmlos – Das Geschoß
War auf des Waldes Tiere nur gerichtet,
Meine Gedanken waren rein von Mord –
*Du hast aus meinem Frieden mich heraus
Geschreckt, in gärend Drachengift hast du
Die Milch der frommen Denkart mir verwandelt,
Zum Ungeheuren hast du mich gewöhnt –*
Wer sich des Kindes Haupt zum Ziele setzte,
Der kann auch treffen in das Herz des Feinds.

Die armen Kindlein, die unschuldigen,
Das treue Weib muß ich vor deiner Wut
Beschützen, Landvogt – Da, als ich den Bogenstrang
Anzog – als mir die Hand erzitterte –
Als du mit grausam teufelischer Lust
Mich zwangst, aufs Haupt des Kindes anzulegen –

Als ich ohnmächtig flehend rang vor dir,
Damals gelobt ich mir in meinem Innern
Mit furchtbarm Eidschwur, den nur Gott gehört,
Daß meines *nächsten* Schusses *erstes* Ziel
Dein Herz sein sollte – Was ich mir gelobt
In jenes Augenblickes Höllenqualen,
Ist eine heilge Schuld, ich will sie zahlen.

Du bist mein Herr und meines Kaisers Vogt,
Doch nicht der Kaiser hätte sich erlaubt,
Was *du* – Er sandte dich in diese Lande,
Um Recht zu sprechen – strenges, denn er zürnet –
Doch nicht, um mit der mörderischen Lust
Dich jedes Greuels straflos zu erfrechen,
Es lebt ein Gott, zu strafen und zu rächen.
(…)

Sonst wenn der Vater auszog, liebe Kinder,
Da war ein Freuen, wenn er wiederkam,
Denn niemals kehrt er heim, er bracht euch etwas,
Wars eine schöne Alpenblume, wars
Ein seltner Vogel oder Ammonshorn,
Wie es der Wandrer findet auf den Bergen –
Jetzt geht er einem andren Weidwerk nach,
Am wilden Weg sitzt er mit Mordgedanken,
Des Feindes Leben ists, worauf er lauert.
– Und doch an *euch* nur denkt er, liebe Kinder,
Auch jetzt – Euch zu verteidgen, eure holde Unschuld
Zu schützen vor der Rache des Tyrannen,
Will er zum Morde jetzt den Bogen spannen!
                              (Steht auf)

Auch wenn Tells Motive persönlicher Art sind, ist seine Tat politisch bedeutsam. Sie löst den Aufstand aus, der dann schnell und ohne Blutvergießen gelingt.

In der knappen Schlussszene strömen die Leute vor Tells Haus zusammen und feiern ihn als Befreier des Landes.

FÜNFTER AUFZUG. LETZTE SZENE

Alle. Es lebe Tell! der Schütz und der Erretter!
(Indem sich die vordersten um den Tell drängen und ihn umarmen, erscheinen noch Rudenz und Berta, jener die Landleute, diese die Hedwig umarmend. Die Musik vom Berge begleitet diese stumme Szene. Wenn sie geendigt, tritt Berta in die Mitte des Volks)

Berta. Landleute! Eidgenossen! Nehmt mich auf
   In euern Bund, die erste Glückliche,
   Die Schutz gefunden in der Freiheit Land.
   In eure tapfre Hand leg ich mein Recht,
   Wollt ihr als eure Bürgerin mich schützen?
Landleute. Das wollen wir mit Gut und Blut.
Berta.   Wohlan!
   So reich ich diesem Jüngling meine Rechte,
   Die freie Schweizerin dem freien Mann!
Rudenz. Und frei erklär ich alle meine Knechte.
   (Indem die Musik von neuem rasch einfällt, fällt der Vorhang)

Wilhelm Tell ist Schillers einziges Stück mit einem positiven Schluss. Als er es schrieb, konnte er nicht wissen, dass es sein letztes vollendetes sein würde. Und dennoch klingen viele Sätze wie ein Vermächtnis:

   Nein, eine Grenze hat Tyrannenmacht,
   Wenn der Gedrückte nirgends Recht kann finden,
   Wenn unerträglich wird die Last – greift er

Hinauf getrosten Mutes in den Himmel
Und holt herunter seine ewgen Rechte,
Die droben hangen unveräußerlich
Und unzerbrechlich wie die Sterne selbst.

Schiller verweist hier auf die Natur- und Menschenrechte, über die kein Herrscher verfügen könne. Würden diese Rechte und damit die Würde der Menschen verletzt, gäbe es das Recht zum Widerstand.

Aus diesem Haupte, wo der Apfel lag
Wird Euch die neue, beßre Freiheit grünen,
Das Alte stürzt, es ändert sich die Zeit,
Und neues Leben blüht aus den Ruinen.

Die Idee der Freiheit hatte schon den »jungen Stürmer und Dränger« *Die Räuber* schreiben lassen; die Idee der Freiheit zieht sich auf unterschiedliche Weise durch alle seine Werke und sie war für den »gezähmten Alten« auch das Leitmotiv bei der Arbeit am *Wilhelm Tell*.

Die Uraufführung in Weimar übertraf alle bisherigen Erfolge. In den Monaten danach wurde das Stück an den meisten Theatern in Deutschland gespielt. Von der Buchausgabe wurden in wenigen Wochen 10 000 Stück verkauft; so etwas hatte es noch nie gegeben. Mit dem *Tell* wurde Schiller endgültig zum Dichter der Deutschen.

Midlife Crisis

Erfolg als Dichter, gesellschaftliches Ansehen, glückliches Familienleben, das alles konnte nicht verhindern, dass Schiller wieder unruhig wurde. Auch wenn der Begriff Midlife Crisis bei einem Mann, der mit 45 Jahren starb, unpassend erscheinen mag, es war eine. Schon am 14. Februar 1803 hatte er in einem Brief an Wilhelm von Humboldt über den »kläglichen Zustand in der ganzen Poesie, der Deutschen und Ausländer« geklagt. »An ein Zusammenhalten zu einem guten Zweck ist nicht zu denken, jeder steht für sich und muß sich seiner Haut wie im Naturstande wehren.« Schiller fühlte sich allein gelassen, vor allem von Goethe. »Es ist zu beklagen, daß Goethe sein Hinschlendern so überhandnehmen läßt und, weil er abwechselnd alles treibt, sich auf nichts energisch konzentriert. Er ist jetzt ordentlich zu einem Mönch geworden und lebt in einer bloßen Beschaulichkeit, die zwar keine abgezogene ist, aber doch nicht nach außen produktiv wirkt. Seit einem Vierteljahr hat er, ohne krank zu sein, das Haus, ja nicht einmal die Stube verlassen.«

Knapp ein Jahr nach dem Kauf des Hauses war Schiller Weimar zu eng geworden. Jetzt nervte ihn das dörfliche Milieu, wo jeder von jedem praktisch alles wusste, wo man sich einander kaum entziehen konnte und wo der Herzog sich in alles einmischte, sogar in die Aufführung seiner Stücke. Darüber hat sich Schiller einmal so aufgeregt, dass er wütend ausrief: »Ich will ein Stück schreiben, worin eine genotzüchtigt wird – und sie *müssen* zusehen!«

Vor diesem Hintergrund ist es nicht verwunderlich, dass Schiller in dem Brief an Humboldt schreibt: »Oft treibt es mich, mich in der Welt nach einem andern Wohnort und Wirkungskreis umzusehen; wenn es nur irgendwo leidlich wäre, ich ginge fort.«

Die Arbeit am *Tell* mag diese Gefühle und Gedanken etwas zurückgedrängt haben, doch schon drei Tage nach der Uraufführung des Stückes schrieb Schiller am 20. März 1804 an seinen Schwager Wilhelm von Wolzogen: »Ich verliere hier zuweilen die Geduld, es gefällt mir hier mit jedem Tage schlechter, und ich bin nicht Willens in Weimar zu sterben. Nur in der Wahl des Orts, wo ich mich hinbegeben will, kann ich mit mir noch nicht einig werden ... Es ist überall besser als hier, und wenn es meine Gesundheit erlaubte, so würde ich mit Freuden nach dem Norden ziehen.«

Mit »dem Norden« meinte Schiller Berlin. Und aus seiner Unruhe heraus entschied er sich zur großen Überraschung seines Umfeldes, ohne lange Vorbereitung zu reisen. Auch Charlotte wurde von dem Entschluss überrascht. Sie war im sechsten Monat schwanger und der Sinn stand ihr nicht nach Reisen. Doch Schiller wollte seine Frau in Berlin dabei haben, mehr noch, auch die beiden Söhne sollten mitfahren. Vermutlich wollte er zusammen mit ihnen »die Große Welt« sehen und sie an seinem Ruhm teilhaben lassen.

Mit 200 000 Einwohnern war Berlin eine Stadt, in der es von allem mehr gab, in der alles größer war als in Weimar und in der Schillers sich über manches wunderten, zum Beispiel über »Laternen an eisernen Stangen« in den Hauptstraßen.

In Berlin, wo sie am 1. Mai eingetroffen waren, schrieb Schiller sofort einen Brief an Iffland: »Ich war nach Leipzig gereist in Geschäften, und dort fiel mir ein, daß ich Berlin um zehn Meilen näher gekommen, und so entschloß ich mich, knall und fall, einen Sprung hierher zu tun. Da bin ich nun, teurer Freund, voll herzlichen Verlangens, Sie und die Freunde zu begrüßen; ich bedarf eines neuen, eines größeren Elements, ich freue mich darauf, meinen Sehkreis zu erweitern. Ganz geschlagen von der Reise, die ich etwas zu eilfertig angestellt, kann ich mich heute nicht mehr von der Stelle bringen. Aber morgen, wenn ich mich erholt haben werde, erlauben Sie mir Ihnen darzustellen Ihren alten treuen Freund Schiller.«

Dieser Brief ist wieder mal ein schönes Beispiel für Schillers diplomatisches Geschick; es zeigt einmal mehr, dass der große Idealist im Lauf der Jahre gelernt hatte, seine Fähigkeiten geschickt einzusetzen. Erst in Leipzig sei ihm eingefallen, dass er nach Berlin reisen könnte – das war eine taktische Lüge, die den Eindruck verhindern sollte, *er* wolle nach Berlin. Er bedürfe »eines größeren Elements« und wünsche, seinen »Sehkreis zu erweitern«; das hieß nichts anderes als: wenn Berlin *ihn* wolle, könne man darüber reden. Diese raffinierte Vorgehensweise hat nichts von einem weltfremden Dichter, sondern viel von einem gewieften Geschäftsmann.

Gleich am nächsten Tag besuchte Iffland Schiller im Hotel. Beide hatten sich seit ihrer Mannheimer Zeit nicht mehr gesehen und begrüßten sich freudig. Iffland gab zu Ehren des Gastes am 4. Mai ein großes Essen und sorgte dafür, dass Schiller mit wichtigen Leuten reden konnte. Er änderte sogar den Theater-Spielplan und ließ drei Schiller-Stücke aufführen. Die Berliner feierten den Dichter begeistert, ein Vivat folgte dem andern. Als er bei der ersten Aufführung »in die Loge trat, empfing ihn das volle Haus mit einem Jubel, der nicht enden wollte. Alle ohne Ausnahme, Männer und Frauen, jung und alt, standen von ihren Sitzen auf und begrüßten den gefeierten, tiefgerührten Dichter, der nach dem Schlusse des Schauspiels durch eine lebendige, ihn abermals mit lauten Freudenbezeigungen begrüßende Gasse wandeln mußte«, notierte ein Augenzeuge.

Für Schiller waren diese Ovationen von besonderer Bedeutung, denn in der preußischen Hauptstadt hatte er kein »Heimspiel« wie in Weimar, Jena oder Leipzig. Charlotte hat es nach dem Tod ihres Mannes Iffland gegenüber so formuliert: »Durch Ihren Einfluß hat Schiller zum ersten Mal in Berlin das belohnende Gefühl genossen, für eine Nation gearbeitet zu haben.«

Und dass seine Familie die Verehrung »in der großen Welt« miterlebte, war für Schiller eine große Genugtuung.

Am 5. Mai lud der musisch veranlagte Prinz Louis Ferdinand das Ehepaar Schiller zu einem Bankett ein. Der Prinz hatte sich zuvor extra nach den Lieblingsspeisen und -weinen des Dichters erkundigt und diese auftragen lassen. Schiller wusste natürlich, dass er bei seinen Magen- und Darmproblemen vorsichtig sein musste; aber vermutlich hat er doch ein paar Häppchen mehr gegessen und ein Gläschen mehr getrunken, als gut für ihn war. Dazu kam noch das volle Programm der ersten Tage; prompt packte ihn das Fieber und er lag für einige Tage im Bett.

Als es ihm wieder einigermaßen ging, wurden er und Charlotte von Königin Luise empfangen. Man redete über Fragen der Kunst – und über Schillers Zukunftspläne. Die Königin signalisierte, dass sie Schiller gern in Berlin sähe. Es folgten weitere Gespräche mit leitenden Beamten, die Schiller jeweils gut vorbereitet führte. Schließlich machte man ihm folgendes Angebot: Aufnahme in die Akademie der Wissenschaft, Mitwirkung bei der Erziehung des Kronprinzen, jährlich 3000 Taler Pension, freier Gebrauch einer Hofequipage. Das klang sehr verlockend.

Zum Abschluss des Berlinbesuches wurde Familie Schiller vom Königspaar noch zum Frühstück nach Sanssouci eingeladen. Auch das war eine deutliche Geste für die Wertschätzung des Dichters. Die Reise nach Berlin war also in jeder Hinsicht ein Erfolg. Nun musste sich Schiller entscheiden. In einem Brief an seinen Freund und Ratgeber Körner wog er Vor- und Nachteile ab.

Weimar, 28. Mai 1804

Ohne Zweifel hast Du indessen schon zu Deiner Verwunderung vernommen, daß ich in Berlin gewesen. Es war ein Einfall, der ebenso schnell ausgeführt wurde, als er entstand; auch hießen die Umstände meiner Frau mich eilen, wenn dieses Jahr überhaupt etwas daraus werden sollte.

Daß ich bei dieser Reise nicht bloß mein Vergnügen beabsichtigte, kannst Du Dir leicht denken; es war um mehr zu tun, und allerdings habe ich es jetzt in meiner Hand, eine wesentliche Verbesserung in meiner Existenz vorzunehmen. Zwar wenn ich nicht auf meine Familie reflektieren müßte, würde es mir in Weimar immer am besten gefallen. Aber meine Besoldung ist klein, und ich setze ziemlich alles zu, was ich jährlich erwerbe, so daß wenig zurückgelegt wird. Um meinen Kindern einiges Vermögen zu erwerben, muß ich dahin streben, daß der Ertrag meiner Schriftstellerei zum Kapital kann geschlagen werden, und dazu bietet man mir in Berlin die

Hände. Ich habe nichts da gesucht, man hat die ersten Schritte gegen mich getan, und ich bin aufgefordert, selbst meine Bedingungen zu machen.

Es ist aber kostbar, in Berlin zu leben; ohne Equipage ist es für mich ganz und gar nicht möglich, weil jeder Besuch oder Ausgang eine kleine Reise ist. Auch sind andere Artikel sehr teuer, und unter 600 Friedrichsdor könnte ich gar nicht mit Bequemlichkeit leben; ja, diese würden nicht einmal hinreichen. In einer großen Stadt kann man sich weniger behelfen als in einer kleinen.

Es steht also bei den Göttern, ob die Forderung, die ich zu machen genötigt bin, wenn ich mich nicht verschlimmern will, nicht zu hoch wird gefunden werden.

Berlin gefällt mir und meiner Frau besser, als wir erwarteten. Es ist dort eine große persönliche Freiheit und eine Ungezwungenheit im bürgerlichen Leben. Musik und Theater bieten mancherlei Genüsse an, obgleich beide bei weitem das nicht leisten, was sie kosten. Auch kann ich in Berlin eher Aussichten für meine Kinder finden und mich vielleicht, wenn ich erst dort bin, noch auf manche Art verbessern.

Auf der anderen Seite zerreiße ich höchst ungern alte Verhältnisse, und in neue mich zu begeben, schreckt meine Bequemlichkeit. Hier in Weimar bin ich freilich absolut frei und im eigentlichsten Sinne zu Hause. Ich habe gegen den Herzog Verbindlichkeiten, und ob ich gleich mit ganz guter Art mich loszumachen hoffen kann, so würde mir's doch weh tun zu gehen. Wenn er mir also einen nur etwas bedeutenden Ersatz anbietet, so habe ich doch Lust zu bleiben.

So stehen die Sachen. Laß mich doch in Deinem nächsten Briefe hören, was Ihr von der Sache haltet und mir ratet. Da das Glück einmal die Würfel in meine Hand gibt, so muß ich werfen, ich würde mir sonst immer Vorwürfe machen, wenn ich den Moment versäumte.

Übrigens bleibe die ganze Sache unter uns, es würde mir schaden, wenn vor der Zeit etwas davon verlautete.

Lolo grüßt herzlich, sie befindet sich wohl und hat die Beschwer-
lichkeiten der Reise gut ausgehalten. Auch meine beiden Jungens
waren mit, und Karl hat mit dem Kronprinzen Freundschaft ge-
stiftet.

Lebe wohl, herzlich umarme ich Euch alle.

Dein S.

Die Bedenken gegen einen Ortswechsel sind unüberhörbar. Vermutlich hatten schon die drei Wochen Schiller klar gemacht, dass Berlin
zwar eine Reise, aber keinen Umzug wert war. »Die große Welt«
mit ihren vielen Verlockungen und Anforderungen, war nichts für
einen kranken Mann. Hinzu kam, dass die preußische Hauptstadt
Charlotte keineswegs gefallen hat. »Ich hatte große Sorge diesen
Sommer. Wir waren dieses Frühjahr in Berlin; man war sehr artig
gegen Schiller, und machte ihm vorteilhafte Anträge, dort zu bleiben. Mein ganzes Herz war verwundet bei diesen Aussichten.«

Ihrem Jugendfreund Fritz von Stein gestand sie: »Ich wollte und
durfte nicht Nein sagen, denn ich wollte Schiller seine ganze Freiheit lassen und nichts für mich selber wünschen, da es die Existenz
meiner Familie betraf, aber ich wäre recht unglücklich in Berlin gewesen. Die Natur dort hätte mich zur Verzweiflung gebracht. Sie
wissen, daß es um uns herum auch nicht gerade schön ist, aber ich
weinte fast, als ich die erste Bergspitze wieder erblickte. Diese Kri-
sis hat sehr auf meine Gesundheit eingewirkt, ich hatte Fieber und
Angst, ich wollte gefaßt scheinen und Schiller durch meine Wünsche nicht beschränken.«

Wieder einmal unterdrückte Charlotte ihre Gefühle, um den
Interessen ihres Mannes nicht im Wege zu stehen. Doch wenn
Schiller nicht blind war, muss er mitbekommen haben, wie seine
Frau schon bei dem Gedanken an Berlin litt.

Vor der endgültigen Entscheidung berichtete Schiller am 4. Juni
1804 dem Herzog vom Berliner Angebot und legte – wieder sehr
geschickt – »die Entscheidung mit vollem Vertrauen in Ihre Hände.
Ich weiß, was ich der Gnade Eurer Durchlaucht schuldig bin, und

Schiller, 1804

ich glaube nicht, zu den feilen Menschen zu gehören, die aus Leichtsinn oder Gewinnsucht die heiligsten Bande auflösen. Nicht bloß
die Pflichten der Dankbarkeit, auch Neigung und freundschaft-
liche Bande fesseln mich an Weimar. Die Aussicht auf eine glän-
zendere Lage würde mich also nie in Versuchung führen.

Aber, gnädigster Herr, ich habe Familie, und ob ich gleich mit
demjenigen, was mir die Großmut Eurer Durchlaucht jährlich ausgesetzt, und mit dem, was meine Arbeiten mir erwerben, vollkommen ausreiche, so habe ich doch für meine Kinder noch wenig
zurücklegen können. Ich bin 43 [er war 44!] Jahre alt, meine Gesundheit ist schwach und ich muß an die Zukunft denken. Diese

einzige Rücksicht macht es mir zur Pflicht, eine wesentliche Verbesserung meiner Umstände nicht gleichgültig von mir zu weisen, aber glücklich würde ich mich schätzen, wenn ich diese Verbesserung von der Gnade Eurer Durchlaucht erhalten und so *Ihnen* und *Ihnen allein* alles verdanken dürfte«.

Schon zwei Tage später forderte der Herzog ihn auf, seine Wünsche zu nennen. Schiller beriet sich mit Goethe und bat dann, seine Besoldung von 400 auf 800 Taler anzuheben und »in einigen Jahren das 1000 voll zu machen«.

Der Herzog war einverstanden und fügte schlitzohrig hinzu: »Indessen wollen wir die Sache ein bißchen stille gehen laßen, damit Schiller vielleicht die Berliner um eine tüchtige Pension prellen könne … Mir ist dieser Gedanke beigefallen um Schillern für sein honettes Betragen einen Weg an die Hand zu geben, wo er noch beßer stehen wird, als wie er es in seinem Briefe auszudrücken waget und um meinen Spaß mit den Berlinern zu haben.«

Schiller bedankte sich umgehend: »Ihre Großmut, gnädigster Herr, fixiert nun auf immer meinen Lebensplan. Jedem Gedanken an eine Veränderung kann ich mit frohem Herzen entsagen, ich kann mit freudiger Tätigkeit wirken, weil ich nunmehr imstande bin, etwas für die meinigen zu tun.«

Obwohl die Entscheidung gefallen war, schrieb Schiller am 18. Juni nach Berlin und schlug vor, einige Monate im Jahr dort zu verbringen, um »in meiner Kunst vorzuschreiten und in das Ganze der dortigen Theateranstalt zweckmäßiger einzugreifen«. Dafür wünschte er jährlich 2000 Taler Gehalt. Der Brief blieb unbeantwortet.

Dem Tod entgegen

Am 10. März 1804 hat Schiller in seinen Kalender eingetragen: »Mich zum Demetrius entschloßen.«

Unter dem Titel »Bluthochzeit zu Moskau« hatte er den Stoff schon zwei Jahre zuvor in seine Dramenliste aufgenommen. Nach dem *Tell* wollte Schiller also ein historisches Stück aus dem zaristischen Rußland schreiben.

Der angeblich beseitigte kleine Zarensohn Demetrius wird gerettet und verborgen. Jahre später kommt ans Licht, wer er ist und er wird Zar. Auf dem Höhepunkt seiner Laufbahn erfährt er, dass alles nicht stimmt und er zu Unrecht Zar geworden ist. Nun muss er sich entscheiden, ob er die Rolle weiterspielen oder abtreten soll.

Wer bin ich? Woher komme ich? Bin ich der, der ich zu sein glaube? Lebe ich oder werde ich gelebt? Das sind philosophische Fragen, mit denen sich denkende Menschen irgendwann beschäftigen. Schiller trieben sie im Lauf seines Lebens immer wieder um. Er hat oft gezweifelt, ob er der war, der er sein sollte und wollte, ob er der »Idee von Schiller« gerecht geworden ist. Für sich selbst hat er bis zum Schluss keine endgültige Antwort geben können, für Demetrius gab er sie. Der muss erfahren, dass er nicht der echte ist, dass er als betrogener Betrüger ein falsches Leben führt.

Schiller entwarf erste Skizzen, betrieb Quellenstudien, unterbrach die Arbeit wegen der Berlinreise, setzte sie auch in den Wochen danach nur sporadisch fort und fuhr mit seiner Familie am 19. Juli 1804 nach Jena. Dort wollte Charlotte ihr viertes Kind mithilfe des vertrauten Arztes Dr. Stark zur Welt bringen.

Nach einer abendlichen Spazierfahrt erlitt Schiller einen schweren Anfall. Die Koliken waren so heftig, dass er, der so geübt war im Ertragen von Schmerzen, schrie: »Ich halte es nicht mehr aus, wenn es nur schon aus wäre!« Nach einer ersten Untersuchung war Dr. Stark der Meinung, Schiller sei nicht mehr zu retten. Heute nimmt man an, dass die Bauchfellentzündung und die Schädigung der Darmfunktion, die ihn schon seit mehr als zehn Jahren plagten, in eine Darmverschlingung übergegangen war. Während Schiller teils vor Schmerzen schreiend, teils ohnmächtig in einem Zimmer lag, lag seine Frau nebenan in den Wehen, hatte Angst um ihn, um ihr Kind und um sich. Am 25. Juli brachte sie ihre zweite Tochter Emilie zur Welt und war trotz der leichten Geburt nicht so glücklich, wie sie es unter anderen Umständen gewesen wäre.

Vielleicht gab die neugeborene Tochter dem Vater noch einmal den Willen und die Kraft zum Überleben; doch es handelte sich nur noch um einen Aufschub, das langsame Sterben hatte begonnen.

Wochenlang war Schiller so schwach, dass er kaum einen Brief schreiben konnte. Erst am 4. September berichtete er Körner von dem Anfall. »Es ist mir nach der schwersten Krankheit nicht so übel zumut gewesen, wenigstens hat es nicht so lang gedauert. Meine Frau befindet sich recht wohl, auch das Kleine gedeiht und macht mir große Freude.«

Im Oktober klang er schon ein wenig optimistischer. »Nach und nach fange ich an, mich wieder zu erholen und einen Glauben an meine Genesung zu bekommen, den ich seit 8 Wochen beinahe ganz verloren hatte. Auch zur Tätigkeit finde ich wieder Neigung und Kräfte, und diese, hoffe ich, wird das gute Werk vollenden; denn wenn ich mich beschäftigen kann, so ist mir wohl.«

Beschäftigen wollte er sich wieder mit dem *Demetrius*, doch bevor er richtig damit beginnen konnte, musste er die Arbeit schon wieder unterbrechen, weil in Weimar ein großes politisches und gesellschaftliches Ereignis bevorstand: Der Erbprinz Carl Friedrich wollte seiner jungen Frau, der Zarentochter Maria Paulowna, zum ersten Mal seine Heimat zeigen. Zu diesem Anlass sollte Goethe ein kleines Bühnenstück schreiben. Er brachte jedoch nichts Brauchbares zustande und hatte Angst, sich und den Hof zu blamieren.

»In dieser Not setzte man mir zu«, berichtete Schiller Körner, »noch etwas Dramatisches zu erfinden, und da Goethe seine Erfindungskraft umsonst anstrengte, so mußte ich endlich mit der meinigen noch aushelfen. Ich arbeitete also in 4 Tagen ein kleines

Vorspiel aus, welches frischweg eingelernt und am 12. November gegeben wurde. Es reüssierte über alle meine Hoffnung, und ich hätte vielleicht monatelang mich anstrengen können, ohne es dem ganzen Publikum so zu Dank zu machen, als es mir durch diese flüchtige Arbeit gelungen ist. Mit nächstem Posttag sollst Du eine Abschrift meines Machwerks erhalten.«

Es ist schon erstaunlich: Was der »Weimarer Riese« in Wochen nicht schaffte, gelang dem Todgeweihten in vier Tagen anscheinend mühelos. Doch der Schein trügt: dass er das kleine Stück *Huldigung der Künste* in vier Tagen zu Papier brachte, machte nur zum letzten Mal deutlich, wozu Schillers Geist in der Lage war. Allerdings waren solche Anstrengungen seiner Gesundheit immer abträglich gewesen, und sie waren es jetzt verstärkt. Hinzu kamen die häufigen Besuche »Am Hofe«, die ihn sehr auslaugten.

Bei einem dieser Besuche erhielt er als Geschenk der russischen Zarin, die ihn sehr verehrte, einen wertvollen Brillantring. Pietät hin, Pietät her, mag der kühle Rechner gedacht haben, als er den Ring sechs Wochen später verkaufte. Mit dem Erlös von 500 Talern tilgte er einen Teil der Hypothek auf sein Haus – und zeigte sich hier wieder als echter Schwabe.

Am 10. Dezember 1804 schrieb er an Körner: »Ein heftiger Katarrh, den ich mir bei den letzten Festivitäten geholt, hat mich schon mehrere Wochen hart mitgenommen; leider ist meine Gesundheit so hinfällig, daß ich jeden freien Lebensgenuß gleich mit wochenlangem Leiden büßen muß. Und so stockt denn auch meine Tätigkeit trotz meinem besten Willen!«

Immer seltener war er in der Lage, dem geschwächten Körper mit Willenskraft zu trotzen. Zwischen den Krankheitsschüben übersetzte er Racines *Phädra* aus dem Französischen, um nicht ganz untätig zu sein.

In diesem schweren Winter beschäftigte sich Schiller mehr mit seinen Kindern als früher. Von Johann Voß, der damals häufiger Gast im Hause Schiller war und die Söhne unterrichtete, wissen wir, dass Vater Schiller manchmal auf dem Boden herumkroch und mit den jüngsten Kindern spielte. »Am heitersten war Schiller bei Tische, wenn er sein Häufchen beisammen hatte. Dann saß er beständig zwischen zwei seiner Kinder und liebkoste und tändelte mit ihnen bei jeder Gelegenheit. Die Kinder hatten ihn auch unbeschreiblich lieb. Wenn eines zu ihm ins Zimmer kam, so kletterte es an ihn hinan, um ihn zu küssen.«

Die Gewissheit, geliebt zu werden, half Schiller über vieles hinweg. »Mit meiner Frau und den Kindern geht es vollkommen gut, und von dieser Seite hat mir der Himmel nichts als Freude gegeben.«

Um die Zukunft seiner Kinder sorgte er sich am meisten. »Wenn ich nur noch so viel für die Kinder zurücklegen kann, daß sie vor Abhängigkeit geschützt sind; denn der Gedanke an eine solche ist mir unerträglich.« Bei diesen Worten mag er an die eigene Jugend gedacht haben. Um seinen Kindern bessere Startbedingungen zu ermöglichen, äußerte er immer wieder den Wunsch, doch wenigstens fünfzig Jahre alt zu werden, dann, so hoffte er, würde er genug für sie zurückgelegt haben. Deswegen stellte er auch einen »Arbeits- und Finanzplan« bis zum Jahre 1809 auf. Doch in diesem Winter, der ihm »fast allen Lebensmut ertötet« hat, dürfte er zumindest gezweifelt haben, ob er seine Pläne noch erfüllen konnte. Neben dem immer häufiger auftretenden Katarrhfieber, das ihn nicht mehr zu Kräften kommen ließ, hatte die Darmverschlingung zur Verschlechterung der Darmfunktion geführt. Um zu begreifen, was das konkret bedeutete, sind ein paar Bemerkungen über das Tabu-Thema Stuhlgang notwendig. Schiller litt seit vielen Jahren unter Verdauungsstörungen; seine entzündeten Därme arbeiteten nicht richtig, weshalb er immer Schwierigkeiten mit dem Stuhlgang hatte. Manchmal musste er sich auf dem Abort so anstrengen, dass er in Ohnmacht fiel. Und seit es in Jena zur Darmverschlingung gekommen war, hatte sich das Problem noch verschärft.

Eines Tages wurde er wieder einmal heftig geplagt, gerade als Johann Voß bei ihm war. »Ich riet ihm, nur einen Versuch zu machen und geduldig die Zeit zu erwarten. ›Sie haben recht‹, erwiderte er, ›Gelegenheit macht Diebe‹, und folgte meinem Rat. Als er nun so auf jenem Stuhle, der oft auch für Könige bedeutender wird als der Thron, saß, verglich er sich mit Cato, der auch einmal in dieser Positur gesessen und so Audienz gegeben hatte. Ich erzählte ihm allerlei lustige ähnliche Geschichten, die ihn sehr ergötzten, und so verflossen ein paar fröhliche Stunden. Endlich und endlich erfolgte Linderung.«

Kein Dichter hätte diese kleine Geschichte erfinden und schöner erzählen können. Voß leistete Schiller nicht nur auf dem Abort Gesellschaft, er wachte in kritischen Phasen mehrfach an seinem Bett. Da er auch bei dem kranken Goethe schon gewacht hatte, konnte er die beiden gut miteinander vergleichen. »Goethe ist ein etwas ungestümer Kranker, Schiller aber die Sanftheit und Milde selbst. Wie litt der Mann, als ich zum erstenmal bei ihm wachte, und wie männlich und heiter ertrug er es. Nur einen Zug von seiner liebenswürdigen Selbstvergessenheit und Teilnahme will ich Dir erzählen. Bis um 12 Uhr blieb die Frau auf. Da wurde Schiller unruhig und bat sie, hinunterzugehen, um sich Ruhe zu gestatten. Als sie noch etwas zögerte bat er dringender und, was mich anfangs befremdete, mit heftigem Ungestüm. Kaum war die Frau die Treppe hinunter, da sank Schiller mir bewußtlos in die Arme und blieb darauf wohl einige Minuten in Ohnmacht liegen, bis ich ihm Brust und Schläfe mit Spiritus gerieben hatte. Sieh! aus Schonung für seine Frau hatte er sich Gewalt angetan und die Ohnmacht verzögert, die nun desto gewaltiger hereinbrach. Auch in den folgenden Tagen, wo er noch an heftigen Schmerzen in den Eingeweiden litt, war er jedesmal getröstet, wenn eines von seinen Kindern kam, besonders wenn ihm sein jüngstes sechsmonatliches gebracht wurde, welches er dann mit einer Innigkeit, die sich nicht beschreiben läßt, anblickte.«

Am 22. Februar 1805 antwortete Schiller auf einen Brief Goethes: »Es ist mir erfreulich, wieder ein paar Zeilen Ihrer Hand zu sehen, und es belebt wieder meinen Glauben, daß die alten Zeiten zurückkommen können, woran ich manchmal ganz verzage.«

Der Frühling schien mit der Natur auch Schiller neu zu beleben.

Im März wagte er sich zum ersten Mal nach langer Zeit wieder aus dem Haus und besuchte in Begleitung von Voß den kranken Goethe. In den folgenden Wochen war Schiller häufig »Am Hofe«, wie er in seinem Kalender vermerkte. Er beschloss auf Anraten seines Arztes ein Pferd zu kaufen; das Reiten sollte seinen Därmen gut tun.

Im letzten Brief an seinen Freund Körner schrieb er am 25. April: »Die bessere Jahreszeit läßt sich endlich auch bei uns fühlen und bringt wieder Mut und Stimmung; aber ich werde Mühe haben, die harten Stöße, seit 9 Monaten, zu verwinden, und ich fürchte, daß doch etwas davon zurückbleibt; die Natur hilft sich zwischen 40 und 50 nicht mehr als im 30. Jahr. Indessen will ich mich ganz zufrieden geben, wenn mir nur Leben und leidliche Gesundheit bis zum 50. Jahr aushält.«

Schiller dachte sogar an eine Reise in die Schweiz, um die Heimat Tells mit eigenen Augen zu sehen und mit seinen Schilderungen im Stück zu vergleichen. Er setzte sich auch wieder an den *Demetrius*, kam jedoch nur langsam voran.

Am Abend des 1. Mai wollte Goethe ihn besuchen. »Ich fand ihn im Begriff ins Schauspiel zu gehen, wovon ich ihn nicht abhalten wollte: ein Mißbehagen hinderte mich, ihn zu begleiten und so schieden wir vor seiner Haustüre, um uns niemals wieder zu sehen.«

Nach der Vorstellung kam Voß wie gewöhnlich in Schillers Loge, um ihn abzuholen – und erschrak. Der von ihm so verehrte Dichter hatte hohes Fieber und klapperte mit den Zähnen. Er brachte ihn nach Hause, wo ihm schnell ein Punsch gemacht wurde. »Den folgenden Morgen fand ich ihn matt auf dem Sofa liegend, in einem Mittelzustand von Schlafen und Wachen. ›Da liege ich wieder!‹ sagte er mit hohler Stimme. Seine Kinder kamen und küßten ihn. Er bewies keine Teilnahme, äußerte keine Zeichen des väterlichen Dankes.«

Ein Fieberanfall wie schon viele zuvor, so mochten Schiller und die Seinen gedacht haben. Nach zwei Tagen empfing er schon wieder Besucher, darunter seinen Verleger Cotta, der sich auf dem Weg

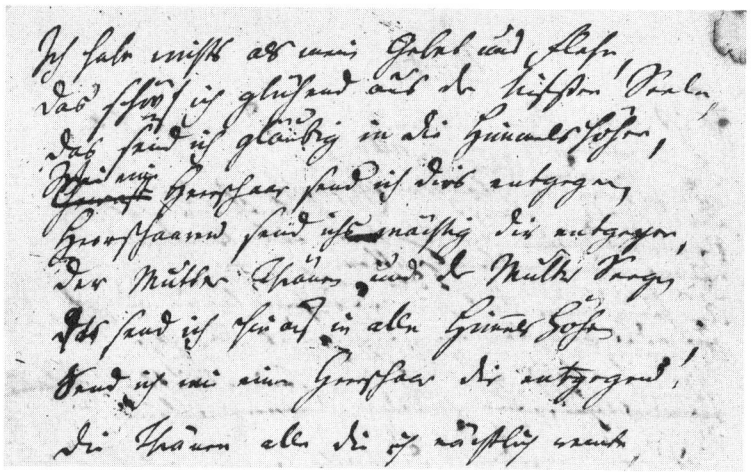

*»Demetrius«, Anfang des Zweiten Aufzugs, geschrieben von Schiller,
kurz vor seinem Tod*

nach Leipzig befand. Unter Aufbietung seiner letzten Kräfte zwang
er sich sogar an den Schreibtisch und schrieb am Monolog der
Marfa, der vermeintlichen Mutter von Demetrius.

Vom 5. Mai an traten immer häufiger Bewusstseinsstörungen auf.
»Den Abend verfiel er in eine Fieberphantasie und verharrte in diesem Zustand 24 Stunden«, berichtete Voß. »Als sein Bewußtsein
zurückkehrte, ließ er sich sein jüngstes Kind bringen, er wandte sich
mit dem Kopfe um, nach dem Kinde zu, faßte es an der Hand und
sah ihm mit unaussprechlicher Wehmut ins Gesicht. Dann fing er
an bitterlich zu weinen und steckte den Kopf ins Kissen, und winkte, daß man das Kind wegbringen möge. Da ahnete ihm, wie bald
er sich von dem Engel trennen sollte, und in 24 Stunden war sein
edles Herz gebrochen.«

Der Tod trat am 9. Mai 1805 gegen 18.00 Uhr ein.

Später »erinnerten« sich alle Anwesenden an letzte Augenblicke
mit und letzte Worte von Schiller. Doch die sind sehr mit Vorsicht
zu genießen, weil da Beschönigungen und Verklärungen eingeflossen sein dürften.

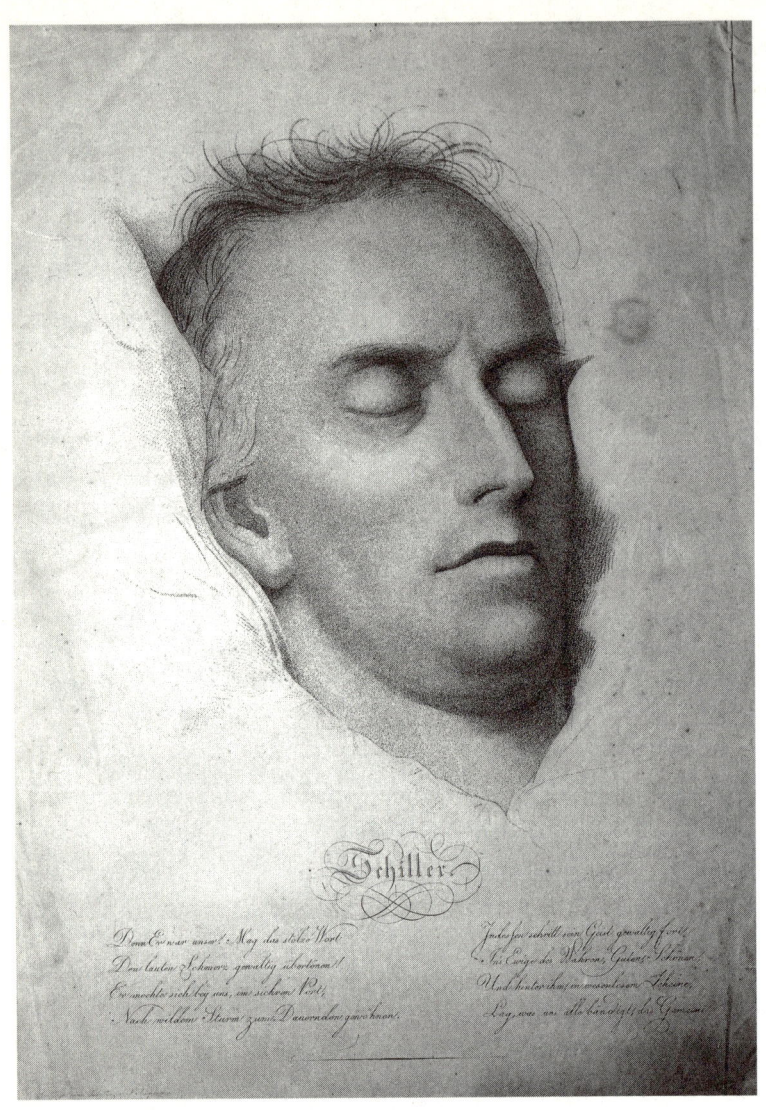

Schiller auf dem Totenbett

Deswegen sollen am Schluss die letzen Verse Schillers stehen, die nach seinem Tod auf dem Schreibtisch lagen.

> O warum bin ich hier geengt, gebunden,
> Beschränkt mit dem unendlichen Gefühl!
> Wer hebt den Raum auf, der mich von ihm scheidet?
> Du ewge Sonne, die den Erdenball
> Umkreist, sei du die Botin meiner Wünsche!
> Du allverbreitet ungehemmte Luft,
> Die schnell die weitste Wanderung vollendet,
> O trag ihm meine glühnde Sehnsucht zu!
> Ich habe nichts als mein Gebet und Flehn,
> Das schöpf ich flammend aus der tiefsten Seele,
> Beflügelt send ichs in des Himmels Höhn,
> Wie eine Heerschar send ich dirs entgegen!

Schillers Wege